电力建设风险防范与纠纷处理

DIANLI JIANSHE FENGXIAN FANGFAN
YU JIUFEN CHULI

姜力维　编著

汤长极　主审

中国电力出版社
CHINA ELECTRIC POWER PRESS

⋄⋄⋄⋄⋄⋄⋄⋄⋄ 内 容 提 要 ⋄⋄⋄⋄⋄⋄⋄⋄⋄

国家经济发展，电力建设先行。有了充足电力和电网坚强，才能保证为工农业生产、科教文卫、城乡居民等广大电力客户提供充足安全可靠的电力。电力建设是电力企业的一大主题和难题，既要得到政府支持做好项目规划审批，又要做好电力建设实务，还要处理好电力建设过程中与相邻关系人之间的利益冲突纠纷。

本书分三篇：第一篇电力建设项目规划与审核，论及电力建设规划与立项，项目审批、核准与备案，环境评价和生态保护；第二篇电力建设实务，讨论电力建设用地，电力建设工程项目管理，电力建设工程项目招投标与施工三个方面的内容、程序、存在问题、纠纷处理和风险防范措施；第三篇重点介绍电力建设热点纠纷处理，包括线、屋，线、树，线、线，线、路四大相邻关系处理及四大相邻关系的概念、相处原则和法律规定、纠纷处理与风险防范。

本书适合电力建设、电力设施运行维护人员以及安监和法律人员阅读。也是执业律师和社会法律工作者不可或缺的一本案例翔实、理论与实务操作相结合的解决电力建设纠纷的参考书。

图书在版编目（CIP）数据

电力建设风险防范与纠纷处理/姜力维编著 . —北京：中国电力出版社，2019.9
（供电企业常见法律风险防范与处理丛书）
ISBN 978-7-5198-3323-7

Ⅰ.①电⋯　Ⅱ.①姜⋯　Ⅲ.①电力工程—电力法—基本知识—中国　Ⅳ.①D922.292

中国版本图书馆 CIP 数据核字（2019）第 121296 号

出版发行：中国电力出版社
地　　址：北京市东城区北京站西街 19 号（邮政编码 100005）
网　　址：http://www.cepp.sgcc.com.cn
责任编辑：崔素媛（010-63412392）
责任校对：黄　蓓　王海南
装帧设计：赵姗姗（版式设计和封面设计）
责任印制：杨晓东

印　　刷：三河市航远印刷有限公司
版　　次：2019 年 9 月第一版
印　　次：2019 年 9 月北京第一次印刷
开　　本：710 毫米×980 毫米　16 开本
印　　张：19
字　　数：321 千字
印　　数：0001—3000 册
定　　价：58.00 元

◎ 丛 书 序

自《中华人民共和国电力法》实施以来，特别是电力体制改革以来，从供电局到供电公司，由行政执法官到行政相对人，从政企合一的单位到自主经营、自负盈亏的市场主体。角色变了，身份变了，权利和义务变了。打破垄断，引入竞争，依法治企，这是电力改革的大趋势。供电企业面对着——

（1）发改委、工商、物价、林木、土地、环保和国资委、国家能源局等政府部门和行政事业机构的监管和措施，应如何加强应对？

（2）对于客户投诉、天价的触电人身伤亡索赔，如何应对处理？

（3）电能被窃、设施被毁、巨额电费拖欠，应如何主动出击、全力保护？

（4）《合同法》《物权法》《反垄断法》《侵权责任法》《电力监管条例》《供电监管办法》等法律法规的出台，应如何贯彻执行？

在市场经济的大潮中，供电企业的任何决策和经营行为都蕴藏着风险，每个员工都肩负着防范法律风险、保护企业合法权益的责任。为了强化供电企业员工的法律风险防范意识，提高处理各种供电营销纠纷的能力，本套《供电企业常见法律风险防范与处理丛书》将供电企业常见法律风险划分为七大模块，即《电费风险防范与清欠》《供用电合同实务及纠纷处理》《人身触电事故防范与处理》《电力设施保护与纠纷处理》《违约用电和窃电查处与防治》《电力客户服务风险防范与纠纷处理》《电力建设风险防范与纠纷处理》，以法律风险防范和纠纷处理为主干，辅之以管理和技术措施，在各个模块上展开了供电企业常见法律风险防范与处理的分析研讨，并解读了大量实践案例，力求给供电企业工作人员以依法合规、实事求是、思维创新、措施领先的世界观和方法论。

电力供应多纷争，依法治企方向明。期望本套丛书既是你主动出击解决纠纷的锐利之剑，又是你保护企业合法权益的坚强盾牌！

本套丛书的编著过程中，认同并参考了专家和同仁的一些观点或理论。同时，得到了中国电力出版社编辑的指导和帮助。借本套丛书出版之际，对给我启迪、指导和帮助的各位专家、同仁以及编辑表示由衷的钦仰和诚挚的感谢，并殷切期待各位专家和同仁不吝赐教，多多批评与指正。

作者邮箱：jzishan@163.com； 电话：0532-80810956

姜 力 维

电力建设须先行

国家发展百业兴，电力行业打先锋；
电建工程要启动，各项工作须先行；
核准备案过环评，选址用地开工证。
站址走廊选择难，考虑城乡各方面。
安全经济调度灵，结构合理省空间；
先进设备新技术，节能减排谋发展；
清洁低碳新能源，打赢蓝天保卫战。

城网规划是重点，电力平衡是关键；
统一预留站所址，规划走廊和电缆；
中心负荷密度高，供电质量要可靠；
负荷分布要合理，站点半径划区域；
开展配网自动化，可靠灵活功能佳。
网架结构构建好，合理布置电源点；
负荷中心选站址，城市外围高压站；
交通地质须考虑，环保文物和矿产；
市区宜于建户内，建筑群区地下站。
城网规划要分区，建成区和规划区。

利用资源保生态，维护经济和安全。
产业发展要对路，各项政策须同步；
电建工程站厂网，核准备案方可上；
500千伏跨省界，国家发改做核准；
更高电压要求严，国务院里要备案。

审查改革有亮点，"取消""下放"和"监管"；
核准流程杂复多，环节资料不可缺；
批地部门真不少，国土城乡和环保。
选址用地和环保，规划许可不能少；
项目申请须审查，用地环评和其他；
前期工作很烦琐，及时完成莫耽搁。
可研报告编与评，技术投资要论证；
用地预审国土办，站址线路城规管；
铁路公路与河道，环评批复和水保；
军事电信考虑全，文物林木和矿产。
拆迁征地工作繁，电建工作愈发难。
项目备案较简单，只需县级发改办。
跨县项目省发改，提交报告给备案。

电建环评很重要，一票否决不动摇。
广义环保方面多，电磁水保和文保；
农田林地生态区，矿产地质湿地域。
电磁环境重头戏，大众普法有意识；
宣传科学新概念，莫为传言受蒙蔽。
电能输送用电线，不是辐射来送传；
工频仅仅五十赫，距离九千差地天；
限值尚比国际严，担心健康杞忧天；
环评信息专家会，听证座谈征意见。
电建造成水土失，措施得力有方案。

环评不过一票否，停建损失不得了。

泱泱大国五千年，文物景观千千万。
东西南北七古都，道观寺庙八名山；
三江五岳三楼阁，皇宫帝陵古林园；
珠峰玉龙莽昆仑，九寨黄龙武陵源。
架空入地有规划，电建工程保景观；
市区中心勿穿线，自保区内莫污染。
建控地带要回避，方案措施政府批；
形式高度体量色，建构风貌须和谐。
能源金属非金属，重要矿产莫疏忽；
电建工程选址前，未经批准勿压覆；
评估报告申请函，行政审批是关键。

    *   *   *

电力建设属公益，依法使用国有地；
国家土地政策紧，电建用地升成本。
征地程序存缺陷，电力建设施工难；
路径规划获批准，地上补偿快确认。
线路维护无通道，地役权利应当要。
宣贯电建为公益，群众支持很有力。
新建新栽不补偿，签字公证无商量。

高楼万丈平地起，勘察设计绘蓝图。
电建业主细把关，资质等级审查严；
依法规范签合同，权利义务细约定；
违约追责索赔偿，不合质量要返工；
造价咨询有资质，违法经营被禁止；
指定厂家要不得，材料供应合招标；
货真价实拒假冒，工程质量要确保；
设备材料莫疏忽，发包监理同监督。

受托监督履职责，监理施工都牵扯；

监理职责挂心上，工程施工保质量；
质量工期与资金，全程监理要尽心；
不检不查不发令，任其施工违规行；
建设单位遭损失，连带赔偿依约定。
竣工验收应申请，工程试运须完成；
验收工程不合格，监理发令重返工；
质量不符拒修复，相应款项应扣除；
工程未验先占用，主张权利行不通。

工程施工应招标，评标中标发承包；
除非法律有规定，免于招标不可行。
工程发包须中标，禁止承包全转包；
肢解工程系违法，行政部门给处罚；
主体工程自己干，严禁肢解再分包；
违法分包责令改，停业降级证吊销；
总包单位有资质，超越等级要禁止；
借用资质搞挂靠，施工合同属无效。
总包分包不分开，质量责任要连带；
转包分包生纠纷，二者均为被告人。

电建工程要开工，申领开工许可证。
用地规划施工者，图纸资金不可缺；
文件不齐禁开工，否则施工被叫停；
施工合同合规范，三大部分内容全；
通用专用协议书，补充细化且完善；
质量责任要分清，三方措施共协同。

安全第一为方针，现场施工要紧跟。
事故隐患要紧盯，揪住三违不放松；
责任制度严实施，安全合同须履行。
安全标志须设置，警示危险别大意；
人口密集活动区，宁多勿少莫疏忽。

发包单位总协调，施工现场为主导；
监理安全依约定，质量工期同步行；
总包分包共承担，齐心协力保安全。

　　*　　　　*　　　　*

不动产权互相邻，关系和睦如亲人；
辅车相依同向前，邻里龃龉唇齿寒。
有利生产都方便，团结互助笑开颜。
相邻建设和管理，对方提供供役地；
侵害相邻财产权，赔偿损失加道歉。
光照通风和辐射，各种关系须和谐。
用益物权行使巧，占有使用收益好。

电建占用承包地，影响承包人受益。
植物种植和建筑，自主经营受限制；
土地三权已创建，地上地下和地面；
杆塔没有土地证，线路没有空间权；
新创上下空间权，颠覆地表旧观念。
地下深层开商场，空中高处建桥栈。
利益受侵闹阻工，占地拆迁跨房顶；
侵害利益要补偿，关系和谐施工畅；
工程互妨要协商，在先原则不退让。

电建关系四大难，房屋竹木路与线；
条例规定保护区，禁止种植和建筑；
高压线路建在前，线路走廊禁违建。
线屋纠纷属最多，违章建房起灾祸；

线下批建要合法，须与电力细商洽。
房屋在前架线路，保证距离求安全；
尽量满足保护区，跨越房屋应偿补；
两种规定殊不同，前后动静分适用。
线树纠纷有两种，线树前后各不同；
线前形成保护区，线下栽树违法律。
树前线后清障碍，一次补偿不准栽。
三线合一生麻烦，强弱线路会串电；
触电伤亡遭起诉，赔偿责任难清楚。
电线跨越铁公路，对地距离不马虎；
互不影响两相让，互相保护好磋商。

电磁污染谣传多，科普宣传早澄清；
高压线下电磁场，不抵一个电吹风。
环保意识要加强，施工之前先环评；
相邻景观和生态，尽力保护莫懈怠；
一旦环评通不过，阻工误期成蹉跎。
通风采光民生权，国企爱民搞电建；
通行安全又方便，团结互助保平安；
法律所定他项权，相邻冲突实难免；
公平合理睦相处，便利生活和生产。
电建损害种类多，依法补偿莫推脱；
直接损失照价赔，讲法讲理别推诿；
精神损害应安慰，百姓心舒我欣慰；
建我工程顾邻里，保护广大群众利。
民富国强求繁荣，电力建设须先行！

目录

丛书序

前言

第一篇　电力建设项目规划与审核

人类指责不公正行为是唯恐自己会成为这种行为的受害者，而不是因为他们怕犯这种行为。

——古希腊哲学家　柏拉图

一旦法律丧失了力量，一切就都告绝望了；只要法律不再有力量，一切合法的东西也都不会再有力量。

——［法］卢梭：《社会契约论》

第一章　电力建设规划与立项 /2

　第一节　城乡规划 /2

　　一、城乡规划概述 /2

　　二、城乡规划与电力建设规划的关系 /3

　　三、《城乡规划法》对电力建设规划提出更高的要求 /4

　　四、如何保证城乡规划与电力建设规划协调发展 /5

　第二节　电力建设规划 /7

　　一、电力建设规划概述 /8

　　二、城市电力规划的要求和相关规定 /10

　　三、城市电源（含变电站）规划 /12

　　四、城市电网规划设计 /13

　第三节　电力建设立项与选址 /18

　　一、立项与规划 /18

　　二、电力建设工程项目的核准权限 /19

　　三、电力建设项目选址 /21

第二章　电力建设项目审批、核准与备案 /25

　第一节　建设项目审批制度改革 /25

　　一、项目由审批制改为审批、核准和备案制 /25

　　二、投资体制改革的管理模式 /27

　第二节　电力建设工程项目申请 /30

　　一、建设项目工作流程 /30

　　二、建设项目审查依据和各阶段应提交的文件 /30

　　三、电力建设工程项目申请 /32

　第三节　电力建设工程项目核准与备案 /33

　　一、电力建设项目核准与备案的范围 /33

　　二、核准审查的范围 /34

　　三、国家发改委、国家能源局对电建项目核准的相关规定 /35

　　四、电力建设项目核准与备案 /36

> 权力越大，滥用职权的危险就越大。
> 　　　　——英国政治家　埃德蒙·伯克

> 法律就是秩序，有好的法律才有
> 好的秩序。
> 　　　　——古希腊哲学家　亚里士多德

第三章　电力建设环境评价和生态保护 /40

　第一节　电力建设环境评价概述 /40

　　一、电力建设项目应保护的环境范围 /40

　　二、建设项目环境影响评价分类管理 /41

　第二节　电力建设电磁环境评价 /42

　　一、电磁环境 /42

　　二、电磁环境评价权限划分 /43

　　三、电磁环境评价 /43

　　四、电磁环境义务主体的职责和应承担的法律责任 /46

　第三节　电力建设工程与水土保持 /48

　　一、水土保持 /48

　　二、建设单位水土保持方案 /49

　　三、法律责任 /51

　第四节　电力建设工程与景观保护 /53

　　一、风景名胜与自然区保护 /53

　　二、人文景观与文物保护 /54

三、法律责任　/58

第五节　电力建设工程与矿产压覆　/58

一、矿产资源压覆　/59

二、矿产资源压覆评估　/60

三、矿产资源压覆报批与审批　/60

四、加强审批管理　/63

五、与土地管理的衔接　/63

第二篇　电力建设实务

阻止诉讼。随时说服你的邻居采取折中措施去免诉讼，律师作为调节人，不但有很好的机会成为一个好人，而且总是有许多生意上门。

——美国总统　亚伯拉罕·林肯

不是君主高于法律，而是法律高于君主。

——罗马帝国元老、作家　小普林尼

第四章　电力建设用地　/66

第一节　土地征收与征用　/66

一、土地征收与征用的概念　/66

二、我国的土地权利体系　/69

三、土地征收　/69

第二节　房屋征收操作　/76

一、房屋征收概述　/76

二、房屋征收　/77

三、房屋征收补偿　/78

四、房屋征收存在的问题与对策　/80

第三节　电力建设用地使用权取得　/82

一、建设用地性质　/82

二、用地申请　/83

三、建设用地审批　/84

四、电力建设用地使用权的取得与转让　/88

五、申办建设工程规划许可　/95

六、电力建设用地存在的问题与对策　/96

第五章　电力建设工程项目管理 /103

　第一节　电力建设工程勘察设计 /103

　　一、工程勘察设计 /103

　　二、勘察设计工程的发包与承包 /111

　　三、勘察设计合同 /112

　　四、勘察设计单位的责任规定 /114

　　五、勘察设计纠纷处理 /116

　第二节　电建工程造价与物资供应 /120

　　一、工程造价 /120

　　二、物资供应 /126

　　三、物资招标法律责任和内部奖惩规定 /131

　第三节　电力建设工程监理与竣工验收 /133

　　一、工程监理 /133

　　二、工程竣工验收 /143

　　三、违约纠纷处理 /146

第六章　电力建设工程项目招投标与施工 /153

　第一节　电力建设工程招投标 /153

　　一、施工主体的条件和资质 /153

　　二、电力工程施工企业可以承担的工程范围和相应资质条件 /154

　　三、工程招投标 /155

　　四、工程分包与转包 /163

　第二节　电力建设工程施工 /169

　　一、施工许可 /169

　　二、施工合同 /173

　　三、施工管理 /182

　第三节　电力建设施工的安全生产 /185

　　一、安全施工 /186

　　二、施工合同当事人的安全生产义务 /188

　　三、安全生产责任承担 /191

第三篇　电力建设热点纠纷处理

我不同意你说的话，但是我愿意誓死捍卫你说话的权利。

——法国作家　伏尔泰

法律就是秩序，有好的法律才有好的秩序。

——古希腊哲学家　亚里士多德

第七章　电力建设相邻关系纠纷处理 /196

第一节　相邻关系 /196

一、相邻关系概念 /196

二、相邻关系原则 /196

三、相邻关系的有关法律规定 /197

四、电力设施相邻关系 /197

第二节　关于土地权 /199

一、用益物权 /200

二、土地承包经营权 /201

三、地表权、地上权、地下权 /202

四、地上权、地下权与电力建设和设施保护 /205

五、新一轮土地改革对电力建设的影响 /208

第三节　电力建设工程施工保障 /211

一、阻工处理 /211

二、工程互妨处理 /214

三、阻工处理的措施和途径 /217

智者非因犯罪已然发生才去惩罚，实乃为了防止犯罪而施刑责；其原因在于，过去无法逆转，而未来则可以预防。

——古希腊哲学家　柏拉图

第八章　电力建设四大相邻关系纠纷处理 /220

第一节　电力设施保护区概述 /220

一、电力设施保护区 /220

二、第一种电力线路保护区 /223

　　三、第二种线路保护区 /224

　　四、两种线路保护区距离差异释疑 /224

第二节　线、屋关系纠纷处理 /226

　　一、架空线路跨越房屋 /227

　　二、架空线路走廊房屋搬迁 /229

　　三、线、屋相邻互相保护原则 /231

第三节　线、树纠纷处理 /235

　　一、"线前树后"纠纷 /235

　　二、"树前线后"纠纷 /239

　　三、输电线路与保护区外树木的纠纷 /241

第四节　线、线纠纷处理 /244

　　一、建设施工保护原有管线 /244

　　二、强电线路与弱电线路 /245

　　三、电力电缆与地下管线 /246

第五节　线、路纠纷处理 /246

　　一、线、路相邻原则 /247

　　二、线、路相邻关系的技术规定 /250

　　三、电力线路保护标志 /251

> 在民法慈母般的眼神中，每个人就是整个国家。
> ——法国启蒙思想家　孟德斯鸠

第九章　电力建设与其他相邻关系 /254

第一节　电磁环境和电磁噪声纠纷 /254

　　一、电磁环境纠纷 /254

　　二、电力设施噪声 /258

　　三、电力设施对无线电干扰评价 /260

第二节　景观、生态保护与自然保护区 /261

　　一、景观保护 /261

　　二、生态保护 /263

　　三、自然保护区保护 /269

第三节　通风、采光、通行、安全纠纷 /269

　　一、通风与采光 /269

　　二、通行与安全 /272

第四节　房屋所有权、土地使用权与土地他项权利的纠纷 /273

一、土地他项权利 /273

二、电力架空线路与房屋的纠纷 /277

三、架空线路与承包土地的纠纷 /279

四、土地他项权利的影响和侵害如何补偿和赔偿 /280

附录 /285

附录 A　关于××××压覆重要矿产资源的申请函 /285

附录 B　关于××××压覆重要矿产资源的评估报告 /286

附录 C　关于对××××压覆重要矿产资源的初审意见（编写提纲） /289

参考文献 /290

第一篇
电力建设项目规划与审核

电力建设项目从开始运筹至符合开工条件并取得开工许可证这段路上有很多要做的工作。根据《国务院办公厅关于加强和规范新开工项目管理的通知》(国办发〔2007〕64号文)涉及如下诸多方面：①符合产业结构、有助于当地经济发展、符合土地规划；②项目审批（核准、备案）；③ 项目选址与规划；④用地批准手续；⑤环评通过；⑥项目节能评估和审查；⑦开工许可证；⑧其他法律法规规定。国家发改委、国家能源局贯彻落实国务院《清理规范投资项目报建审批事项实施方案》(国发〔2016〕29号）于2016年8月通知：未取齐开工必要的支持性文件前，严禁开工建设；已开工建设的，要立即停止建设。

本篇论及电力建设规划与立项，项目审批、核准、备案，环境评价和生态保护。

电力建设规划与立项

电力建设规划和立项，应当遵循城乡统筹规划、合理布局、节约土地、集约发展和先规划后建设的原则，改善生态环境，促进资源、能源节约和综合利用，保护耕地等自然资源和历史文化遗产，保持地方特色、民族特色和传统风貌，防止污染和其他公害，并符合区域人口发展、国防建设、防灾减灾和公共卫生、公共安全的需要。基于以上要求，建设单位在报送有关部门批准或者核准前，应当向城乡规划主管部门申请核发选址意见书。

第一节 城 乡 规 划

在我国工业化和城镇化战略不断推进的过程中，加强城乡规划管理，协调城乡空间布局，保护和改善人居环境，促进城乡经济社会全面、协调、可持续发展，有着广泛而深远的意义。

一、城乡规划概述

1. 城乡规划的概念

城乡规划，是对城乡经济和社会发展、土地利用和空间布局以及各项建设的中远期综合筹划、控制和管理。《中华人民共和国城乡规划法》（以下简称《城乡规划法》）第二条规定："本法所称城乡规划，包括城镇体系规划、城市规划、镇规划、乡规划和村庄规划。城市规划、镇规划分为总体规划和详细规划。详细规划分为控制性详细规划和修建性详细规划。"

2. 城乡规划法的详细规划

《城乡规划法》第二条第二款规定城市规划分为总体规划和详细规划。详细规划又分为控制性详细规划和修建性详细规划。

以城市为例，城市总体规划是对一定时期内城市的性质、发展目标、发展规模、土地利用、空间布局以及各项建设的综合部署、具体安排和实施措施，是引导和调控城市建设，保护和管理城市空间资源的重要依据和手段。经法定程序批准的城市总体规划是编制近期建设规划、详细规划、专项规划和实施城市规划行政管理的法定依据。各类涉及城乡发展和建设的行业发展规划都应当符合城市总体规划的要求。这就要求电力建设规划必须符合城市总体规划的发展战略。

城市详细规划是指以城市的总体规划为依据，对一定时期内城市的局部地区的土地利用、空间布局和建设用地所做的具体安排和设计。

城市控制性详细规划是指以城市的总体规划为依据，确定城市建设地区的土地使用性质和使用强度的控制指标、道路和工程管线控制性位置以及空间环境控制的规划要求，是引导和控制城镇建设发展最直接的法定依据，是具体落实城市总体规划各项战略部署、原则要求和规划内容的关键环节。制定控制性详细规划要在全面、深入分析研究的基础上进行，并注意与国民经济和社会发展规划、土地利用总体规划相衔接，加强控制性详细规划对土地出让和开发建设的综合调控。

城市修建性详细规划是指以城市的总体规划或控制性详细规划为依据，制定用以指导城市各项建筑和工程设施及其施工的规划设计。对于城市内当前要进行建设的地区应当编制修建性详细规划。修建性详细规划是具体的、操作性的规划。

对于具体的电力建设项目，电力建设单位应具远见卓识，积极参与城市建设，以合理合法的形式及时到位参与编制和实施控制性详细规划过程，使得电力建设项目获得预先安排和预控。

二、城乡规划与电力建设规划的关系

电力是人们生产、工作和生活空间的每一个角落不可或缺的动力源和照明源。《城乡规划法》第四条第一款规定："制定和实施城乡规划，应当遵循城乡统筹、合理布局、节约土地、集约发展和先规划后建设的原则，改善生态环境，促进资源、能源节约和综合利用，保护耕地等自然资源和历史文化遗产，保持地方特色、民族特色和传统风貌，防止污染和其他公害，并符合区域人口发展、国防建设、防灾减灾和公共卫生、公共安全的需要。"本条指出了城乡规划的原则与目的，其中"促进资源、能源节约和综合利用"与电力建设规划不无关系。

1. 整体与部分的关系

城乡规划包含诸如交通、能源、环保等各行各业的专业性规划,电力建设规划是城乡规划的重要组成部分。城乡发展离不开与之配套的电力建设,反之,电力建设也离不开城乡规划的总体布局和详细规划中的对变配电设施和输配电线路走廊的具体划定和保护。两者互相依存,共同发展。

2. 大厦和支柱的关系

现代社会,很难想象在一个城乡规划区没有动力能源和照明光源。如果说城乡规划是一座大厦,那么电力规划就是坚强有力的支柱,是对城乡规划的有力支撑,以保证实现城乡规划的目的。在规划实施过程中,城乡规划与电力建设规划应同时展开,交叉进行。它们之间是指导和支撑的关系。

3. 综合性与专业性的关系

城乡规划是综合性规划,电力建设规划则是专业性规划。城乡规划是指对城市的空间和实体发展进行的预先考虑,其对象偏重于城市的物质形态部分,涉及城市中产业的区域布局、建筑物的区域布局、道路及运输设施的设置、城市工程的安排等,需综合研究分析城市的性质、规模和空间发展形态。城乡规划的目的是促进城市协调发展,全面提高城市的素质,取得经济、社会、环境三者的综合效益。城乡规划按照市场经济条件下城市发展的客观规律编制,从城市需要出发,重在解决城市空间布局问题,统筹安排城市各项建设用地和空间走廊。

电网规划以负荷预测和电源规划为基础,确定电网建设规模和实施建设时间和进度,以达到在规划周期内提供充足电力供应之目的。电网规划从城市用电需求为出发点,目的在于解决城市供电和电网网架优化布局,以满足国民经济增长和社会发展的用电需求。

4. 规划编审程序不同

电网规划的编制、审批原则上说是电网企业行为,具有"行业性"特点。电网规划编制主要由电网企业负责,经专家评审后报省电网公司审批。而城乡规划的编制、审批都是政府行为,经专家评审后报上级政府审批,在评审报批前,城市规划要有方案论证、政府会议研究、人大审议等环节。如地市级城市总体规划还需报省政府审批。

三、《城乡规划法》对电力建设规划提出更高的要求

控制性详细规划是指以城市总体规划或分区规划为依据,确定建设地区的土地使用性质和使用强度的控制指标、道路和工程管线控制性位置以及空间环境控制的规划。控制性详细规划的核心价值在于"承上启下"，它以量化指标将总体规划的原则、意图和宏观的控制转化为对城市土地乃至三维空间的定量、微观的控制，从而具有宏观与微观、整体与局部的双重属性，既能继承、深化和落实总体规划的意图，又可对城市分区和地块建设提出直接指导修建性详细规划。控制性详细规划是一种"管理性"规划，它是进行建设项目许可的重要前提条件，直接为规划管理人员服务。

控制性详细规划中的电力工程规划作为控制性详细规划内容的一部分，是城市电力规划体系中的一个重要环节。与其他电力规划相比，在规划内容、深度等方面存在自己的特色，并且在规划管理及规划组织中具有承上启下的重要作用。

可见，《城乡规划法》提出的控制性详细规划概念，消除了《城市规划法》以总体规划实施行政规划建设和管理，导致自由裁量权过大的弊端。《城乡规划法》下放了专业规划的权力，对于确定"建设用地规划条件"、核发"建设工程规划许可证"、批准"变更规划条件"等业务，均要以批准的控制性详细规划为准。这样就加大了电力企业建设项目前期的工作量和工作难度。如电力建设项目可研报告深度增加，电网工程核准所需支持性文件增多，办理周期延长等，给电力建设工程项目前期工作带来新的挑战。

四、如何保证城乡规划与电力建设规划协调发展

1. 电力建设规划纳入城乡规划

（1）编制电力规划。以规划区电网现状和规划区远景总体规划目标为基础资料，开展电力专项规划，做到各电压等级电网经济运行、布局合理、调度灵活、安全可靠，提高供电能力和可靠性。优先采用先进技术及设备，加强电网技术改造，减少占地面积、减少空间占用；落实国家节能减排政策，开展环境影响评估等相关工作。确保规划项目的可行性，按规划负荷水平年实施项目建设。根据规划目标不同，可按时间分类为短期规划、中期规划和长期规划。短期规划通常为1～5年，用来指导规划期间的建设，规划的内容较为具体，一般与国民经济5年规划同步；中期规划为5～10年；长期规划为6～30年。

（2）纳入城乡规划。城市电网专项规划以城乡总体规划为基础，以纳入控制性详细规划为目标，规定规划区内变电站位置及用地界线，确定线路的走廊和用地界线。确保电网建设用地和空间需求，实现区域电力基础设施、高压输电廊道与城乡建设用地的协调统一。

2. 电力建设规划方法步骤和要求

（1）选择并使用合理的负荷预测方法。城市总体规划给出的基础数据主要是城市土地利用和人口信息，这和电力建设规划所需的负荷预测信息差距很大，如经济发展速度、用电量增长速度等，不完全取决于土地和人口。负荷预测是统计学学科内容，属于预测学的范畴。其预测方法有多种，可分为单耗法、弹性系数法、回归分析法、时间序列法、横向指标比较法和负荷密度法等。可根据电网规划任务选取相应适用的预测方法。

（2）合理规划电网结构。减少电压等级，采用简单有效合理的接线方式，利用原有站址和走廊，节约土地，减少环节，避免纠纷，构建合理的电网结构。

（3）协调好与其他行业的关系。预先协调好气、水、通信、环境等相邻相关部门的相关事宜，可使得电力建设规划顺利进行。在整个规划编制过程中，从现状调查、收集资料、方案讨论，到规划报审、规划报批、成果归档，每个阶段都要全方位充分地与相关专业单位沟通协调。

>>案例1-1 2011年5月9日，原告包某和陈某（包妻）得知某供电公司取得了县城乡规划局颁发的建设工程规划许可证。于5月20日向县人民法院提起行政诉讼，诉称县城乡规划局颁发的建设工程规划许可证规划许可的范围系被告对于同一块土地先后作出了两次规划许可。该许可行为违反法律规定，侵犯了原告的合法权益，请求予以撤销。

被告辩称：城乡规划局系依某供电公司申请作出的规划许可。供电公司提供了土地使用权证书和与建设工程相关的合法完备的文件，我局颁发的建设工程规划许可证依法合规。其次，原告持有的2002年6月26日颁发的建设工程规划许可证，因其效力只有一年，且未向我局办理延期手续，因此早已失效。

某供电公司未答辩。

法院经审理查明，2001年因该县长城路拓宽时占用了原告240平方米的宅基地。2002年6月26日向原告颁发了建设工程规划许可证，划拨160平方米给原告，并免除土地费用。但是包某没有办理国有土地使用权证书。

县城乡规划局颁发的建设工程规划许可证的土地范围包含了原告的160平方米土地。于是，引发了诉讼。

法院另查明：

（1）本案县规划局有管辖权。

（2）供电公司提交的申请文件资料合法、完备、有效。

（3）原告的建设工程规划许可证因在一年内没有进行开工建设且未申请延期而失效。

（4）被告的行政行为程序合法。

于是，法院依据《行政诉讼法》第五十四条第一款之规定，判决确认被告作出的建设工程规划许可证合法有效。

评 析

本案建设单位，即供电公司提交的使用土地的有关证明文件、建设工程设计方案等材料符合法律规定的要求，这是本案的核心问题。

《城乡规划法》第四十条规定，在城市、镇规划区内进行建筑物、构筑物、道路、管线和其他工程建设的，建设单位或者个人应当向城市、县人民政府城乡规划主管部门或者省、自治区、直辖市人民政府确定的镇人民政府申请办理建设工程规划许可证。申请办理建设工程规划许可证，应当提交使用土地的有关证明文件、建设工程设计方案等材料。需要建设单位编制修建性详细规划的建设项目，还应当提交修建性详细规划。对符合控制性详细规划和规划条件的，由城市、县人民政府城乡规划主管部门或者省、自治区、直辖市人民政府确定的镇人民政府核发建设工程规划许可证。

启 示

建设单位要在取得建设用地许可证有效期内，及时办理土地使用权证书；如果在一年内未能如期开工建设，要及时办理延期手续。否则建设用地许可将失效，会给建设工程带来损失。《城乡规划法》第六十四条规定："未取得建设工程规划许可证或者未按照建设工程规划许可证的规定进行建设的，由县级以上地方人民政府城乡规划主管部门责令停止建设；尚可采取改正措施消除对规划实施的影响的，限期改正，处建设工程造价百分之五以上百分之十以下的罚款；无法采取改正措施消除影响的，限期拆除，不能拆除的，没收实物或者违法收入，可以并处建设工程造价百分之十以下的罚款。"

第二节 电力建设规划

《电力发展"十三五"规划》指出，"十三五"期间电力发展的基本原则是："统筹兼顾、协调发展，清洁低碳、绿色发展，优化布局、安全发展，智能高效、创新发展，深化改革、开放发展，保障民生、共享发展"。

一、电力建设规划概述

1. 电力建设规划的前瞻性

我国承诺，2030 年左右达到二氧化碳排放峰值，非化石能源占一次能源消费比重将提高到 20% 左右。这就要求我们采取比过去更大的力度控制碳排放量，协调规划传统化石能源发电与清洁能源发电，配合电源建设与电网建设，实现清洁能源与化石发电能源之间的优势互补。

为了实现上述承诺，电力建设规划应适应新常态，树立系统协调的规划理念，合理规划好各种发电能源和输配电容量，以更清洁、高效、可持续性发展的方式满足安全供应。伴随着分布式发电、微电网、智能电网、电动汽车和用户储能技术的提升，用户负荷需求将不断增长，用电特征将不断变化，需求侧的随机性也在逐渐增大。因此，亟须对电力规划进行革命性调整和创新。

（1）电力规划与电网稳定。随着清洁能源入网，电力系统的发电侧和需求侧都具有明显的随机性，称之为双侧随机性。具有双侧随机性特征的电力系统即双侧随机系统，其继电保护、安全稳定等方面均面临巨大挑战，电力系统的实时供需平衡难度增大，系统调度的难度增大，也使各类电源规划、电源与电网规划之间的协调难度进一步增大。电力建设规划必须注意电力系统的特征变化，利用传统化石发电能源的灵活可控等特点，配合需求侧管理技术和储能技术，来弥补可再生能源发电的随机性、不稳定性等缺陷，实现发电出力的协调可控。

（2）电力规划与新技术。电力规划以智能电网技术、能源互联网技术、先进输电技术、需求侧响应技术以及相关储能技术作为支撑，实现电源与电网、电网与用户、电源与用户之间的资源优化配置，即实现纵向"源—网—荷—储"协调优化模式。推进与新能源和分布式能源大规模发展相适应的微电网、智能电网、能源互联网等技术的发展，以小微、智能、就地平衡消纳为主要特征，符合国际电网发展新趋势，可尽早解决清洁能源的"弃水、弃风、弃光"等问题。未来，大规模的间歇性、随机性新能源电力接入电网之后，结合传统电源和储能设施，调控电力需求侧响应，可保证电力系统安全稳定运行。

（3）电力规划与市场。随着电力体制改革的推进，电力市场的参与主体将更加多元化，电力市场的交易也将更加自由化。如何建设电源和电网，如何消纳电力资源，要发挥市场的决定性作用。这是电力规划要解决的重要问题。国家坚定不移推进改革，还原能源商品属性，构建有效竞争的市场结构和市场体系，形成主要由市场决定能源价格的机制，转变政府对能源的监管方式，建立健全能源法治体系。如电网规划以提高需求侧终端用电效率，节约资源以替代新建资源的新理念，可降低电源、电网新建扩建容量，节省大量供应侧资源投入，在保证经济增长水平的前提下，实现对能源消费总量的控制，同时大大降低环境污染物的排放。

2. 电力建设规划的原则

（1）依法合规、资源优化、安全经济。执行国家有关电力法律，贯彻国家能源、产业、环保等各项方针政策，应根据国民经济和社会发展的需要制定电力规划，并纳入国民经济和社会发展计划；坚持统一规划，加强宏观调控，打破行政区域界限，努力实现最大范围内的资源优化配置；坚持安全可靠、经济适用、符合国情，适应国民经济和社会可持续发展的战略要求。

（2）统筹国家和地方电力发展规划。研究国民经济和社会发展规划及经济结构调整方案对电力发展的要求，找出电力建设与国民经济发展中不相适应的主要问题，深入研究电力需求水平及负荷特性、电力电量平衡、环境及社会影响等，提出电源、电网结构调整和建设方向和布局。国家五年电力发展的相关规划确定各地区规划期内电力需求预测水平、非化石能源开发目标、省（区）间电力送受能力、火电（含自备电站）建设规模及布局、电网发展总体方针及重点建设任务等。其中，燃煤电站明确分年度总量控制目标和结构调整目标，电网发展明确跨区输电通道和配套外送电力规模、区域电网主网架、500kV 及以上电网建设任务。省级五年电力发展的相关规划要在国家五年电力发展的相关规划指导下制定。电源方面重点明确本地区规划期内燃气电站、燃煤背压电站（含自备电站）的建设规模，以及燃煤、燃气、非化石能源电站的重点布局。电网方面重点提出 330/220kV 及以下城乡电网建设任务，并对本地区 750/500kV 电网建设任务进行补充完善。省级电力发展规划要统筹地市级（县级）政府能源主管部门编制的城市热电联产规划、计划单列市编制的电力发展规划。

（3）市场导向、效益质量并重。充分重视电力需求预测工作，坚持以市场为导向，适应并积极开拓国内外电力市场，发挥市场对资源配置的基础性作用，充分发挥电网的效益；重视科技进步，加快电力结构调整，实现从速度、数量型向质量、效益型的转变，做到开发和节约并重，切实提高电力工业的整体质量，实现以最经济的方式向客户提供数量充足、安全可靠、质量合格、价格合理的电力商品和服务，满足国民经济发展和人民生活水平日益提高的需要。

（4）坚持统一规划、分级管理的原则。各级电力发展规划应具有不同的工作重点，充分体现下级规划是上级规划的基础，突出上级规划对下级规划的指导作用；从资源配置，电源布局、结构、建设进度，投融资结构等多个因素优化分析入手，进行多方案综合评价，在此基础上编制电力建设规划。

3. 城乡电力建设规划应考虑的因素

（1）应根据规划城镇的性质和规模、国民经济和社会发展规划、地区动力资源分布、能源结构和电力供应现状等条件，按照"先规划、后建设"和"超前规划、适时建设"的原则，因地制宜地编制城乡电力建设工程规划，并应纳入城乡总体规划。

（2）电力建设工程规划期限应与城乡规划期限相协调，近、中、远期相结合，把握好近、中、远期电力建设规划的关系。

（3）农村电网规划应遵循"安全可靠、经济适用、符合实际、因地制宜"的原则。农村电网建设与改造工程应实行标准化设计。应充分考虑社会、经济、环境的综合效益，这样有利于能源、资源的合理利用和资源的优化配置，符合城乡规划和地区电力系统规划的有关要求。

（4）规划和预留发电厂、变电站、电力线路等电力设施的地上、地下空间位置和用地时，应贯彻"切实保护耕地、节约利用土地"的原则，符合建设资源节约型、环境友好型社会的发展要求。

（5）电源规划建设宜适当超前于城镇国民经济和社会发展；电网规划应结构可靠、布局合理，适应用电负荷增长和电源发展的需要，并适当超前于电源建设。

（6）开发和利用城镇地下空间建设电缆隧道或电缆沟，并与市政道路及其他管网工程同步实施。

（7）电力设施规划建设应符合防火、防爆、防洪、抗震等安全设防要求。

（8）应充分考虑规划新建电力设施的运行噪声、电磁干扰等对公共利益和相邻关系的影响，严格按国家有关环境保护标准的规定进行规划设计。

（9）电力工程规划应与城镇用地规划、道路交通规划、绿化规划以及给水、排水、燃气、通信等市政公用工程规划相协调，统筹安排，妥善处理相互间的影响和安全间距。

二、城市电力规划的要求和相关规定

1. 城市电源规划

城市电源设计规划应本着依据地区现状和发展需求，达到电力平衡的原则来规划电源布局。具体考虑如下几个方面。

（1）电力平衡应根据城市总体规划和地区电力系统的长期规划，在负荷预测的基础上，考虑合理的备用容量，提出地区电力系统需要提供该城市的电力总容量，并协调地区电力规划。

（2）电源应根据所在城市的性质、人口规模和用地布局，合理确定城市电源点的数量和布局，大、中城市应组成多电源供电系统。

（3）电源布局应根据负荷分布和电源点的连接方式，合理配置城市电源点，协调好电源布点与城市港口、机场、国防设施和其他工程设施之间的关系。

（4）燃煤（气）电厂的布局应统筹考虑煤炭、燃气输送、环境影响、用地布局、电力系统需求等因素。

（5）可再生能源电厂应依据资源条件布局并应与城市规划建设相协调。

（6）城市发电厂的规划布局，除应符合国家现行相关标准外，还应符合下列规定：①燃煤（气）发电厂的厂址宜选用城市非耕地，并符合现行国家标准《城市用地分类与规划建设用地标准》（GB 50137—2011）的相关要求；②大、中型燃煤应安排足够容量的燃煤储存用地，燃气应有稳定的燃气资源，并应规划设计相应的输气管道；③燃煤电厂选址应宜在城市最小风频上风向，并应符合国家环境保护的有关规定；④供冷（热）电厂宜靠近冷（热）负荷中心，并与城市热力网设计相匹配。

2. 电网规划设计

电网是电力市场的载体，电网规划必须满足电力市场发展的需要并适当超前。电网规划必须坚持统一规划，以安全可靠为基础、突出整体经济效益、满足环境保护要求，加强电网结构，统筹考虑城网和农网规划，研究跨区送电、跨区联网，提出合理的电网方案。

（1）电网规划设计应达到如下要求：①安全可靠、运行灵活、经济合理，具有一定的应变能力；②潮流流向合理，避免网内环流；③网络结构简明，层次清晰，贯彻"分层分区"的原则；④适应大型电厂接入电网。

（2）电力企业编制城网规划应与相关部门协调好的事项：①城网规划由当地政府城市规划主管部门综合协调，经人民政府审批后，纳入城市总体规划和各地区详细规划中；②城网规划的实施应根据城市建设与改造和统一规划来安排，供电企业应与城建部门密切配合，统一安排供电设施用地，如变（配）电站、线路走廊（包括电缆通道），以及在城市大型建筑群中预留配电室和营业网点的建筑用地；③城网建设中的线路走廊、电缆通道、变（配）电所等用地应上报城市规划管理部门预留（给出预留用地的具体位置并切实纳入城市用地规划）。

3. 电网和电源规划、设计和建设主要的内容

（1）电力系统规划，包括全国电力系统规划、区域电力系统规划、省区电力系统规划和地区电力系统规划。

（2）电网规划，包括全国电网规划、区域电力系统设计、省区电力系统设计和地区电力系统设计。

（3）电源规划及可再生能源开发利用规划。

（4）大型直接供电用户供电工程专题设计。

（5）电力系统并（联）网初步可行性研究、可行性研究和系统专题设计。

（6）电网技术改造专题研究。

（7）电网工程可行性研究、初步设计、设备采购、工程建设实施、工程验收等。

三、城市电源（含变电站）规划

1. 城市电源（含变电站）布局的原则性规定

（1）电源（含变电站）的位置应根据城市总体规划布局、负荷分布及其与外部电网的连接方式、交通运输条件、水文地质、环境影响和防洪、抗震要求等因素进行技术经济比较后合理确定。

（2）规划新建的电源（含变电站），应避开国家重点保护的文化遗址或有重要开采价值的矿藏。

（3）为保证可靠供电，应在城区外围建设高电压等级的变电站，以构成城市供电的主要网架。

（4）对用电量大、高负荷密度区，宜采用220kV及以上电源变电站深入负荷中心布置。

2. 规划新建城市变电站结构形式选择宜符合的规定

（1）在市区边缘或郊区，可采用布置紧凑、占地较少的全户外式或半户外式结构。

（2）在市区内宜用全户内式或半户外式。

（3）市中心地区可在充分论证的前提下结合绿地或广场建设全地下式或半地下式。

（4）在大、中城市的超高层公共建筑群区、中心商务区及繁华金融商贸街

区，宜采用小型户内式结构；可建设附建式或地下变电站。

（5）市区变电站规划从占地、空间和复杂性等考虑应注意以下事项：①市区变电站的设计应尽量节约用地，变电站用地面积根据变电站容量、接线和设备选型确定，可采用占地面积较少的户外型和半户外型布置；②市中心区的变电站可考虑采用占空间较小的全户内型或紧凑型变电站，并考虑与其他建设物混合建设，或建设半地下、地下变电站；③市区变电站的建筑物设计应与环境协调，并适当提高建筑外立面的标准；④城网具有结构复杂、运行方式多变、短距离线路多、供电容量大的特点，为保证供电质量和供电可靠性，220kV 及以上输电网宜采用双重化的快速微机保护，新建 10～110kV 线路保护宜采用微机保护。

3. 城网变电站的所址应符合的要求

（1）方便与电源或其他变电站的相互联系，符合整体布局和城网发展的要求。

（2）便于进出线的布置，交通方便，并尽量靠近负荷中心。

（3）占地面积应考虑最终规模要求。

（4）避开易燃易爆及严重污染地区。

（5）注意对公用通信设施的干扰问题。

（6）该地区的土壤电阻率能使变电站接地电阻满足接地规程的相关要求。

（7）在城网规划时，变电站的站址应由供电部门与城市规划部门共同进行预选，其线路走廊与电缆通道的规模应初步确定。变电站站址、线路走廊、电缆沟道应纳入城市总体规划。

四、城市电网规划设计

1. 电网规划、设计和建设的职责划分与工作流程

（1）区域电网规划和区域电力系统的设计由区域电网运营企业负责组织有关单位完成，经上级主管部门组织有关咨询或中介机构评审通过后执行，可作为电力项目报批和建设的前提。

（2）省（市、自治区）电网规划和省区电力系统的设计由省电网运营企业负责组织有关单位完成，经上级主管部门组织有关咨询或中介机构评审通过后执行，可作为省区电网电力项目报批和建设的依据。

（3）大型发电厂的接入系统设计包括接入系统、升压站、发电机组带负荷能力、调峰性能、励磁系统及调速系统的性能、高频及低频特性、继电保护及安全稳定控制措施、通信及自动化系统设计等，由该发电企业负责委托具有资

质的设计单位完成。经电网运营企业组织技术评审通过后，可作为该发电企业项目报批、建设及签订并网协议和购售电合同的依据。

（4）主网直供用户的供电方案专题设计由主网直供用户负责委托具有资质的设计单位完成。经拟为其供电的电网企业组织评审通过后，可作为该用户该主网直供用户项目报批、建设及签订并网调度协议和购售电合同的依据。

（5）涉及两个独立电网企业的关于电力系统联网的初步可行性研究、可行性研究和系统专题设计一般由联网两侧的电网运营企业共同负责组织有关单位完成，经上级主管部门组织有关咨询或中介机构评审通过后，可作为联网双方的供电企业联网项目报批、互供电协议签订和项目建设的依据。

（6）电网新、改扩建工程的设计和建设原则上由相应电网企业负责组织有关单位进行，按照电网工程基建程序，完成工程的初步设计、工程建设实施、工程验收、工程投运等各阶段工作内容。

2. 城网规划编制的主要流程

城网规划编制的主要流程如下：①城网现状分析；②负荷预测；③制定技术原则；④电力（电量）平衡；⑤确定远期电网的初步布局，作为编制分期规划的发展目标；⑥根据预测负荷和现有的电网结构，经过分析计算，编制近期的分年度规划和中期规划；⑦根据近、中期规划确定的最后阶段的城网规模和远期预测的负荷水平，编制远期规划［参见《城市电力网规划设计导则》（Q/GDW 156—2006）附录 A 规划编制流程示意图］。

3. 对供电区域、城市中心区进行城网规划应考虑的因素

（1）城网的供电区域。城网的供电区域是指城市行政区划的全部地区，包括市辖区和下辖县（市）。城网经营企业的城网规划范围涵盖其所属供电区域。计算城网负荷所对应的供电面积，可根据规划期的不同，分建成区和规划区。

（2）城市中心区。城市中心区是指市区内人口密集，行政、经济、商业、交通集中的地区。城市中心区用电负荷密度大，供电质量和可靠性要求高，电网接线以及供电设施都应有较高的要求。

（3）城网规划的依据。城网规划的依据如下：①城市规划设计时，可根据城市布局、供电企业供电区域、地理条件、负荷密度和输电网电压的选择，将城网划分为若干个分区电网；②对负荷集中且密度大的工业区（或开发区）和乡镇可建设分区电网；③城网由输电网、高压配电网、中压配电网和低压配电网组成，各类电网可供选择的电压等级可参照《城市电力网规划设计导则》

（Q/GDW 156—2006）4.1.2；④城网应简化电压等级，减少变压层次，在中等城市的城网电压等级宜为 4～6 级，小城市宜为 3～4 级，对现有城网中存在的非标准电压等级，应采取限制发展、合理利用、逐步改造的原则；⑤城网规划设计的范围应注意与输电网规划相区分和协调。

4. 规划输电网和高、中、低压配电网

（1）规划输电网和高压配电网。城市电网规划中所涉及的输电网，是指在城市行政区范围内的输电网站点和线路。

1）编制远期初步规划。根据远期预测的负荷水平，按远期规划所应达到的目标（如供电可靠性等）和本地区已确定的技术原则（包括电压等级、供电可靠性和接线方式等）及供电设施标准，初步确定远期电网布局。

2）编制近期规划。从现有的电网入手，将基准年和目标年的预测负荷分配到现有或规划的变电站和线路，进行电力潮流、短路容量、无功优化、故障分析、电网可靠性等各项验算，检查电网的适应度。针对电网出现的不适应问题，从远期电网的初步布局中，选取初步确定的原则，确定电网的改进方案。

3）编制中期规划。做好近期规划后，在近期末年规划电网的基础上，将基准年和中期规划目标年的预测负荷分配到变电站上，进行各项计算分析，检查电网的适应度。从远期电网的初步布局中选取初定的项目，确定必要的电网改进方案，做出中期规划。

4）编制远期规划。以中期规划的电网布局为基础，依据远期负荷预测，经各项计算后，编制远期规划。

（2）规划中压配电网。城市中压配电网应根据变电站布点、负荷分布、负荷密度和运行管理的需要制定近期规划。

1）根据变电站布点、负荷分布、供电半径将城市分成若干相对独立的分区，并确定变电站的供电范围。

2）根据分区负荷预测及负荷转供能力的需要，确定中压线路容量及电网结构。

3）为适应中压配电网安全可靠供电要求，应结合中压配电网结构同步开展配网自动化规划。

（3）规划低压配电网。

1）低压配电网规划直接受到小范围区域负荷变动的影响，而且可以在短期内建成，一般只需制定近期规划。

2）确定建设规模：①确定变电站的站址、容量及无功补偿容量，确定线路的路径和线径，确定分期建设的工程项目及其建设规模；②给出调度自动化、配网自动化、营销系统、继电保护、通信网络等专项规划的规模和要求。

>> 案例 1-2 住所地临近某市 FT 区第 9 号变电站选址位置的居民安某等 68 人（原告）得知省发展和改革委员会对 FT 区第 9 号变电站工程项目给予了批复，市规划局也出具了选址意见书的情况后，认为该项目选址违反相关法律法规的规定，且该项目将严重影响附近居民的日常生活，故于 2006 年 5 月向某省建设厅申请行政复议，要求撤销市规划局做出的《FT 区第 9 号变电站选址意见书》的行政许可行为。

2006 年 7 月，该省建设厅作出了复议决定，认为市规划局做出的项目选址意见依据充分、程序合法，维持了该规划局作出的选址意见。安某等 68 人不服该行政复议决定，遂于 2006 年 8 月向该市 FT 区人民法院提起行政诉讼。FT 区人民法院考虑到市供电公司与该案被诉具体行政行为有法律上的利害关系，故依法通知其作为第三人参加诉讼。

原告安某等 68 人诉称：市规划局做出的《FT 区第 9 号变电站选址意见书》违反相关法律、法规。

（1）涉案地块本应属于城市居民紧急避难所，被告决定涉案建设项目定点在该地块违反城市总体规划。

（2）变电站的建成将损害包括原告在内的该地区居民的人身健康，违反了《电磁辐射环境保护管理办法》第二十条第二款"在集中使用大型电磁辐射发射设施或高频设备周围，按环境保护和城市规划要求划定的规划限制区内，不得修建居民住房和幼儿园等敏感建筑"的规定。

（3）《城市电力规划规范》（GB/T 50293—2014）中明确规定："城市变电站规划选址应符合下列要求：①符合城市总体规划用地布局要求；②靠近负荷中心；③便于进出线；④交通运输方便；⑤应考虑对周围环境和邻近工程设施的影响和协调。"

涉案变电站的选址意见违反了上述两个规范文件，故请求人民法院撤销被告市规划局作出《FT 区第 9 号变电站选址意见书》的行政许可行为。

被告市规划局提出如下答辩意见：

（1）在该规划局作出具体行政许可时，该 FT 区第 9 号变电站已被纳入城市总体规划中，故被告所作的具体行政行为符合法律、法规的要求，也符合本市城市规划。

（2）被告认为第9号变电站项目并不属于《电磁辐射环境保护管理办法》第二十条规定的大型电磁辐射发射设施或高频设备，因此该规定不适用于本案。

（3）被告认为其作出的行政许可符合原告引用的《城市电力规划规范》（GB/T 50293—2014）的规定：①该项目属于城市总体规划；②该项目的建设是为了缓解FT区用电紧张的局面；③该项目距离周边居民区有近100m距离且并未影响到周围的交通。

（4）本局对本案第三人市供电公司提交的申报审批材料进行了严格而细致的审查，该项目符合城市总体规划用地布局要求，具备批准的法定要件，故作出许可。

综上，被告市规划局认为其作出的具体行政行为事实清楚、证据充分、程序合法，适用法律正确，故要求驳回原告安某等68人的诉讼请求。

第三人市供电公司要求维持涉案具体行政许可行为，理由如下。

（1）该公司向市规划局提交了符合法律要求的全部申请材料。市规划局作出的被诉行政许可行为，依据充分、程序合法，故该公司取得的《项目选址意见书》合法有效，不应被撤销。

（2）涉案地块虽然曾经属于城市居民紧急避难所，但市政府已经对此片区域进行了重新规划，FT区第9号变电站符合城市总体规划要求，也符合土地利用总体规划。

法院经审理查明，该市供电公司于2003年10月向某省电力公司申报了该市FT区第9号变电站工程项目，并于2004年11月由省电力公司给予批复（某电计〔2004〕1996号）。随后，省发展和改革委员会于2005年6月对FT区第9号变电站工程项目给予了批复（某发改交能发〔2005〕345号）。同年10月，市供电公司及时将相关审批文件报送市规划局（被告）申请项目选址意见。市规划局在收到相关申请文件后，于同年12月为该市供电公司出具了《FT区第9号变电站选址意见书》。

综上，法院认定，被告和第三人的陈述和答辩事实属实。原告安某等68人要求撤销市规划局核发的《FT区第9号变电站选址意见书》的理由不能成立。依据最高人民法院《关于执行〈中华人民共和国行政诉讼法〉若干问题的解释》第五十六条第（四）项之规定，判决如下：驳回原告安某等68人要求撤销被告市规划局核发的《选址意见书》的诉讼请求。

评 析

（1）FT区第9号变电站是否符合政府批准的市城市总体规划。

针对原告提出涉案地块曾经属于城市居民紧急避难所，且该变电站项目并未纳入城市总体规划这一主张，被告已证明：在市规划局为 FT 区第 9 号变电站项目出具项目选址许可之前，市政府已经对城市总体规划进行了相应的修改与调整，故该项目选址符合城市总体规划。

（2）根据环办〔2008〕64 号的界定，第 9 号变电站项目并不属于《电磁辐射环境保护管理办法》第二十条规定的大型电磁辐射发射设施或高频设备。"集中使用大型电磁辐射发射设施是指在同一个用地范围内建设使用的以下发射设施：①总功率在 200kW 以上的电视发射塔；②总功率在 1000kW 以上的广播台、站。"

（3）根据被告提交的相关证据及材料，该院认定规划局所出具的《FT 区第 9 号变电站选址意见书》并未违反《城市电力规划规范》（GB/T 50293—2014）第 7.2.3 条之规定。

综上，原告主张的 3 个撤销理由均不能成立，故对原告的主张该院不予采纳。而被告的行政行为合法有效，故法院依法维持了该涉诉行政行为。

第三节　电力建设立项与选址

《国务院关于投资体制改革的决定》（国发〔2004〕20 号）和《国务院办公厅关于加强和规范新开工项目管理的通知》（国办发〔2007〕64 号）出台之后，建设工程立项审批制度发生了深刻的变化。本节将对新制度下的电力建设立项和选址进行讨论。

一、立项与规划

新的投资体制改革将项目工程投资划分为 3 种情况，即实行审批制的政府投资项目、实行核准制的企业投资项目和实行备案制的企业投资项目。

（1）实行审批制的政府投资项目。实行审批制的政府投资项目立项流程如下：

①项目单位首先向发改委报送项目建议书；②发改委相关部门受理并答复或办理（行文）；③发改委批复建议书后，项目单位持发改委批文分别向城乡规划、自然资源、环境保护等部门申请办理规划选址、用地预审和环境影响评价审批手续；④完成相关手续后，项目单位根据项目论证情况向发改委报送项目可研报告，并附规划选址、用地预审和环评审批文件；⑤发改委批复可研完成立项。后续项目单位持发改委可研批文向城乡规划部门、自然资源部门申请

办理规划许可手续、正式用地手续等相关事宜。

（2）实行核准制的企业投资项目。实行核准制的企业投资项目立项流程如下：①项目单位分别向城乡规划、自然资源、环境保护等部门申请办理规划选址、用地预审和环评审批手续；②完成相关手续后，项目单位向发改委报送项目申请报告，并附规划选址、用地预审和环评审批文件，对外商投资项目，按国家发改委 2004 年 10 月 9 日起施行的《外商投资项目核准暂行管理办法》（〔2004〕第 22 号令）要求附相关文件；③发改委相关部门受理并答复或办理（行文）；④发改委核准完成立项后续项目单位持发改委核准文件向城乡规划部门、自然资源部门申请办理规划许可手续，正式用地手续。对于能源项目属限制类项目的，参照上级发改委做法，项目单位应先向发改委报项目预可研报告，取得同意开展项目前期工作的复函后，再向自然资源、环保、水利、规划、电网等部门申请办理相关手续。

（3）实行备案制的企业投资项目。实行备案制的企业投资项目立项流程如下：①项目单位编报项目建议书，向发改委申请办理备案手续；②发改委相关部门受理并答复或办理（行文）；③发改委备案后，项目单位持发改委备案文件分别向城乡规划、自然资源和环境保护部门申请办理规划选址、用地和环评审批手续。从 2008 年 1 月 1 日起，实行备案制项目不再使用企业投资项目备案通知书的方式备案，改用同审批、核准项目一样的正式文件形式，并抄送同级城乡规划（建设）、自然资源、环保、统计等部门。

二、电力建设工程项目的核准权限

对于电力企业属于实行核准制的企业投资项目，由国务院《关于发布政府核准的投资项目目录（2016 年本）的通知》（国发〔2016〕72 号）第二部分（能源）对电力建设做出了新的规定。

为了建立项目审批（核准、备案）与项目用地审批等方面相互衔接的机制，在继续执行《国务院关于投资体制改革的决定》（国发〔2004〕20 号）、《企业投资项目核准暂行办法》（国家发改委第 19 号令）和各省政府企业投资项目核准和企业投资项目备案的法规规章文件规定的条件和程序的基础上，可以对部分投资项目审批管理权限做相应调整，如下列项目一律由省发改委审批（核准、备案）或转报国家发改委审批（核准）：①需省里配置资源（包括土地资源、矿产资源、水资源、能源资源等）或平衡建设条件的项目；②需列入全省重大项目调度会议调度的重大项目和列入使用省级用地指标的重大项目；③申请使用中央政府投资、省级政府投资补助 200 万元及以上的项目等。

>> 案例1-3　某省某市供电公司（第三人）拟新建一条 500kV 线路。2014年 1 月 5 日，某市建设局出具意见，同意该线路的路径。某市供电公司向该市发展和改革委员会（被告）提出立项申请。2014 年 9 月 2 日，该市发展和改革委员会做出《关于 500kV 某线路项目立项的批复》，同意某线路新建工程的立项。2014 年 10 月 22 日，该省环境保护厅出具《辐射项目环境影响评价文件审批意见》，同意该 500kV 线路新建工程按环评指定地点和规模进行建设。

2014 年 4 月，某市供电公司开始该 500kV 线路工程施工，2015 年 6 月投入运营。线路经过甲、乙两个区，跨越了位于甲区居民于某的房屋。2015 年 3 月 9 日，于某（原告）以某市发展和改革委员会为被告，以该 500kV 线路工程项目核准违规、跨越其房屋严重危害生命健康及合法权益为由，向该市人民法院起诉，要求撤销《关于 500kV 某线路项目立项的批复》。受理案件后，人民法院通知某市供电公司作为第三人出庭。

本案系 500kV 电压等级的交流电网工程，应由省级政府投资主管部门核准，而非市级政府投资主管部门核准。人民法院据此，依法判决准予撤销该市发展和改革委员会作出《关于 500kV 某线路项目立项的批复》。

评 析 --------->

《政府核准的投资项目目录（2016 年版本）》关于电网工程的核准权限规定：涉及跨境、跨省（区、市）输电的 ±500kV 及以上直流项目，涉及跨境、跨省（区、市）输电的 500kV、750kV、1000kV 交流项目，由国务院投资主管部门核准，其中 ±800kV 及以上直流项目和 1000kV 交流项目报国务院备案；不涉及跨境、跨省（区、市）输电的 ±500kV 及以上直流项目和 500kV、750kV、1000kV 交流项目由省级政府按照国家制定的相关规划核准，其余项目由地方政府按照国家制定的相关规划核准。

本案属于不涉及跨境、跨省（区、市）输电的 500kV 交流项目，应由省级政府按照国家制定的相关规划核准，市级政府投资主管部门没有核准权。

启 示 --------->

（1）项目核准申请时，应根据项目具体情况向具备核准权限的项目核准机关报批核准文件，以保证项目核准及建设顺利开展。电网建设项目向不具备相应行政职权的部门申请核准，即使获得了核准，也将面临被上级主管行政主管部门或法院撤销的风险，会导致项目被迫停工，给企业带来损失。不建议边建设边办理，更不能建成之后补办审批手续，这样的做法存在相当大的法律风险，不仅该电网建设项目随时可能被要求停工，而且建设单位有关负责人还面临着被依法追究法律责任的局面。

（2）在项目核准过程中项目建设单位应严格按照法律规定，向有核准权限的项目核准机关申请核发有关文件，以保证核准文件合法有效。

（3）有道是"磨刀不误砍柴工"，电网建设工程开工前必须各证齐全。输变电工程由审批制改为核准制后，电网建设工程前期工作复杂度增加，规划、土地、环评、水保、地质灾害等各类审批必须办妥。企图通过先开后审或边建边审的方式来加快建设，往往会欲速不达，还给电网企业的形象抹黑，得不偿失。

三、电力建设项目选址

1. 建设项目选址权限的相关规定

《城乡规划法》和《建设项目选址规划管理办法》规定，按照国家规定需要有关部门批准或者核准的建设项目，以划拨方式提供国有土地使用权的，建设单位在报送有关部门批准或者核准前，应当向城乡规划主管部门申请核发选址意见书。前款规定以外的建设项目不需要申请选址意见书。

城市规划行政主管部门应当参加建设项目设计任务书阶段的选址工作，对确定安排在城市规划区内的建设项目从城市规划方面提出选址意见书。设计任务书报请审批时，必须附有城市规划行政主管部门的选址意见书。

2. 电源建设项目选址

《工业企业设计卫生标准》（GBZ 1—2010）和《城市电力规划规范》（GB/T 50293—2014）规定，对于产生工频电磁场的设备安装地址（位置）的选择应与居住区、学校、医院、幼儿园等保持一定的距离，使上述区域电场强度最高容许接触水平控制在 4kV/m 以下。城市变电站规划选址应符合如下要求：①与城市总体规划用地布局相协调；②靠近负荷中心；③便于进出线；④应方便交通运输；⑤应减少对军事设施、通信设施、飞机场、领（导）航台、国家重点风景名胜区等设施的影响；⑥应避开易燃、易爆区和大气严重污秽区及严重盐雾区；⑦220～500kV 变电站的地面标高，宜高于百年一遇的洪水位，35～110kV 变电站的地面标高，宜高于 50 年一遇的洪水位；⑧应选择良好的地质条件的地段。

3. 电网建设项目选址

(1) 城市架空电力线路的路径选择。城市架空电力线路的路径选择应符合下列规定：①应根据城市地形、地貌特点和城市道路网规划，沿道路、河渠、绿化带架设。路径做到短捷、顺直，减少同道路、河流、铁路等的交叉，避免跨越建筑物；②35kV 及以上高压架空电力线路应规划专用通道，并应加以保护；③规划新建的 66kV 及以上高压架空电力线路，不宜穿越市中心地区、重要风景名胜区或中心景观区；④宜避开空气严重污秽区或有爆炸危险品的建筑物、堆场、仓库；⑤应满足防洪、抗震要求，具体见《城市电力规划设计规范》(GB/T 50293—2014) 7.6.1、7.6.2。

(2) 城市高压架空电力线路走廊宽度规定。市区内单杆单回水平排列或单杆多回垂直排列的 35～500kV 高压架空电力线路的规划走廊宽度，宜根据所在城市的地理位置、地形、地貌、水文、地质、气象等条件及当地用地条件，合理确定。具体宽度见表 1-1。

表 1-1　　　　　市区内高压架空电力线路的走廊宽度

线路电压等级/kV	线路走廊宽度/m
直流±800	80～90
直流±500	55～70
1000（750）	90～110
500	60～75
330	35～45
220	30～40
66，110	15～25
35	15～20

(3) 城市架空线路相邻距离规定。

1) 城市架空电力线路与建筑物之间的垂直距离规定。城市架空电力线路接近或跨越建筑物时，在导线最大计算弧垂情况下，1～1000kV 架空电力线路导线与建筑物之间的垂直距离应不小于表 1-2 中数值。

表 1-2　　1～1000kV 架空电力线路导线与建筑物之间的最小垂直距离

线路电压/kV	1～10	35	110（66）	220	330	500	750	1000
垂直距离/m	3.0	4.0	5.0	6.0	7.0	9.0	11.5	15.5

2）架空电力线路边导线与建筑物之间的水平距离规定。在无风情况下，1～1000kV架空电力线路边导线与建筑物之间的水平距离应不小于表1-3中数值。

表1-3　　1～1000kV架空电力线路边导线与建筑物之间的最小水平距离

线路电压/kV	110（66）	220	330	500	750	1000
水平距离/m	2.0	2.5	3.0	5.0	6.0	7.0

3）城市架空电力线路导线与地面之间垂直距离规定。在最大计算弧垂情况下，城市架空电力线路导线与地面之间的最小垂直距离见表1-4。

表1-4　　　　城市架空电力线路导线与地面之间的最小垂直距离

线路经过地区	线路电压/kV							
	<1	1～10	35～110	220	330	500	750	1000
居民区	6.0	6.5	7.5	7.5	8.5	14.5	19.5	27.0
非居民区	5.0	5.0	6.0	6.5	7.5	11.5	15.5	22.0
交通困难区	4.0	4.5	5.0	5.5	6.5	8.5	11.0	19.0

4）架空电力线路导线与街道行道树之间垂直距离规定。在考虑树木自然生长高度情况下，架空电力线路导线与街道行道树之间的最小垂直距离见表1-5。

表1-5　　　　架空电力线路导线与街道行道树之间的最小垂直距离

线路电压/kV	<1	1～10	35～110	220	330	500	750	1000
最小垂直距离/m	1.0	1.5	3.0	3.5	4.5	7.0	8.5	16

（4）电缆规划与敷设。《城市电力规划设计规范》（GB/T 50293—2014）7.6.7规定，对于市区内规划新建的35kV以上电力线路，下列情况应采用地下电缆：①在市中心地区、高层建筑群区、市区主干路、人口密集区、繁华街道等；②重要风景名胜景区的核心区和对架空导线有严重腐蚀性的地区；③走廊狭窄，架空线路难以通过的地区；④电网结构或运行安全的特殊需要线路；⑤沿海地区易受热带风暴侵袭的主要城市的重要供电区域。《城市电力网规划设计导则》（Q/GDW 156—2006）对于市区电缆线路路径规划和敷设规定如下。

1）市区电缆线路路径应按照城市规划统一安排，通道的宽度、深度应考虑远期发展的要求。路径选择应考虑安全、可行、维护便利及节省投资等要求。沿街道的电缆隧道入孔及通风口等的设置应与环境相协调。有条件时应与市政建设协调建设综合管道。

2）电缆敷设方式应根据电压等级、最终数量、施工条件及初期投资等因素确定，可按不同情况采取以下方式：①直埋敷设适用于市区人行道、公园绿地及公共建筑间的边缘地带，35kV 及以上电缆、10（20）kV 重要电缆不宜采用直埋敷设；②沟槽敷设适用于不能直接埋入地下且无机动车负载的通道；③排管敷设适用于电缆条数较多，且有机动车等重载的地段；④隧道敷设适用于变电站出线及重要街道电缆条数多或多种电压等级平行的地段，隧道应在道路建设时统一考虑，独立建设或与城市其他公用事业部门共同建设使用，城网变电站应考虑有 2～3 个电缆进出线通道，建设通道时应考虑通风、照明及防火措施，隧道内可根据需要采用温度在线监测系统；⑤变电站出口或电缆较多的地方可采用截面较大的隧道，电缆线路少的地方，截面可缩小；⑥电缆路径需要跨越河流时，尽量利用桥梁结构；⑦水下敷设方式须根据具体工程特殊设计。

电力建设项目审批、核准与备案

根据《国务院关于投资体制改革的决定》（国发〔2004〕20号）和《国务院办公厅关于加强和规范新开工项目管理的通知》（国办发〔2007〕64号）的有关精神，为进一步规范项目审批和做好项目新开工管理工作简化审批程序，提高办事效率，推进电网加快发展，根据不同投资主体，规范和完善项目审批、核准和备案管理。与此同时，政府主管部门对建设项目核准的要求更加严格，项目核准前用地预审、环评、规划、拆迁、办理《土地证》等文件也越来越难。这些情况均使电网项目核准周期长，协调难度大，核准进度滞后，前期费用增加，造成列入年度投资计划的新开工项目建设不能与核准同步。另外，随着城市建设规模的不断扩大，各级地方政府对电网建设项目提出的要求越来越高，使变电站站址和线路路径取得规划部门的认可的难度加大，时间推后，也一定程度影响了电网项目可研工作的开展。

第一节 建设项目审批制度改革

2004年国务院颁布的《国务院关于投资体制改革的决定》提出了一系列投资方面的改革措施，这里面有一个非常重要的举措，就是为区别不同情况，从2004年以后，将过去单一的审批制改为审批、核准、备案3种管理方式。

一、项目由审批制改为审批、核准和备案制

1. 实行核准制的目的、范围、对象和审查内容

（1）核准的目的是维护社会公共利益。

（2）核准的范围和权限就由核准目录规定，企业投资建设本目录内的固定资产投资项目，须按照规定报送有关项目核准机关核准；企业投资建设本目录

外的项目，实行备案管理。

（3）核准制实行的对象是企业投资建设的重大项目和限制类项目。

（4）核准审查的内容是企业投资的外部性条件，包括是否维护经济安全、是否合理开发利用资源、是否保护生态环境、是否优化重大布局、是否保障公共利益和是否防止出现垄断等方面。至于与外部性条件相对是内部性条件，像市场前景、经济效益、资金来源，产品技术方案等方面，则由企业行使投资自主权，自主决策。

2. 项目核准制度改革的内容和亮点

项目核准制度改革主要内容是精简前置、规范中介、在线办理、改串联为并联。其亮点内容可以简单概括为六个字：取消、下放、监管。"取消"就是进一步缩减核准范围，对市场竞争充分、企业能自我调节、可以用经济和法律手段有效调控的项目，由核准改为备案。"下放"进一步下放核准权限，下放地方政府核准。地方和企业关注度较高的火电站、热电站、抽水蓄能电站、均下放省级政府或者地方政府核准，保留最大的就是核电和一些大型水电在中央层面。"监管"进一步注重事中事后监管，建立健全纵横联动、协同监管机制。同步下放前置审批权限，加强标准化、规范化工作；抓紧清理、整合和规范各类前置条件及中介服务，各有关部门"各负其责、依法监管"，投资项目核准、备案权限下放后，监管责任要同步下移。地方各级政府及其有关部门要积极探索创新监管方式方法，强化事中事后监管，切实承担起监管职责。

由地方政府核准的项目，各省级政府可以根据本地实际情况，按照下放层级与承接能力相匹配的原则，具体划分地方各级政府管理权限，制定本行政区域内统一的政府核准投资项目目录。基层政府承接能力要作为政府管理权限划分的重要因素，不宜简单地"一放到底"。对于涉及本地区重大规划布局、重要资源开发配置的项目，应充分发挥省级部门在政策把握、技术力量等方面的优势，由省级政府核准，原则上不下放到地市级政府、一律不得下放到县级及以下政府。

3. 核准审查的依据

《国务院关于发布政府核准的投资项目目录（2016年本）的通知》（国发〔2016〕72号）指出，法律、行政法规和国家制定的发展规划、产业政策、总量控制目标、技术政策、准入标准、用地政策、环保政策、用海用岛政策、信贷政策等是企业开展项目前期工作的重要依据，是项目核准机关和自然资源、环境保护、城乡规划、海洋管理、行业管理等部门以及金融机构对项目进行审查的依据。

对取消核准改为备案管理的项目，项目备案机关要加强发展规划、产业政策和准入标准把关，行业管理部门与城乡规划、土地管理、环境保护、安全监管等部门要按职责分工加强对项目的指导和约束。

4. 项目核准机关

《企业投资项目核准暂行办法》所指的项目核准机关，是指《政府核准的投资项目目录（2016 年本）》中规定具有企业投资项目核准权限的行政机关。其中，国务院投资主管部门是指国家发展和改革委员会；地方政府投资主管部门是指地方政府发展改革委（计委）和地方政府规定具有投资管理职能的经贸委（经委）。

二、投资体制改革的管理模式

1. 关于实行审批制的政府投资项目

项目单位应首先向发展改革部门报送项目建议书，依据发展改革部门的项目建议书批复文件分别向城乡规划、自然资源和环境保护部门申请办理规划选址、用地预审和环境影响评价审批手续。完成相关手续后，项目单位根据项目论证情况向发展改革部门报送可行性研究报告，并附规划选址、用地预审和环评审批文件。项目单位依据改革部门的可行性研究报告批复文件向城乡规划部门申请办理规划许可手续，向自然资源部门申请办理正式用地手续。实行审批制项目的标题规范为"关于×××项目建议书（或可行性研究报告）的批复"。

2. 关于实行核准制的企业投资项目

项目单位分别向城乡规划、自然资源和环境保护部门申请办理规划选址、用地预审和环评审批手续。完成相关手续后，项目单位向发展改革部门报送项目申请报告，并附规划选址、用地预审和环评审批文件（外商投资项目按国家发展改革委第 22 号令要求附相关文件）。项目单位依据发展改革部门的项目核准文件向城乡规划部门申请办理规划许可手续，向自然资源部门申请办理正式用地手续。能源项目属限制类项目，参照国家（上级）发展改革委做法，项目单位应先向发展改革部门报送项目预可研报告，取得同意开展项目前期工作的复函后，再向环保、水利、规划、电网等部门申请办理相关手续。实行核准制的项目标题规范为"关于核准×××项目的批复"。

3. 关于实行备案制的企业投资项目

项目单位应先编报项目建议书，向发展改革部门申请办理备案手续。项目备案后，项目单位依据发展改革部门的项目备案文件分别向城乡规划、自然资源和环境保护部门申请办理规划选址、用地和环评审批手续。从 2008 年 1 月 1 日开始，实行备案制项目不再使用企业投资项目备案通知书的方式备案，改用同审批、核准项目一样的正式文件形式，并抄送同级城乡规划（建设）、自然资源、环保、统计等部门。实行备案制的项目标题规范为"关于×××项目备案的通知"。

在实际操作中，为了建立项目审批（核准、备案）与项目用地审批等方面相互衔接的机制，有的省政府对于投资项目管理权限进行调整。如某省规定下列项目一律由省发改委审批（核准、备案）或转报国家发改委审批（核准）：①需省里配置资源（包括土地资源、矿产资源、水资源、能源资源等）或平衡建设条件的项目；②需列入全省重大项目调度会议调度的重大项目和列入使用省级用地指标的重大项目；③申请使用中央政府投资、省级政府投资补助 200 万元及以上的项目（国家或省另有规定的，从其规定）。

>> **案例 2-1** 2008 年，某市原告孙某等 7 人因不服被告该市规划和国土资源管理局做出的建设工程规划许可，遂以其为被告、某市供电公司为第三人，向某区人民法院提起行政诉讼，请求确认被告作出的建设工程规划许可违法并予以撤销。

原告诉称：①被告首次做出的《关于上报 220kV 某变电工程可行性研究报告的请示》的批复已被国家发改委撤销，证明是错误的；②在错误的基础上继续做出第二次错误的批复仍然是错误的；③被告是越权批复，不具法律效力；④某市变电站建设项目违反《电力设施保护条例》及《电力设施保护条例实施细则》的有关规定，故被告核发被诉规划许可证违法。

被告辩称：①被告依照新的批复作为被诉建设工程规划许可行为的前置依据，于 2008 年核发了新的建设工程规划许可证，撤销了于 2006 年核发的建设工程规划许可证，实体和程序方面都符合法律、法规的规定；②根据《国务院关于发布政府核准的投资项目目录（2016 年版本）的通知》（国发〔2016〕72号）规定，市发改委批复合法，被告依据合法批复以及《城市规划法》《某市城市规划条例》做出的许可是合法的；③跨越原告房屋属于民事补偿问题，与本案被告许可行为无关。

第三人某供电公司述称：①同意被告的答辩意见；②第三人在知悉 2005 年某市发展和改革委员会的批复被撤销后，已根据相关要求，补充相应文件，并在 2008 年 10 月取得某市发展改革委员会做出的新的行政批复,被告根据相关材料,重新审核了第三人提交的规划许可申请,并于 2008 年 11 月核发了新的建设工程许可证,符合法律、法规的规定;③《电力设施保护条例》及《电力设施保护条例实施细则》没有明确规定绝对不能跨越房屋,也没有明确规定跨越必须赔偿。

法院经审理知悉,2005 年,某市供电公司拟在该市跨两区架设总长为 4.3km 的 220kV 某输电线路,某市发展和改革委员会同意了该市电力公司向其报送的"关于上报 220kV 某输变电工程可行性研究报告的请示",并做出了批复。2006 年,该市城市规划管理局(被告,后改称市规划和国土资源管理局)向该市电力公司的下属部门电网建设公司核发了建设工程规划许可证,准许供电公司建造某变电站进线工程建设项目。该工程项目跨越了孙某等 7 人(原告)的房屋。

2007 年,孙某等 7 人因某市发改委和城市规划管理局批准建设的市供电公司输变电工程某变电站进线跨越其房屋,向国家发改委提起行政复议。经审理,国家发改委会认为:①该市发展和改革委员会做出的"关于上报 220kV 某变电工程可行性研究报告的请示"的批复形式不符合有关企业投资项目核准制的规定;②该批复内容不符合法定许可条件。该市供电公司在知悉该情况后,第一时间补充相关文件提交该市发展和改革委员会审核,该市发展和改革委员会于 2008 年 10 月做出新的行政批复,2008 年 11 月,该市城市规划管理局根据新的行政批复向市供电公司的下属部门电网建设公司核发了新的建设工程规划许可证。该工程于 2008 年 12 月开始施工。

法院审理后认为,根据《国务院关于投资体制改革的决定》(国发〔2004〕20 号)规定:"企业投资建设实行核准制的项目,仅需向政府提交项目申请报告,不再经过批准项目建议书、可行性研究报告和开工报告的程序。"电力企业投资建设的项目,仅需向政府提交项目申请报告,取得政府部门的核准即可。故认定:①被诉建设工程规划许可行为的前置批复是有效的;②规划许可行为认定事实的证据充分,依法合规;③跨越补偿与本案无关。依据最高人民法院《关于执行〈中华人民共和国行政诉讼法〉若干问题的解释》第五十六条第(四)项之规定,判决驳回孙某等 7 原告的诉讼请求。

■■■ 评 析 ----------▶

(1)《政府核准的投资项目目录》中对电网工程具体要求是:330kV 及以上电压等级的电网工程由国务院投资主管部门核准,其余项目由地方政府投资主管部门核准。本案的前置批复机构没有越权批复。

（2）第一次批复被国家发改委撤销，并非越权所致，而是第三人提交文件有问题。第三人改正后，2008 年的批复是合法有效的。

（3）关于 220kV 高压架空线路跨越居民住房，事关人身财产安全，应当与房屋产权人协商补偿，全国已有多个省份的地方性法规予以规范。参见本书第三篇的有关论述。原告可以提起民事诉讼。

启 示

电网企业申请办理建设工程规划许可证，应当依法提交正确、完整的资料。一旦出现差错，导致反复提交，就会产生法律纠纷，形成诉讼后就会造成误工。

第二节　电力建设工程项目申请

本节根据《国务院关于投资体制改革的决定》和《企业投资项目暂行办法》归纳建设项目申请流程和各个阶段应体检的文件供参考。对于电力企业投资建设的项目，都属于核准和备案的范围，因此，本节只讨论建设项目核准与备案。

一、建设项目工作流程

1. 建设项目核准制流程

建设项目核准制流程（划拨用地）如图 2-1 所示。

2. 建设项目备案制流程

建设项目备案制流程如图 2-2 所示。

二、建设项目审查依据和各阶段应提交的文件

1. 审查依据

《国务院关于投资体制改革决定》（国发〔2004〕20 号）、《国务院办公厅关于加强和规范新开工项目管理的通知》（国办发〔2007〕64 号）、国家发展和改革委员会《企业投资项目核准暂行办法》（第 19 号令）、《中华人民共和国城乡规划法》（2008 年实施）、《建设项目用地预审管理办法》（国土资源部令第 27 号，2004 年实施）、《中华人民共和国环境保护法》（七届全国人大常委会第十一次会议通过）（1989 年实施）、《中华人民共和国招标投标法》（九届全国人大常委会第十一次会议通过）（2000 年实施）。

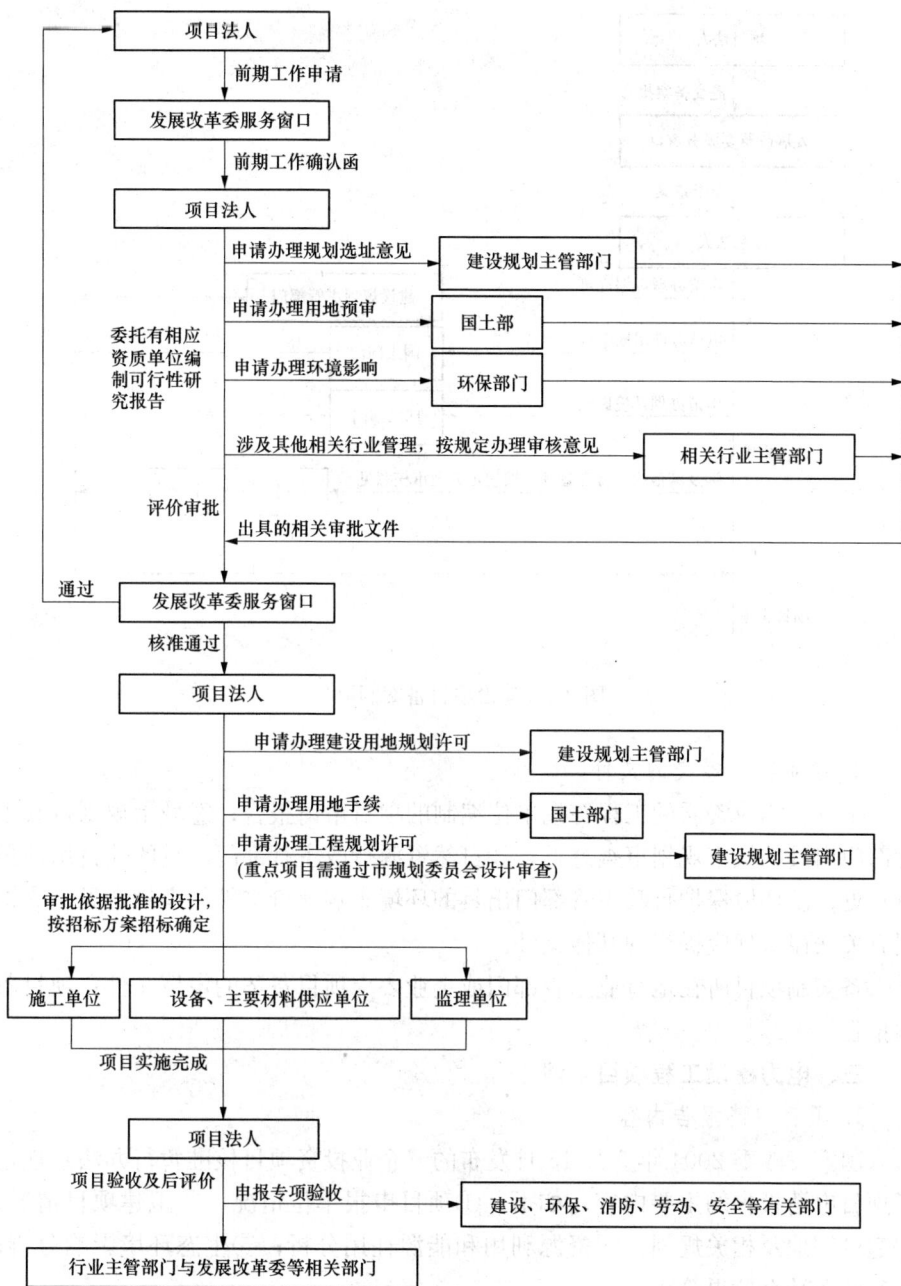

图 2-1　建设项目核准制流程（划拨用地）

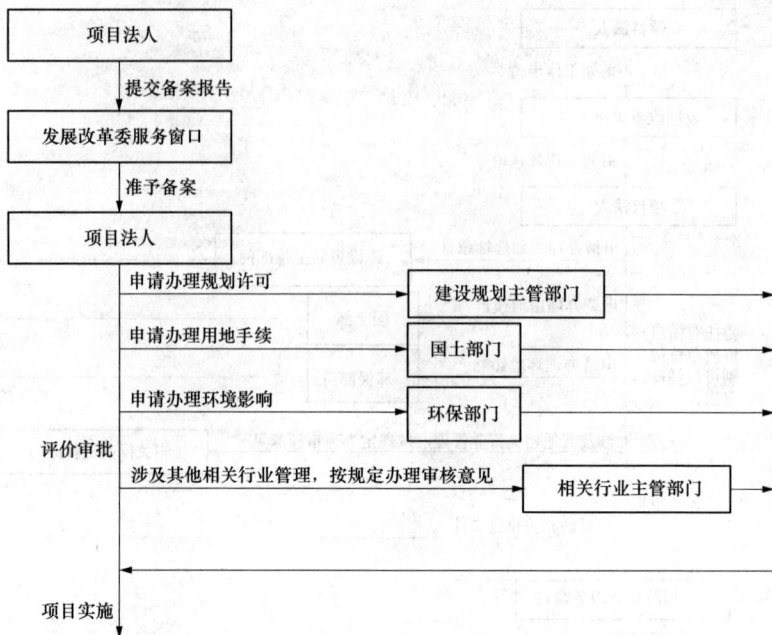

图 2-2　建设项目备案制流程

2. 各阶段应提交的文件

①具备相应资质的工程咨询单位编制的项目申请报告；②城市规划行政主管部门出具的城市规划审查意见；③自然资源行政主管部门出具的项目用地预审意见；④环境保护行政主管部门出具的环境影响评价文件的审批意见；⑤根据有关法律法规应提交的其他文件。

备案制项目所在地行业主管部门或企业要求项目备案的申请文件：项目备案报告。

三、电力建设工程项目申请

1. 项目申请报告内容

国家发改委 2004 年 9 月 15 日发布的《企业投资项目核准暂行办法》规定了项目申请报告的主要内容，如下：①项目申报单位情况；②拟建项目情况；③建设用地及相关规划；④资源利用和能源耗用分析；⑤生态环境影响分析；⑥经济和社会效果分析。

2. 项目申请应附加的文件

电力建设项目单位在上报电网项目申请报告时应附加文件，如下：①城市规划行政主管部出具的城市规划意见；②自然资源行政主管部门出具的用地预审意见；③环境保护、水土保持、地质地灾、地震安评等行政主管部门出具的环境影响评价文件的审批意见；④根据有关法律法规应提交的其他文件。

3. 电网建设项目的前期工作

（1）可行性研究报告的编制与评审。立项后委托有资质的单位编制可行性研究报告并评审。报告对工程市场需求、工程技术方案、投资、财务、风险等进行分析论证。

（2）根据《建设项目用地预审管理办法》规定，办理自然资源主管部门电建项目用地预审意见。

（3）根据核准办法规定，办理相应级别城乡规划主管部门核发的变电站站址及线路路径《建设项目选址意见书》。

（4）建设单位在提交项目申请报告之前应取得环保主管部门批复的环境影响评价文件。

（5）办理其他支持性文件，如水利部门出具的水土保持方案意见等。

（6）电力建设项目可能与铁路、公路、军事、电信、河道、文物、林业、厂矿存在相邻权问题，在前期应取得这些相关部门的协议意见或复函，这些函件虽非核准的必备文件，但可以为工程实施创造有利条件，也是前期工作不可缺少的内容。

第三节　电力建设工程项目核准与备案

国家投资体制改革使电力建设项目由审批制改为核准制。大多建设工程属于核准范围，核准范围之外的属于备案范围。虽然核准权下放了，但电力建设项目可研报告深度增加了。如提高项目核准标准，电网工程核准所需支持性文件多，办理周期长，加大了前期工作难度，给电网前期工作带来挑战。要解决好加快电网建设与核准标准提高的矛盾，就要学习新政策和标准，领会和适应新政策和标准。

一、电力建设项目核准与备案的范围

《国务院关于发布政府核准的投资项目目录（2016 年版本）的通知》（国发〔2016〕72 号）重新公布了电力建设项目核准与备案的范围，较 2014 版，核准权进一步下放。

（1）水电站：在跨界河流、跨省（区、市）河流上建设的单站总装机容量50万千瓦及以上项目由国务院投资主管部门核准，其中单站总装机容量300万千瓦及以上或者涉及移民1万人及以上的项目由国务院核准。其余项目由地方政府核准。

（2）抽水蓄能电站：由省级政府按照国家制定的相关规划核准。

（3）火电站（含自备电站）：由省级政府核准，其中燃煤燃气火电项目应在国家依据总量控制制定的建设规划内核准。

（4）热电站（含自备电站）：由地方政府核准，其中抽凝式燃煤热电项目由省级政府在国家依据总量控制制定的建设规划内核准。

（5）风电站：由地方政府在国家依据总量控制制定的建设规划及年度开发指导规模内核准。

（6）核电站：由国务院核准。

（7）电网工程：涉及跨境、跨省（区、市）输电的±500kV及以上直流项目，涉及跨境、跨省（区、市）输电的500、750、1000kV交流项目，由国务院投资主管部门核准，其中±800kV及以上直流项目和1000kV交流项目报国务院备案；不涉及跨境、跨省（区、市）输电的±500kV及以上直流项目和500kV、750kV、1000kV交流项目由省级政府按照国家制定的相关规划核准，其余项目由地方政府按照国家制定的相关规划核准。

企业投资建设核准目录内的固定资产投资项目，须按照规定报送有关项目核准机关核准。企业投资建设本目录外的项目，实行备案管理。

二、核准审查的范围

《国务院投资体制改革的决定》（国发〔2004〕20号）对核准内容进行了详细规定。核准机关主要从以下方面对电建项目进行审查：①是否符合国家有关法律法规；②是否符合电力工业发展规划；③是否符合国家产业政策；④是否符合社会公众利益；⑤是否符合国家环境保护、土地管理、水资源管理和水资源保护、水库区移民法规、政策和标准；⑥是否有利于竞争性电力市场的形成和健康发展，防止形成发电市场垄断或恶性竞争；⑦是否符合电源项目接入电网或电网项目并网、联网的相关要求；⑧电网工程以及其他需要政府实行价格管制的电力项目投资是否合理（如110kV青藏铁路供电工程）；⑨项目法人和主要投资方是否符合国家市场准入条件，并具备投资建设的能力；⑩项目的设计单位和评估单位是否具备相应资质。

《企业投资项目核准暂行办法》规定，企业投资建设实行核准制的项目，应按国家有关要求编制项目申请报告，报送项目核准机关。项目核准机关应依法进行核准，并加强监督管理。

项目申报单位应向项目核准机关提交项目申请报告，一式5份。项目申请报告应由具备相应工程咨询资格的机构编制，其中由国务院投资主管部门核准的项目，其项目申请报告应由具备甲级工程咨询资格的机构编制。

前期工作程序繁杂、工作量大，通常情况下，相应的发改部门对于企业新建、扩建和改造项目进行核准。项目申请报告包含的主要内容为：①项目申报单位情况；②项目拟建情况；③建设用地及相关规划；④资源利用和能源耗用分析；⑤生态环境影响分析；⑥经济和社会效果分析。在提交申请报告过程中，应附下列文件：①环保部门出具的环评文件的审批意见；②自然资源部门出具的用地预审意见；③城乡规划部门出具的规划意见；④根据有关法律法规规定应提交的其他文件。

三、国家发改委、国家能源局对电建项目核准的相关规定

国家发改委、国家能源局《关于做好电力项目核准权限下放后规划建设有关工作的通知》（发改能源〔2015〕2236号）对核准依据、权限和信息上报方面做出了进一步的规定。

1. 贯彻执行新的核准制度

省级发展改革委（能源局）要按照国务院办公厅《关于印发精简审批事项规范中介服务实行企业投资项目网上并联核准制度工作方案的通知》（国办发〔2014〕59号）、《关于创新投资管理方式建立协同监管机制的若干意见》（国办发〔2015〕12号）以及国家发展改革委《关于一律不得将企业经营自主权事项作为企业投资项目核准前置条件的通知》（发改投资〔2014〕2999号）等有关要求对纳入电力建设规划的项目进行核准。核准工作应遵循"公开、透明、高效"的原则，简化电力项目核准前置条件，优化审批程序，制定并公开电力项目核准工作规则、审批流程、办事指南，实行并联审批、在线审批，并公开审批进度和审批结果，主动接受社会监督。

2. 按权限履行核准工作

由地方政府核准的电力项目，省级政府可根据本地实际情况具体划分地方各级政府的核准权限。燃气电站（分布式除外）、500kV及以上交流、±400kV及以上直流电网项目宜由省级政府履行核准，对确需下放到省级以下地方政府核准的，省级发展改革委（能源局）要加强规划指导及后续监管工作，确保"放而不乱"。

3. 上报核准信息

省级发展改革委（能源局）要将燃煤电站、燃气电站、500kV 及以上交流和±400kV 及以上直流电网项目核准文件抄报国家发展改革委、国家能源局，抄送国家能源局相关派出机构。地市级及以下政府核准的电力项目，由省级发展改革委（能源局）每月汇总后报送。同时，应充分利用发改系统项目信息联动机制，切实做到核准信息的在线、及时、准确、共享。

四、电力建设项目核准与备案

1. 线路工程项目核准

线路新建工程及线路路径发生改变的线路重建工程，取得环评批复文件和相应规划意见，即可办理项目核准手续；线路重建工程项目，在电压等级不变的前提下，取得环评批复意见，即可办理项目核准手续；线路部分改造工程项目，在电压等级不变的前提下，不需办理核准手续。

在提供相应规划意见时，不属于划拨方式提供国有土地的线路工程，仅需提供项目所在市县城乡规划主管部门出具的项目选址的规划审查意见。跨市县线路工程还应征求省城乡规划主管部门的意见。

2. 变电站工程项目核准

不涉及征地的变电站扩建项目，在电压等级不变的前提下，原未办理环评批复意见，只需提供环评批复意见即可办理核准手续；涉及征地的变电站扩建项目，取得环评批复意见、用地预审意见及相应规划意见，即可办理核准手续；变电站站内增容和改造项目，无须办理核准手续，如增容和改造工程规模超过原批复规模，则需补办环评批复意见。在提供相应规划意见时，若项目不属于划拨方式提供国有土地的，仅需提供项目所在市县城乡规划主管部门出具的项目选址意见书。

3. 35kV 项目由核准制改为备案制

35kV 项目由核准制改为备案制。跨市县项目报省级发展改革部门备案，其余项目报各市县发展改革部门备案，不再办理项目核准手续。

4. 火电工程项目前期工作的基本流程和应提交的报告

（1）流程。初步可行性研究报告及审查→可行性研究报告及审查→初步设计及预审查→项目申请报告及评估→国家发改委核准。

1）可行性研究阶段是项目前期工作中最为繁重的部分，项目的大部分支持性文件均在此阶段取得。

2）在开展项目前期工作的过程中，需取得国家发改委办公厅或国家能源局出具的同意开展项目前期工作的文件，俗称"路条"。但一般情况下，在获得此文件的时候，大部分项目前期工作均已完成。

3）项目初步可行性研究报告、可行性研究报告、初步设计、项目申请报告的审查与评估一般由电力规划设计总院和中国国际工程咨询公司负责，审查与评估后，会出具相关的审查与评估意见。

4）项目申请报告评估意味着所有的项目前期工作均已结束，评估意见直接用作国家发改委核准与否的依据。

5）项目申请报告需经由省级发改委向国家发改委申报。

6）三大主机设备（锅炉、汽轮机、发电机）的招标时间一般在可行性研究阶段，而当火电工程项目获得国家发改委核准时，一般都已完成部分主要辅机设备的招标工作，并已开始部分前期辅助工程的施工。

（2）提交的相关报告和文件。应提交的相关报告和文件包括项目可行性研究报告、＊供热网配套可行性研究报告（供热工程）、接入系统报告、环境影响评价报告、水资源论证报告、地质灾害评价、地震安全性评价报告、＊铁路专用线可行性研究报告、水土保持方案等，其中标"＊"的报告和文件视工程具体情况确定是否提供。表 2-1 所示为一个火电工程项目应取得的支持性文件。

表 2-1　　　　　一个火电工程项目应取得的支持性文件

序号	文 件 名 称
1	省级政府投资主管部门对本工程项目的意见
2	省、市规划主管部门同意厂址选择的文件
3	自然资源部门授权的土地主管部门同意厂址、灰场用地的文件
4	水利部门授权的水资源主管部门同意项目取水文件
5	与相关企业签订的供水协议
6	燃料生产企业同意供应燃料的承诺文件
7	运输主管部门同意承担运输的文件
8	国家环境保护部对环境影响报告书的批复意见
9	水利部门对水土保持方案的批复意见
10	相应电网主管部门同意并网的协议
11	各投资方签订的投资协议
12	各大银行总行出具同意贷款的承诺文件
13	＊铁路局同意铁路专用线接轨的文件

续表

序号	文件名称
14	＊省级及以上水利部门或海洋与渔业主管部门同意厂址岸线使用的文件
15	＊上一级主管部门批准的城市供热发展规划的文件
16	＊省级及以上文物主管部门出具无文物保护的证明文件
17	＊省级及以上矿产主管部门出具无压矿的证明文件
18	＊军级及以上军事主管部门出具对军事设置无相互影响的证明文件
19	＊与企业签订的灰渣综合利用协议
20	＊省级民用航空主管部门同意建厂的文件
21	＊国家地震局或委托省地震主管部门出具的地震安全性评价审批文件
22	＊水利和水产主管部门同意修建取（排）水构筑物的文件
23	＊脱硫吸收剂供应的协议
24	＊其他有关的协议文件及同意文件
25	咨询机构对接入系统的评审意见
26	咨询机构对工程项目的评审意见

注 标有"＊"的报告和文件视具体工程情况确定是否提供。

案例2-2 某市供电公司承建某330kV电网建设工程，需要征用附近村民张某和李某的部分林地。但就补偿标准一事一直没有谈妥。该省夏季负荷紧张，省发改委将此工程定位为该省重点建设项目，工期紧张。根据2004年版《政府核准的投资项目目录》，该工程须报国家发改委核准。但为了赶工期，在未获批准之前，某市供电公司即开工建设。

村民张某和李某得知开工建设后，遂向某市发改委投诉某市供电公司未批先建。市发改委责令该330kV电网建设工程停工补办工程项目审批手续。

某市供电公司辩称：鉴于本省夏季严重缺电的情况，省发改委已经下发了同意开展330kV电网建设工程前期准备工作的函。

评析

《城乡规划法》第六十四条规定，未取得建设工程规划许可证或者未按照建设工程规划许可证的规定进行建设的，由县级以上地方人民政府城乡规划主管部门责令停止建设。

国家电网公司2004年下发《关于330kV及以上新建电网项目投资建设划分意见的通知精神》（国家电网〔2004〕459号）要求，330kV及以上电压等级的电网工程由国务院投资主管部门核准，凡经批准列入区域电网发展规划的项目，各省级公司可直接报国家电网公司审核后上报国家发改委。

所以说某市供电公司未批先建，过错昭然。说明一下，到了 2016 年，《国务院关于发布政府核准的投资项目目录（2016 年本）的通知》中核准权限就放宽了。"不涉及跨境、跨省（区、市）输电的±500kV 及以上直流项目和500kV、750kV、1000kV 交流项目由省级政府按照国家制定的相关规划核准，其余项目由地方政府按照国家制定的相关规划核准。"

法律就是秩序，有好的法律才有好的秩序。

—— 古希腊哲学家　亚里士多德

电力建设环境评价和生态保护

根据《建设项目环境影响评价分类管理名录》规定，但凡建设项目对三大类环境敏感区的影响超过相关法律法规规定的，都应当取得相关环评部门的批准文件。因为敏感区范围广泛，本章电力建设环境评价只论述电磁环境评价、水土保持、文物保护和地下矿产压覆内容。如果建设项目涉及自然保护区、基本农田、林地、压覆矿产区等，使办理周期会更长。同时随着《物权法》的实施，广大群众法律维权意识的增强，对于环评问题也很敏感，投诉案例不断增加。电建工程，步步依法，环环合规，势在必行。

第一节　电力建设环境评价概述

在电力建设工程核准和开工建设过程中，环境评价是非常重要的一环，如果未进行环评或未批准环评，将会产生"一票否决"的不利后果，面临停止建设施工、被罚款等处罚。电力建设环境评价是电力建设链条上的重要一环，一旦断裂，工程则立即停摆。

一、电力建设项目应保护的环境范围

电建项目涉及哪些区域环境，应该加以评估并采取保护措施，根据《建设项目环境影响评价分类管理名录》（自 2015 年 6 月 1 日起施行）第三条规定所称的环境敏感区，是指依法设立的各级各类自然、文化保护地，以及对建设项目的某类污染因子或者生态影响因子特别敏感的区域，主要包括：①自然保护区、风景名胜区、世界文化和自然遗产地、饮用水水源保护区；②基本农田保护区、基本草原、森林公园、地质公园、重要湿地、天然林、珍稀濒危野生动植物天然集中分布区、重要水生生物的自然产卵场、索饵场、越冬场和洄游通

道、天然渔场、资源性缺水地区、水土流失重点防治区、沙化土地封禁保护区、封闭及半封闭海域、富营养化水域；③以居住、医疗卫生、文化教育、科研、行政办公等为主要功能的区域，文物保护单位，具有特殊历史、文化、科学、民族意义的保护地。

二、建设项目环境影响评价分类管理

《中华人民共和国环境影响评价法》（以下简称《影响评价法》）第十六条规定："国家根据建设项目对环境的影响程度，对建设项目的环境影响评价实行分类管理。"

建设单位应当按照下列规定组织编制环境影响报告书、环境影响报告表或者填报环境影响登记表（以下统称环境影响评价文件）。

（1）可能造成重大环境影响的，应当编制环境影响报告书，对产生的环境影响进行全面评价。

（2）可能造成轻度环境影响的，应当编制环境影响报告表，对产生的环境影响进行分析或者专项评价。

（3）对环境影响很小、不需要进行环境影响评价的，应当填报环境影响登记表。

（4）建设项目的环境影响评价分类管理名录，由国务院环境保护行政主管部门制定并公布。

>> 案例3-1　苏川发电厂500kV送出项目路径的唯一选择：穿越两个风景区和一个一级饮用水源保护区之间的地带。但当他们提交环境影响报告书时被告知：500kV送出项目穿越的是"生态环境功能小区"，一个半径大约10km的近似圆形区域。该区域是县政府为了保护地下水源设置的，并规定在此范围内"禁止一切与保护生态环境功能小区无关的建设项目。"本来就是游刃在夹缝中的一条路，这会无路可走了。怎么办？

苏川发电厂向县政府申请举行听证会申述500kV线路送出项目的出路问题，由政府协调环保、水利、规划等相关部门参加。

苏川发电厂申述：法律法规没有规定"生态环境功能小区"以及"禁止一切"的概念。它不是《自然保护区条例》第二条中规定的"自然保护区"。只有对"自然保护区的核心区和缓冲区"，《自然保护区条例》第三十二条才规定"不得建设任何生产设施。""在自然保护区的实验区不得建设污染环境、破坏资源或者景观的生产设施"。其次，本案的500kV送出项目的建设仅仅是几个混凝土塔基，对水源影响甚微。如果因此而杜绝了电网的通道，那是对国家资源的巨大浪费。

县政府针对此种情形，牵头协调各部门，将原规划的一个小区分解为四个小区，让 500kV 送出项目穿越分解后小区的"空白"地带。问题得以解决。

评　析

本案县政府规划的"生态环境功能小区"不是法律法规规定的概念，是地方政府的规定。"禁止一切与保护生态环境功能小区无关的建设项目"，也是套用法律法规的说法而已。

其次，县政府的文件不属于我国法律的渊源。国务院公布的行政划中较大市政府规章才是法律渊源中的最低一级。因此，对一些地方政府出台的文件政策，不能言听计从，要根据立法法规定，敢于质疑其合法性。必要时，提交上级政府、人大或国务院或由国务院提请全国人大常委会裁决，从而突破由地方规章设置的电力工程建设中的障碍。

第二节　电力建设电磁环境评价

无线通信迅猛发展的今天，电磁波无处不在，可以说到处都是电磁环境。关键是应该知道人、牲畜、植物所处环境的电磁强度是否达到了有害的程度。因此，法律法规规定，对于产生电磁波的建设项目要进行评价。

一、电磁环境

我国环保局规定的电磁辐射防护最低频率为 10 万 Hz，而我国高压输配电设施和线路的频率仅为 50Hz，不属于电磁辐射范畴。不影响人、牲畜、植物的健康成长，更与恶疾无关，因此对高电压设施恐慌的人们无异于杞人忧天。

高电压设施和线路不会产生电磁辐射，它产生极低频电磁场或者叫工频电场、工频磁场。WHO（世界卫生组织）《电磁场曝露限值导则》规定，"输电线路的感应电场"（简称工频电场）的限值标准是 5kV/m（千伏/米）；"输电线路的感应磁场"（简称工频磁场）的限值标准是 100μT（微特斯拉）。《500kV 超高压送变电工程电磁辐射环境影响评价技术规范》规定的更严格：居民区工频电场限值 4kV/m，工频磁场 0.1mT（100μT），500kV 以下输电线路和变电站参照执行。我国工频 50Hz，属于 0～300Hz 的极低频电场范围，实际上不存在影响健康的问题。

二、电磁环境评价权限划分

电力建设工程项目的输变电工程环境影响评价文件的审批权限划分依据《关于确认 220kV 输变电工程环境影响评价文件审批权限的复函》（环函〔2006〕277 号）是这样回复的："根据《建设项目环境影响评价文件分级审批规定》，非政府财政性投资项目总投资在 2 亿元及以上的 330 千伏及以上输变电工程，其环境影响评价文件应当由我局负责审批。从你局反映的情况看，220 千伏庆丰输变电工程的电压等级为 220 千伏，不能同时满足非政府财政性投资项目总投资 2 亿元及以上和电压等级为 330 千伏及以上两个条件，因此该工程环境影响评价文件不属我局审批范围。特此函复。"

可见权限分两种情形为：①非政府财政性投资项目总投资在 2 亿元及以上的 330 千伏及以上输变电工程归国家生态环境部管辖；②其余的则由地方环保行政部门管辖。

三、电磁环境评价

1. 送交环境影响评价报告之前

根据《环境影响评价公众参与暂行办法》规定："建设单位或者其委托的环境影响评价机构在送交环评报告给环保行政主管部门审批或者重新审批之前，应当在发布信息公告、公开环境影响报告书的简本后，采取调查公众意见、咨询专家意见、座谈会、论证会、听证会等形式，公开征求公众意见。

建设单位或者其委托的环境影响评价机构征求公众意见的期限不得少于 10 日，并确保其公开的有关信息在整个征求公众意见的期限之内均处于公开状态。

环境影响报告书报送环境保护行政主管部门审批或者重新审核前，建设单位或者其委托的环境影响评价机构可以通过适当方式，向提出意见的公众反馈意见处理情况。"

2. 建设单位送交建设项目环境影响报告

上述前期准备工作做好之后，建设单位应按照权限划分，送交的建设项目环境影响报告书给相应的环保行政部门。环境影响报告书内容应当包括以下内容：①建设项目概况；②建设项目周围环境现状；③建设项目对环境可能造成影响的分析、预测和评估；④建设项目环境保护措施及其技术、经济论证；⑤建设项目对环境影响的经济损益分析；⑥对建设项目实施环境监测的建议；⑦环境影响评价的结论。

对于涉及水土保持的建设项目，还必须有经水行政主管部门审查同意的水土保持方案。环境影响报告表和环境影响登记表的内容和格式，由国务院环境保护行政主管部门制定。

3. 环保行政部门应当在受理建设项目环境影响报告书后公开信息

《环境影响评价公众参与暂行办法》规定："环保行政部门应当在受理建设项目环境影响报告书后，应在其政府网站或者采用其他便于公众知悉的方式，公告环境影响报告书受理的有关信息。环境保护行政主管部门公告的期限不得少于 10 日，并确保其公开的有关信息在整个审批期限之内均处于公开状态。环境保护行政主管部门根据本条第一款规定的方式公开征求意见后，对公众意见较大的建设项目，可以采取调查公众意见、咨询专家意见、座谈会、论证会、听证会等形式再次公开征求公众意见。环境保护行政主管部门在做出审批或者重新审核决定后，应当在政府网站公告审批或者审核结果。"

4. 必要时举行听证程序

（1）应当举行听证的情形。根据《行政许可法》和《环境保护行政许可听证暂行办法》规定，如下几种情形应当举行听证。

1）法律、法规、规章规定实施行政许可应当听证的事项，或者行政机关认为需要听证的其他涉及公共利益的重大行政许可事项，行政机关应当向社会公告，并举行听证。

2）行政许可直接涉及申请人与他人之间重大利益关系的，行政机关在作出行政许可决定前，应当告知申请人、利害关系人享有要求听证的权利；申请人、利害关系人在被告知听证权利之日起五日内提出听证申请的，行政机关应当在二十日内组织听证。

3）除国家规定需要保密建设的项目外，建设本条例所列项目的单位，在报批环境影响报告前，未依法征求有关单位、专家和公众的意见，或者虽然依法征求了有关单位、专家和公众意见，但存在重大意见分歧的，环境保护行政主管部门在审查或者重新审查审核建设项目环境影响评价文件之前，可以举行听证会，征求所在地有关单位和居民的意见：①对环境可能造成重大影响、应当编制环境影响报告书的建设单位；②可能产生油烟、恶臭、噪声或者其他污染，严重影响项目所在地居民生活环境质量的建设项目。

4）建设单位或者其委托的环境影响评价机构在编制环境影响报告书的过程中，环境保护行政主管部门在审批或者重新审核环境影响报告书的过程中，应当依照本办法的规定，公开有关环境影响评价的信息，征求公众意见，但国家规定需要保密的情形除外。建设单位可以委托承担环境影响评价工作的环境影响评价机构进行征求公众意见的活动。

（2）听证应遵守的程序。如果存在应当听证的情形，应当按照《行政许可法》规定的如下程序进行。

1）行政机关应当于举行听证的七日前将举行听证的时间、地点通知申请人、利害关系人，必要时予以公告。

2）听证应当公开举行。

3）行政机关应当指定审查该行政许可申请的工作人员以外的人员为听证主持人，申请人、利害关系人认为主持人与该行政许可事项有直接利害关系的，有权申请回避。

4）举行听证时，审查该行政许可申请的工作人员应当提供审查意见的证据、理由，申请人、利害关系人可以提出证据，并进行申辩和质证。

5）听证应当制作笔录，听证笔录应当交听证参加人确认无误后签字或者盖章。行政机关应当根据听证笔录，作出行政许可决定。

5. 环评报告审批过程中做好征求公众意见工作

前已述及，建设单位在送交环评报告前，应当采取多种形式征求公众意见。实际上在评审批程中建设单位和环保行政主管部门都应该采取多种形式征求公众意见。

（1）建设单位要采取调查公众意见、咨询专家意见、座谈会、论证会、听证会等形式，公开征求公众意见。

（2）环保行政主管部门在审批或者重新审核环境影响报告书的过程中，需要向公众公开有关环境影响评价的信息，征求公众意见。

（3）项目建设环评报告审批环节对公众参与程序规定明确，必须严格按照规定进行环保内容公示、举行听证会、进行专家论证、问卷等方式征求意见。否则，电力企业有可能会作为第三人遭遇行政诉讼。

6. 应当重新评价的情形

对于已经批准的建设项目环境影响评价文件，发生《环境影响评价法》规定的情形后，应当重新评价。建设项目的环境影响评价文件经批准后，建设项目的性质、规模、地点、采用的生产工艺或者防治污染、防止生态破坏的措施发生重大变动的，建设单位应当重新报批建设项目的环境影响评价文件。

建设项目的环境影响评价文件自批准之日起超过五年方开工建设的，其环境影响评价文件应当报原审批部门重新审核；原审批部门应当自收到建设项目环境影响评价文件之日起十日内，将审核意见书面通知建设单位。

四、电磁环境义务主体的职责和应承担的法律责任

电力企业作为建设单位是主要的电磁环境义务主体，有义务在建设项目前中后，全面履行法律法规规定的环保义务。《电力工业环境保护管理办法》对行业主体的环保职责做出了详细的规定。

1. 省级公司的职责

网、各省（自治区、直辖市）电力公司、电力集团公司负责本部和所辖企业的环境保护工作，主要职责是：①贯彻执行国家及地方环境保护法律、法规和方针、政策；②编制并组织实施本公司环境保护、综合利用的规划、计划；③组织实施上级主管部门和地方政府下达的污染治理及限期治理任务；④负责所属企业环境监测网的管理和环境统计；⑤负责所属企业的限额以下电力建设项目环境影响评价管理和"三同时"管理；⑥负责环境保护的科研和技术成果的推广应用；⑦开展所属企业的环境保护宣传、教育和培训；⑧负责所属企业粉煤灰综合利用的管理；⑨完成上级部门和政府部门委托的其他环境保护事宜。

2. 电力生产企业职责

电力生产企业（火电厂、水电厂）环保工作的主要职责是：①贯彻执行国家及地方环境保护的法律、法规和方针、政策；②编制并实施本企业环境保护和综合利用的规划、计划；③实施上级主管部门和地方政府下达的环境保护和综合利用任务；④建立和健全环境保护管理和环境保护设备运行管理制度，确保环境保护设施安全、稳定、连续运转；⑤负责本企业污染源监测和环境保护统计；⑥处理本企业环境污染事故和污染纠纷，及向上级部门报告情况；⑦组织开展环境保护宣传、教育和培训。

3. 建设项目未经环评或者审查后未予批准建设单位应承担的责任

《环境影响评价法》规定："建设项目的环境影响评价文件未经法律规定的审批部门审查或者审查后未予批准的，该项目审批部门不得批准其建设，建设单位不得开工建设。"

建设单位未依法报批建设项目环境影响评价文件，或者未依照《环境影响评价法》第二十四条的规定重新报批或者报请重新审核环境影响评价文件，擅自开工建设的，由有权审批该项目环境影响评价文件的环境保护行政主管部门责令停止建设，限期补办手续；逾期不补办手续的，可以处五万元以上二十万元以下的罚款，对建设单位直接负责的主管人员和其他直接责任人员，依法给予行政处分。

建设项目环境影响评价文件未经批准或者未经原审批部门重新审核同意，建设单位擅自开工建设的，由有权审批该项目环境影响评价文件的环境保护行政主管部门责令停止建设，可以处五万元以上二十万元以下的罚款，对建设单位直接负责的主管人员和其他直接责任人员，依法给予行政处分。

>> 案例3-2　被告供电公司要在原告房上架设220千伏高压线，虽经村、镇等有关单位协调，在未获原告同意的情况下，被告仍强行架设220千伏高压线。

原告胡某将供电公司以环境污染损害赔偿为由诉至法院。诉称，原告家世代居住在此地，被告供电公司在原告房上架设220千伏高压线，对原告家人人身及附近种植的植物产生严重侵害，导致原告家房前屋后近1333平方米的竹林、茶、果树等经济作物干黄、枯死，身体健康的父亲也罹患癌症而去世，并提供了照片和证人证言，以证明阴雨天电晕现象和线路下植物枯萎等事实。

原告称，为维护自身合法权益，依照《电力设施保护条例》第十条、第二十四条，《中华人民共和国民法通则》第一百二十三条、第一百三十四条的规定，要求法院判令被告停止侵害，消除高压电磁辐射造成的损害，并赔偿由于高压电磁辐射造成的经济损失10000元。

被告供电公司辩称，该220kV高压线穿过原告所住的某村，该线路架设符合国家标准，电磁辐射强度低于国家标准，原告房前屋后植物生长正常，父亲去世时86岁高龄，原告的诉请无事实与法律依据，请求人民法院驳回原告的诉讼请求。

法院审理过程中，经鉴定，原告胡某家生活场所电场强度为0.011～0.913kV·m，磁感应强度为0.383～1.182μT，电场强度小于4kV/m工频电场限值，磁感应强度小于0.1mT，符合国家规范要求。

综上，法院认为，该220kV线路架设符合国家电力行业标准及环境保护标准，没有给原告带来损害，依据《中华人民共和国民法通则》第一百二十三条、第一百二十四条之规定，驳回原告胡某的诉讼请求。

评　析

对于电磁环境纠纷，不管原告将"辐射"描述的多么可怕，后果何其严重，最终还是取决于现场测量的电场强度和磁场强度是否符合国际规范的限值。

本案原告胡某家生活场所的电磁辐射强度符合国家规范要求。且有原告房前屋后植物生长正常的事实证明，父亲落患疾病过世和竹木、茶叶和果树生长不良等情况与线路架设无关。故此，法院驳回了原告胡某的诉讼请求。

第三节　电力建设工程与水土保持

阳光、空气、土地和水是人类赖以生存繁衍的四大最基本的物质。只对生存繁衍而言，远古的历史已经证明，除了四大最基本物质，其余的都是可有可无的。从这个角度来说，再重要的建设、再重要的发展的前提都应当呵护四大最基本的物质。背离了这一点就是对人类、对地球的犯罪。

一、水土保持

1. 水土保持及意义

水土保持，顾名思义就是将水土保持住，避免流失。通常的小流域为 $50km^2$ 以下。从治理的角度定义，是指对自然因素和人为活动所造成的水土流失所采取的预防和治理措施。从社会经济角度看水土保持，即防治水土流失，保护、改良与合理利用水、土资源，维护和提高土地生产力，减少洪水、风沙和干旱灾害，以利于充分发挥水、土资源的生态效益、经济效益和社会效益，建立良好生态环境，支撑可持续发展的社会公益事业。

水土保持是国土保护、江河治理的根本措施，更是我国山区发展的生命线。电力建设工程属于人为活动造成水土流失的原因之一，每一处工程之前都应该对水土流失具备预防和治理措施。

2. 水土保持与保护阳光和水的关联性

水土流失与保护阳光和空气具有密不可分的关联性，四大基本物质的保护是互相关联，相互依存的。比如自然洪水和人为砍伐森林造成的植被破坏，土地沙化，将使得沙尘暴、雾霾、洪水等状况加剧，空气严重污染，并形成恶性循环；又比如有的建设项目排放常规大气污染物和温室气体，造成地球大气破坏，温度上升，冰山（川）融化，自然灾害愈演愈烈，海面上升，土地减少；再比如化工、造纸业巨量的污水排放，污染地下水，污染土地，污染粮食，戕害动植物，当然包括人类自己。

3. 保护四大最基本物质人人有责

恩格斯在《自然辩证法》中警告人类"我们不要过分的陶醉于我们对自然界的胜利。对于每一次这样的胜利，自然界都对我们进行报复……在今天我们的生产方式中，对自然界和社会，主要只注意到最初的最直接的结果。然后人们却惊讶：为达到上述结果而从事的行为的比较远的结果却完全是另一回事。"

如今，恩格斯所说的自然界报复正在显现。地球这个人类赖以生存的家园，已发出痛苦的呻吟。若想继续生存且繁荣旺盛，我们就该拯救地球，保护水、土、阳光和空气，如此也是拯救我们自己。电力企业作为建设单位，建设行为与水土保持密切相关，在电力建设工程的全过程一定要依法合规，做好水土保持工作。

二、建设单位水土保持方案

1. 水土保持方案

水土保持方案是建设单位（或个人）在生产建设过程中按照规定格式编写或者填写水土保持主管部门审批的防止水土流失，开展水土保持生态建设的措施及施工程序的书面报告。

水土保持方案的内容包括：① 综合说明与方案总则；②建设项目与建设项目区概况；③主体工程与水土保持分析预评价；④防治责任分区与范围；⑤水土流失预测；⑥防治目标与措施；⑦水土保持监测；⑧投资估算与效益分析；⑨结论、建议、附件。

2. 水土保持方案的责任主体、编写和审批

从水土保持的定义中可见，编制水土保持方案主体是建设单位。《中华人民共和国水土保持法》（以下简称《水土保持法》）规定："在山区、丘陵区、风沙区以及水土保持规划确定的容易发生水土流失的其他区域开办可能造成水土流失的生产建设项目，生产建设单位应当编制水土保持方案，报县级以上人民政府水行政主管部门审批，并按照经批准的水土保持方案，采取水土流失预防和治理措施。没有能力编制水土保持方案的，应当委托具备相应技术条件的机构编制。"该规定中可以看出，水土保持方案的责任主体是建设单位，但没有能力编制水土保持方案的建设单位，具体的技术操作应当委托具备相应技术条件的机构编制。

《开发建设水土保持技术规范》规定，甲级资质可以编制一切水土保持方案；乙级可以编制省级以下水土保持方案，丙级可以编制地市级以下水土保持方案。《水土保持法》也明确规定："在山区、丘陵区、风沙区修建铁路、公路、水工程，开办矿山企业、电力企业和其他大中型工业企业，其环境影响报告书中的水土保持方案，必须先经水行政主管部门审查同意。"

电力建设单位赫然列在水保方案主体之中，如果在山区、丘陵区、风沙区以及水土保持规划确定的容易发生水土流失的其他区域开办可能造成水土流失

的电建工程项目，在前期工作中应根据《水土保持法》规定，编制水土保持方案，报县级以上人民政府水行政主管部门审批，并按照经批准的水土保持方案，采取水土流失预防和治理措施。没有能力编制水土保持方案的，应当委托具备相应技术条件的机构编制。

水土保持方案应当包括水土流失预防和治理的范围、目标、措施和投资等内容。同时，依法应当编制水土保持方案的生产建设项目中的水土保持设施，应当与主体工程同时设计、同时施工、同时投产使用；生产建设项目竣工验收，应当验收水土保持设施；水土保持设施未经验收或者验收不合格的，生产建设项目不得投产使用。

《水土保持法》还规定了方案补充修改重新审批的情形。水土保持方案经批准后，生产建设项目的地点、规模发生重大变化的，应当补充或者修改水土保持方案并报原审批机关批准。水土保持方案实施过程中，水土保持措施需要作出重大变更的，应当经原审批机关批准。

案例3-3 2008年12月，某市供电公司（被告）ZS110kV变电站工程刚刚开工。周边村民武某等28人（原告）就把某市供电公司告上了该市区的人民法院。原告认为，ZS110kV变电环保审批不能代替水土保持审批，实际上，ZS110kV变电站工程未获得水土保持审批即开工建设是违反法律规定的。况且市供电公司输变电站建设过程中有损坏植被，破坏水土保持设施的行为。为此，原告请求区人民法院判令市供电公司停止ZS110kV变电站工程施工。

原告武某等28人强调：市供电公司虽编制了ZS110kV变电站水土保持方案，并已通过了市环境保护局的环境评估，但环保审批不能代替水土保持审批。因此，供电公司应立即停止施工，停止破坏植被、破坏水土保持设施的违法行为。

被告市供电公司辩称：①ZS110kV变电站建设工程不会造成水土流失，无须编制水土保持方案并报批；②即便需要报批水土保持方案，在该市环境保护局出具的《环境影响评价文件审批意见》中已有相关描述和要求，并获得环保部门的审批；③ZS110kV变电站工程施工过程中严格按照在环评中编制的水土保持内容执行，不存在破坏植被、破坏水土保持设施的行为。

法院审理认为，按照我国水土保持法律法规的规定，ZS110kV变电站建设工程属于需要编制水土保持方案并履行报批手续的工程建设项目。市环境保护局负责工程环境影响评价文件审批，对水土保持方案并无审批权限。

关于是否存在破坏植被、破坏水土保持设施的行为的争辩，在法院主导下，双方共同委托第三方南方勘察设计院现场劫察后得到结论，市供电公司ZS110kV变电站建设工程符合环评及水土保持的要求，实际建设过程中并未违规操作，也未造成水土流失的不利后果。在法院的调解下，武某等28人撤回了起诉。市供电公司承诺立即补办水土保持审批手续。

评 析

《水土保持法》第二十五条规定，在山区、丘陵区、风沙区以及水土保持规划确定的容易发生水土流失的其他区域开办可能造成水土流失的生产建设项目，生产建设单位应当编制水土保持方案，报县级以上人民政府水土行政主管部门审批，并按照经批准的水土保持方案，采取水土流失预防和治理措施。

本案环境影响评价报告审批中的水土保持内容不能替代水土保持方案的审批，环境保护部门虽出具了环评意见，但其中有关水土保持方案的内容，环境保护部门无权审批，应由水土行政主管部门审批。

在重要建设项目核准工作中，主体的适格不仅包括行政机关的性质，也包括行政机关的层级。

启 示

本案在法院的主导下，双方共同委托第三方南方勘察设计院现场勘察后得出环评及水土保持都符合要求，且实际建设过程中并未违规操作，也未造成水土流失的不利后果的结论。这才避免了停工风险。最终原告撤诉、被告承诺立即补办水土保持审批手续而结案。看似虚惊一场，但实际上如果原告坚持被告停止施工，法院也不敢判决被告继续施工。因为有法律的硬性规定。

电网建设项目实行核准制后，国家对建设项目的监管更加严格，要求的相关支持性文件相当多，不仅有大家熟知的环境影响评价、选址意见、建设施工许可等，还有水土保持方案、防灾减灾方案等。所以要求电网企业建设工程核准审批工作一定要做到资料完备，程序合法。

三、法律责任

1. 缴纳水土保持补偿费的情况

《水土保持法》第三十二条规定，在山区、丘陵区、风沙区及水土保持规划确定的容易发生水土流失的其他区域开办生产建设项目或者从事其他生产建设活动，损坏水土保持设施、地貌植被，不能恢复原有水土保持功能的，应当缴纳水土保持补偿费，专项用于水土流失预防和治理。专项水土流失预防和治理由水行政主管部门负责组织实施。水土保持补偿费的收取使用管理办法由国务院财政部门、国务院价格主管部门会同国务院水行政主管部门制定。

《中华人民共和国水土保持法实施条例》第十九条规定，企业事业单位在建设和生产过程中造成水土流失的，应当负责治理。因技术等原因无力自行治理的，可以交纳防治费，由水行政主管部门组织治理。防治费的收取标准和使用管理办法由省级以上人民政府财政部门、主管物价的部门会同水行政主管部门制定。

2. 生产建设项目不得开工建设的情况

在山区、丘陵区、风沙区修建铁路、公路、水工程，开办矿山企业、电力企业和其他大中型工业企业，其环境影响报告书中的水土保持方案，必须先经水行政主管部门审查同意。

依法应当编制水土保持方案的生产建设项目，生产建设单位未编制水土保持方案或者水土保持方案未经水行政主管部门批准的，生产建设项目不得开工建设。建设工程中的水土保持设施竣工验收，应当有水行政主管部门参加并签署意见。水土保持设施经验收不合格的，建设工程不得投产使用。

3. 依法罚款与处罚的情况

（1）违反《水土保持法》规定，有下列行为之一的，由县级以上人民政府水行政主管部门责令停止违法行为，限期补办手续；逾期不补办手续的，处五万元以上五十万元以下的罚款；对生产建设单位直接负责的主管人员和其他直接责任人员依法给予处分：①依法应当编制水土保持方案的生产建设项目，未编制水土保持方案或者编制的水土保持方案未经批准而开工建设的；②生产建设项目的地点、规模发生重大变化，未补充、修改水土保持方案或者补充、修改的水土保持方案未经原审批机关批准的；③水土保持方案实施过程中，未经原审批机关批准，对水土保持措施作出重大变更的。

（2）违反《水土保持法》规定，水土保持设施未经验收或者验收不合格将生产建设项目投产使用的，由县级以上人民政府水行政主管部门责令停止生产或者使用，直至验收合格，并处五万元以上五十万元以下的罚款。

（3）违反《中华人民共和国水污染防治法》（以下简称《水污染防治法》）法规定，建设项目的水污染防治设施未建成、未经验收或者验收不合格，主体工程即投入生产或者使用的，由县级以上人民政府环境保护主管部门责令停止生产或者使用，直至验收合格，处五万元以上五十万元以下的罚款。

（4）企业事业单位有下列行为之一的，由县级以上人民政府环境保护主管部门责令改正；情节严重的，处二万元以上十万元以下的罚款：①不按照规定制定水污染事故的应急方案的；②水污染事故发生后，未及时启动水污染事故的应急方案，采取有关应急措施的。

（5）企业事业单位违反《水污染防治法》规定，造成水污染事故的，由县级以上人民政府环境保护主管部门依照本条第二款的规定处以罚款，责令限期采取治理措施，消除污染；不按要求采取治理措施或者不具备治理能力的，由环境保护主管部门指定有治理能力的单位代为治理，所需费用由违法者承担；对造成重大或者特大水污染事故的，可以报经有批准权的人民政府批准，责令关闭；对直接负责的主管人员和其他直接责任人员可以处上一年度从本单位取得的收入百分之五十以下的罚款。

对造成一般或者较大水污染事故的，按照水污染事故造成的直接损失的百分之二十计算罚款；对造成重大或者特大水污染事故的，按照水污染事故造成的直接损失的百分之三十计算罚款。

造成渔业污染事故或者渔业船舶造成水污染事故的，由渔业主管部门进行处罚；其他船舶造成水污染事故的，由海事管理机构进行处罚。

第四节　电力建设工程与景观保护

泱泱大国上下五千年，浩浩中华纵横两万里。万能的大自然超凡造化，鬼斧神工，历经亿万年风雨沧桑的蚀刻，给我们留下了神州三江、华夏五岳、珠峰、玉龙、九寨、黄龙、武夷、武陵等令人叹为观止的自然景观。勤劳智慧的祖先们为我们留下了巧夺天工的人文景观。皇宫帝陵、古城园林、寺庙道观、亭台楼阁。保护这些宝贵的自然和人文遗产是每一个公民的责任。

一、风景名胜与自然区保护

目前城市电力建设工程妨碍景观纠纷已有诸多先例。为避免因妨害名胜古迹，自然胜景发生纠纷，影响工程核准和进展，电力建设单位在工程建设中应当顺应景观保护意识增强的文明发展趋势，使得电力工程与环境自然和谐，融为一体。

1. 风景名胜资源保护

《城乡规划法》规定："城乡建设和发展，应当依法保护和合理利用风景名胜资源，统筹安排风景名胜区及周边乡、镇、村庄的建设。风景名胜区的规划、建设和管理，应当遵守有关法律、行政法规和国务院的规定。"《城市电力规划设计规范》（GB/T 50293—2014）也有规定："规划新建的 66kV 及以上高压架空电力线路，不宜穿越市中心地区、重要风景名胜区或中心景观区。"

2. 自然保护区

《自然保护区条例》规定："自然保护区是指对有代表性的自然生态系统、珍稀濒危野生动植物物种的天然集中分布区、有特殊意义的自然遗迹等保护对象所在的陆地、陆地水体或者海域，依法划出一定面积予以特殊保护和管理的区域。"

（1）在自然保护区的核心区和缓冲区内，不得建设任何生产设施。

（2）在自然保护区的实验区内，不得建设污染环境、破坏资源或景观的生产设施。

（3）建设其他项目，其污染物排放不得超过国家和地方规定的污染物排放标准。

（4）在自然保护区的实验区内已经建成的设施，其污染物排放超过国家和地方规定的排放标准的，应当限期治理；造成损害的，必须采取补救措施。

（5）在自然保护区的外围保护地带建设的项目，不得损害自然保护区内的环境质量；已造成损害的，应当限期治理。限期治理决定由法律、法规规定的机关作出，被限期治理的企业事业单位必须按期完成治理任务。

二、人文景观与文物保护

1. 人文景观保护

《城乡规划法》规定，旧城区的改建，应当保护历史文化遗产和传统风貌，合理确定拆迁和建设规模，有计划地对危房集中、基础设施落后等地段进行改建。历史文化名城、名镇、名村的保护以及受保护建筑物的维护和使用，应当遵守有关法律、行政法规和国务院的规定。电力建设工程应当尽量远离应当保护的定性为历史文化遗产和传统风貌的景观区。

2. 建设控制地带划定、批准、公布、保护

（1）建设控制地带划定、批准与公布。《中华人民共和国文物保护法实施细则》规定："根据保护文物的实际需要，可以在文物保护单位的周围划定并公布建设控制地带。全国重点文物保护单位和省、自治区、直辖市级文物保护单位周围的建设控制地带，由省、自治区、直辖市人民政府文物行政管理部门会同城乡规划部门划定，报省、自治区、直辖市人民政府批准。县、自治县、市级文物保护单位周围的建设控制地带，由县、自治县、市人民政府文物行政管理部门会同城乡规划部门划定，报省、自治区、直辖市人民政府批准，或者

由省、自治区、直辖市人民政府授权县、自治县、市人民政府批准。"《中华人民共和国文物保护法实施条例》规定："全国重点文物保护单位的建设控制地带，经省、自治区、直辖市人民政府批准，由省、自治区、直辖市人民政府的文物行政主管部门会同城乡规划行政主管部门划定并公布。省级、设区的市、自治州级和县级文物保护单位的建设控制地带，经省、自治区、直辖市人民政府批准，由核定公布该文物保护单位的人民政府的文物行政主管部门会同城乡规划行政主管部门划定并公布。"

（2）建设控制地带的保护。《中华人民共和国文物保护法实施细则》规定："在建设控制地带内，不得建设危及文物安全的设施，不得修建其形式、高度、体量、色调等与文物保护单位的环境风貌不相协调的建筑物或者构筑物。在建设控制地带内新建建筑物、构筑物，其设计方案应当根据文物保护单位的级别，经同级文物行政管理部门同意后，报同级城乡规划部门批准。"

3. 建设工程与地下文物保护

（1）大型基本建设单位在工程范围内有可能埋藏文物的，根据《中华人民共和国文物保护法》（以下简称《文物保护法》）规定："进行大型基本建设工程，建设单位应当事先报请省、自治区、直辖市人民政府文物行政部门组织从事考古发掘的单位在工程范围内有可能埋藏文物的地方进行考古调查、勘探。考古调查、勘探中发现文物的，由省、自治区、直辖市人民政府文物行政部门根据文物保护的要求会同建设单位共同商定保护措施；遇有重要发现的，由省、自治区、直辖市人民政府文物行政部门及时报国务院文物行政部门处理。"

（2）建设单位对配合建设工程进行的考古调查、勘探、发掘负有协助义务。《文物保护法》规定："配合建设工程进行的考古调查、勘探、发掘，由省、自治区、直辖市人民政府文物行政主管部门组织实施。跨省、自治区、直辖市的建设工程范围内的考古调查、勘探、发掘，由建设工程所在地的有关省、自治区、直辖市人民政府文物行政主管部门联合组织实施；其中，特别重要的建设工程范围内的考古调查、勘探、发掘，由国务院文物行政主管部门组织实施。建设单位对配合建设工程进行的考古调查、勘探、发掘，应当予以协助，不得妨碍考古调查、勘探、发掘。"

>> 案例3-4   2005年10月，村民李某等50人（原告）以文物保护涉及重大公共利益为由向某县人民法院提起行政诉讼，请求法院判令撤销某市文物局对某市电力公司作出的《220kV荷梅输变电工程项目无压覆文物同意建设的

函》（某文物函字〔2005〕069号），并要求某市文物局履行法定职责划定建设控制地带禁止荷梅输变电工程项目在文成镇的线路进行建设。某县人民法院经审查后追加某市电力公司为第三人参与诉讼。

原告李某等50人诉称：①被告在作出某文物函字〔2005〕069号文件时未尽谨慎审查义务，在被告出具该函后仅半年时间就发现了春秋时期的古墓群，且经某市人民政府核定为市级文物保护单位。被告所作行政行为内容违反国家的文物保护法律规定；②被告作为文物保护行政主管部门，应履行法定职责，在古墓群周边划定建设控制地带，禁止220kV荷梅输变电工程线路从古墓群的建设控制地带内经过；③每个公民均有依法保护文物的义务，原告作为古墓群周边地区的居民，有权作为本案原告提起诉讼，要求被告履行法定职责。

被告某市文物保护局辩称：①本局出具某文物函字〔2005〕069号文件在先，古墓群发现在后，本局所作行政行为程序合法；②本局出具的某文物函字〔2005〕069号文件并未给第三人设定任何权利义务，也未许可被告有权从事任何业务，不属于行政许可，更不属于行政处罚。本局作出的某文物函字〔2005〕069号文件不具有可诉性，原告起诉对象错误；③根据某市供电局提供的工程设计方案和施工线路图，涉案输变电线路距离古墓群最近之处为150.5m。即使该古群的建设控制地带划定，涉案输变电线路也不在建设控制地带范围内，故本局作出的某文物函字〔2005〕069号文件内容合法；④《文物保护法实施条例》第十四条规定，市级文物保护单位的建设控制地带由市级文物保护行政主管部门会同城乡规划行政主管部门共同制定，本局无权单独就古墓群划定建设控制地带。故请求法院驳回原告诉讼请求。

第三人某市电力公司述称：①本公司建设的220kV荷梅输变电工程项目不会对古墓群的保护造成破坏，该建设项目离古墓群最近之处经实地勘察为150.5m，不在古墓群的文物保护范围之内；②该古墓群属于地下文物，本公司建设的输变电线路系高压线路，两者一在空中穿行、一在地下，互不影响，且该线路设计完全符合《电力设施保护条例》的规定；③被告作出的某文物函字〔2005〕069号文件程序、内容均符合法律规定，本公司在就该输变电线路向被告征求意见时，提供了工程设计方案、勘察设计红线图等材料，上述材料在途经的各文物保护单位地区均做了红线标示，无一处在文物保护单位的保护范围内；④原告不具备本案起诉的主体资格，文物保护法虽规定了公民有保护文物的义务，但本案不存在破坏文物保护的情况，原告与被诉行政行为无利害关系；⑤原告的起诉超过了诉讼时效，涉案行政行为于 2005 年 1 月 8 日作出，原告于 2005 年 10 月 8 日方才提起行政诉讼，根据《行政诉讼法》第三十九条的规定，公民、法人或者其他组织直接向人民法院提起诉讼的，应当在知道作出具体行政行为之日起三个月内提出。

法院经过审理认为：①原告具体参与本案诉讼的主体资格，被诉行政行为系针对第三人某市电力公司作出，被告作出的某文物函字〔2005〕069 号直接影响到涉案工程能否顺利取得建设工程规划许可，原告李某等 50 人作为涉案工程沿线居民，邻近该古墓群，根据《文物保护法》的规定，一切机关、组织和个人都有依法保护文物的义务，原告与被诉具体行政行为具备法律上的利害关系，有权作为本案原告提起诉讼；②原告的起诉未超过诉讼时效，根据《最高人民法院关于执行〈行政诉讼法〉若干问题的解释》第四十二条之规定，本案被告作出某文物函字〔2005〕069 号文件时并未告知原告具体行政行为的内容，其起诉期限从知道或者应当知道该具体行政行为内容之日起计算；③被告在作出涉案具体行政行为时，审查了第三人某市电力公司提交的工程设计方案、勘察设计红线图等材料，并就文物保护事宜进行了审查，输变电线路不涉及已有文物保护单位的保护范围和建设控制地带，也不会对古墓群保护造成任何实质性影响。被告作出的某文物函字〔2005〕069 号文件程序和内容符合法律规定；④根据《文物保护法实施条例》第十四条第二款的规定，原告要求被告履行法定职责，对古墓群划定建设控制地的请求超出了被告的职权范围。综上，根据《最高人民法院关于执行〈行政诉讼法〉若干问题的解释》第五十六条第（四）项之规定，驳回起诉。

评析

1. 涉及公共利益冲突时如何处理

电网建设需在项目核准过程涉及文物保护的需要进行审批，不涉及文物保护的需要征求文物保护部门意见出具相关材料，可视为公共利益与公共利益的冲突。从文物保护法的相关规定来看，文物保护的公共利益要优先于工程建设的公共利益。这就要求电网建设企业在进行工程建设时，不但需要就相关事项向文物保护主管部门征求意见或进行审批，同时要求在选线选址时充分考虑文物保护这一因素，尽量避开不可移动文物，避免以此造成的工期延误及工程设计方案的不必要变化，增加投资成本。

2. 李某等人是否具有诉讼主体资格

根据《文物保护法》第七条的规定，本案原告负有保护文物的义务，也就成为具有利害关系的公民，因此，应当具备诉讼主体资格。审理本案的法院支持了该种主张。虽然，目前没有相关的法律法规明确在文物保护诉讼案件中公民的诉讼主体资格，但是在司法实践中，这种主体资格还是得到了认可。

启 示 ------▶

1. 重视文物保护审批程序

进行大型基本建设工程，建设单位应重视文物保护审批程序。建设单位在进行项目规划选址选线时须充分征求规划部门和文物保护部门意见，了解项目范围内有无涉及文物保护单位。如有涉及的，应在选址选线时尽量避开；无法避开时，建设单位应编制文物保护措施，及时报文物保护主管部门进行相应审批，尤其是建设项目涉及历史文化名城、街区、村镇的情形。未及时办理文物保护审批手续的，项目可能遭遇停工、行政处罚；若在施工过程中发现文物的，应及时向文物保护行政主管部门报告。

2. 重视对文物附近民众的宣传引导

电网建设过程中，如果涉及文物保护，不能认为已经通过了文物管理部门的审批，就能对民众的担忧置之不理。而是应当积极主动开展相关的宣传，正面引导，对采取的各项保护措施进行细致的介绍，从而消除公众的疑虑。

三、法律责任

根据《文物保护法》，如果建设单位实施了如下两种行为：①擅自在文物保护单位的保护范围内进行建设工程或者爆破、钻探、挖掘等作业的；②在文物保护单位的建设控制地带内进行建设工程，其工程设计方案未经文物行政部门同意、报城乡建设规划部门批准，对文物保护单位的历史风貌造成破坏的。如果尚不构成犯罪的，由县级以上人民政府文物主管部门责令改正，造成严重后果的，处五万元以上五十万元以下的罚款；对于情节严重的，由原发证机关吊销资质证书。

第五节 电力建设工程与矿产压覆

电力建设工程投资巨大，竣工验收投入运行之后，就不可逆转，不能再拆除。如果电力建设工程存在矿产资源压覆的情形，导致其压覆区内已查明的重要矿产资源不能开发利用的，将对矿产开采造成巨大损失。因此，电力建设工程必须事前做好矿产资源压覆审批工作。

一、矿产资源压覆

1. 矿产资源

《中华人民共和国矿产资源法实施细则》第二条规定，矿产资源是指由地质作用形成的，具有利用价值的，呈固态、液态、气态的自然资源。我国矿物矿区包括：石膏、耐火材料、萤石、硅灰石、硫矿资源、硅藻土、盐矿资源。用于建筑材料方面的矿区有：玻璃硅质、水泥灰岩、花岗岩、宝玉石等。

2. 矿产资源分类

（1）能源矿产。能源矿产包括：煤、煤成气、石煤、油页岩、石油、天然气、油砂、天然沥青、铀、钍、地热。

（2）金属矿产。金属矿产包括：铁、锰、铬、钒、钛；铜、铅、锌、铝土矿、镍、钴、钨、锡、铋、钼、汞、锑、镁；铂、钯、钌、锇、铱、铑；金、银；铌、钽、铍、锂、锆、锶、铷、铯；镧、铈、镨、钕、钐、铕、钇、钆、铽、镝、钬、铒、铥、镱、镥；钪、锗、镓、铟、铊、铪、铼、镉、硒、碲。

（3）非金属矿产。主要的非金属矿产有金刚石、石墨、水晶、刚玉、石棉、云母、石膏、萤石、宝石、玉石、陶瓷土、耐火黏土、大理石、花岗岩、盐矿、磷矿等，共91种。

（4）重要矿产资源。重要矿产资源指《矿产资源开采登记管理办法》附录所列34个矿种和省级自然资源行政主管部门确定的本行政区优势矿产、紧缺矿产。由国务院地质矿产主管部门审批发证矿种目录见表3-1。

表3-1　　　　　　　矿　种　目　录

序号	目录	序号	目录	序号	目录
1	煤	13	铬	25	稀土
2	石油	14	钴	26	磷
3	油页岩	15	铁	27	钾
4	烃类天然气	16	铜	28	硫
5	二氧化碳气	17	铅	29	锶
6	煤成（层）气	18	锌	30	金刚石
7	地热	19	铝	31	铌
8	放射性矿产	20	镍	32	钽
9	金	21	钨	33	石棉
10	银	22	锡	34	矿泉水
11	铂	23	锑		
12	锰	24	钼		

3. 不得压覆的矿产资源

《关于进一步做好建设项目压覆重要矿产资源审批管理工作的通知》（国土资发〔2010〕137号）规定，凡建设项目实施后，导致其压覆区内已查明的重要矿产资源不能开发利用的，都应按本通知规定报批。未经批准，不得压覆重要矿产资源。

建设项目压覆区与勘查区块范围或矿区范围重叠但不影响矿产资源正常勘查开采的，不做压覆处理。矿山企业在本矿区范围内的建设项目压覆矿产资源不需审批。

重要矿产资源是指《矿产资源开采登记管理办法》附录所列34个矿种（见表3-1）和省级自然资源行政主管部门确定的本行政区优势矿产、紧缺矿产。

炼焦用煤、富铁矿、铬铁矿、富铜矿、钨、锡、锑、稀土、钼、铌钽、钾盐、金刚石矿产资源储量规模在中型以上的矿区原则上不得压覆，但国务院批准的或国务院组成部门按照国家产业政策批准的国家重大建设项目除外。

二、矿产资源压覆评估

《中华人民共和国矿产资源法》第三十三条规定：在建设铁路、工厂、水库、输油管道、输电线路和各种大型建筑物或者建筑群之前，建设单位必须向所在省、自治区、直辖市地质矿产主管部门了解拟建工程所在地区的矿产资源分布和开采情况。非经国务院授权的部门批准，不得压覆重要矿床。

《中华人民共和国矿产资源法实施细则》第三十五条规定：建设单位在建设铁路、公路、工厂、水库、输油管道、输电线路和各种大型建筑物前，必须向所在地的省、自治区、直辖市人民政府地质矿产主管部门了解拟建工程所在地区的矿产资源分布情况，并在建设项目设计任务书报请审批时附具地质矿产主管部门的证明。在上述建设项目与重要矿床的开采发生矛盾时，由国务院有关主管部门或者省、自治区、直辖市人民政府提出方案，经国务院地质矿产主管部门提出意见后，报国务院计划行政主管部门决定。

所以，电力建设项目需要向所在省、自治区、直辖市地质矿产部门了解拟建工程所在地区的矿产资源分布情况，发现压覆矿产资源的，应进行压覆矿产资源评估。

三、矿产资源压覆报批与审批

1. 审批规定

建设项目压覆重要矿产资源由省级以上自然资源行政主管部门审批。压覆石油、天然气、放射性矿产，或压覆《矿产资源开采登记管理办法》附录所列矿种（石油、天然气、放射性矿产除外）累计查明资源储量数量达大型矿区规模以上的，或矿区查明资源储量规模达到大型并且压覆占1/3以上的，由自然资源部负责审批。

2. 规范报批要求

由自然资源部负责审批的，建设单位应履行以下手续。

（1）建设项目选址前，建设单位应向省级自然资源行政主管部门查询拟建项目所在地区的矿产资源规划、矿产资源分布和矿业权设置情况，各级自然资源行政主管部门应为建设单位查询提供便利条件。不压覆重要矿产资源的，由省级自然资源行政主管部门出具未压覆重要矿产资源的证明；确需压覆重要矿产资源的，建设单位应根据有关工程建设规范确定建设项目压覆重要矿产资源的范围，委托具有相应地质勘查资质的单位编制建设项目压覆重要矿产资源评估报告。

（2）有关材料经建设项目所在省（区、市）自然资源行政主管部门初审同意后，将以下材料（纸质和电子版各1套）报自然资源部：①关于××××压覆重要矿产资源的申请函（见附录A）；②关于××××压覆重要矿产资源的评估报告（见附录B）及评审意见书；③省级自然资源行政主管部门出具的《关于对××××压覆重要矿产资源初审意见》（见附录C）；④自然资源行政主管部门要求提交的其他有关资料。

（3）建设项目压覆已设置矿业权矿产资源的，新的土地使用权人还应同时与矿业权人签订协议，协议应包括矿业权人同意放弃被压覆矿区范围及相关补偿内容。补偿的范围原则上应包括：①矿业权人被压覆资源储量在当前市场条件下所应缴的价款（无偿取得的除外）；②所压覆的矿产资源分担的勘查投资、已建的开采设施投入和搬迁相应设施等直接损失。

（4）建设单位应在收到同意压覆重要矿产资源的批复文件后45个工作日内，到项目所在地省级自然资源行政主管部门办理压覆重要矿产资源储量登记手续。45个工作日内不申请办理压覆重要矿产资源储量登记手续的，审批文件自动失效。

>> 案例3-5 2009年8月16日，林某以某供电公司的工程线路穿越滴水台铜矿，侵害其探矿权和采矿权为由要求某供电公司给予补偿。某供电公司于2009年12月2日给予书面答复，称输电线路的路径方案已获得市建委及土地

部门的批准，塔基占地已经市林业部门批准，占地补偿费已向韩家村付清。关于探矿和采矿权事宜，某供电公司并未影响林某继续探矿。因双方就争议没有达成一致，故林某诉至法院，请求某供电公司停止施工行为，并对侵犯其探矿权和采矿权的行为进行赔偿。

原告林某诉称：2008年1月，原告以12万元成为挂牌出让的滴水台铜矿普查的探矿权最终买受人。2008年4月，原告取得探矿权证后便对矿山投入了相关设备，开发道路，并给占地村民大量的补偿，前期投入500多万元。在准备开采时，2009年1月，被告某供电公司在原告矿区内承建了4座500kV送电线路的电塔，并不允许原告在占用的矿山下方采矿，直接影响了原告采矿权的行使。根据《中华人民共和国矿产资源法》的相关规定，建设项目是不得压覆矿床的，如有特殊需要也是须经国务院授权的部门批准。而被告没有任何相关手续，占用矿山建设电塔属于违法建设。故请求判决被告恢复原状，如果不能恢复，按原告预期可得利益赔偿（以鉴定为准），同时赔偿原告先期投入500万元。诉讼费用由被告承担。

被告某供电公司辩称：不同意原告的诉讼请求，我公司建输电线路工程履行了报批手续，程序合法有效；原告对探矿权已行使完毕，已开始申请采矿权，但还没有取得采矿权，不应获得相应补偿。我公司对林某没有侵权行为。故不存在侵犯其探矿权和采矿权的问题。

审法院经审理后认为，原告林某主张某供电公司的线路工程穿越滴水台铜矿影响原告行使探矿权和采矿权，因原告林某仅取得了滴水台铜矿的探矿权，业已探矿完毕，但并未取得采矿权，故原告无权主张探矿权和采矿权利益。被告的线路工程虽然穿越滴水台铜矿，但并未侵犯林某的探矿权和采矿权，故原告要求某供电公司赔偿先期投入500万元无事实和法律依据。据此，法院依照《民事诉讼法》第一百二十八条的规定，判决驳回原告的诉讼请求。

评 析

（1）《中华人民共和国物权法》第一百二十三条，依法取得的探矿权、采矿权、取水权和使用准水、滩涂从事养殖、捕捞的权利受法律保护。但本案原告探矿权已经行使完毕，尚未取得采矿权，因此就不能继续受到保护。

（2）本案属于零星分散矿产资源资源非重要矿产资源。而《中华人民共和国矿产资源法》第三十三条所指的是重要矿产资源。"在建设铁路、工厂、水库、输油管道、输电线路和各种大型建筑物或者建筑群之前，建设单位必须向所在省、自治区、直辖市地质矿产主管部门了解拟建工程所在地区的矿产资源分布和开采情况。非经国务院授权的部门批准，不得压覆重要矿床。"

四、加强审批管理

各级自然资源行政主管部门要提高工作效率，规范管理，做好服务。

（1）凡符合审批要求的压覆重要矿产资源申请，自然资源部自受理之日起20个工作日内，做出准予压覆或者不准压覆的决定，并通知申请人和省（区、市）自然资源厅（局），由省（区、市）自然资源厅（局）通知相关矿业权人。

（2）省（区、市）自然资源厅（局）办理压覆重要矿产资源储量登记时应通知相应矿业权人在45个工作日内到原发证机关办理相应的勘查区块或矿区范围变更手续。逾期不办理的，由原发证机关直接进行勘查区块或矿区范围调整，并告知矿业权人。

（3）已批准建设项目压覆的矿产资源，各级自然资源行政主管部门不得设立矿业权。

五、与土地管理的衔接

自然资源行政主管部门应加强协调，做好建设项目压覆重要矿产资源审批管理与土地管理的衔接。凡申请办理土地预审或用地审批的，要按照有关规定，提交省级自然资源行政主管部门出具的未压覆重要矿产资源证明或压覆重要矿产资源储量登记有关材料。否则，不予受理其用地申请。在土地利用总体规划确定的城市建设用地范围内，已办理压覆重要矿产资源储量预登记的，不再办理项目压覆重要矿产资源审批手续，但市县自然资源行政主管部门应在出让或划拨用地前，到省级自然资源行政主管部门办理压覆重要矿产资源登记手续。

第二篇

电力建设实务

电建项目需要土地。土地有国有的，也有集体所有的，电建工程需要使用国有土地。土地上有房屋有竹木，或者土地使用权人经营其他项目。凡此种种，建设用地的使用权如何取得？这就要涉及土地征用、房屋征收及建设用地审批等工作。接下来进行工程勘察设计、工程造价预算、物资供应等。电力企业作为建设单位一方要做好工程招标、发包，委托工程监理，做好竣工验收结算工作。

本篇将论及电力建设用地使用权取得，电建工程项目管理和招标与施工 3 个方面的内容、程序、存在问题、纠纷处理和风险防范措施。

不是君主高于法律，而是法律高于君主。
——罗马帝国元老、作家　小普林尼

电力建设用地

电力建设用地分两大类，固定的站所用地一般是划拨用地，拥有土地使用权。线路塔基占地只是支付征地补偿，但没有土地使用权证书，属于他项权利只做电建项目工程备案。本章将介绍土地、房屋的征收、征用和电力建设用地使用权的取得。

第一节　土地征收与征用

《中华人民共和国土地管理法》（以下简称《土地管理法》）第二条第三款规定："国家为了公共利益的需要，可以依法对土地实行征收或者征用并给予补偿。"在这里提及了对土地实行"征收"和"征用"。这也是本节要讨论的主旨问题。

一、土地征收与征用的概念

《土地管理法》提到了"征收"和"征用"，但没有解释。"征用"概念只提了一次。

1. 征收

《中华人民共和国物权法》（以下简称《物权法》）第四十二条规定："为了公共利益的需要，依照法律规定的权限和程序可以征收集体所有的土地和单位、个人的房屋及其他不动产。征收集体所有的土地，应当依法足额支付土地补偿费、安置补助费、地上附着物和青苗的补偿费等费用，安排被征地农民的社会保障费用，保障被征地农民的生活，维护被征地农民的合法权益。征收单位、个人的房屋及其他不动产，应当依法给予拆迁补偿，维护被征收人的合法权益；征收个人住宅的，还应当保障被征收人的居住条件。任何单位和个人不得贪污、挪用、私分、截留、拖欠征收补偿费等费用。"

（1）征收的定义。征收是国家以行政权取得集体、单位和个人的财产所有权的行为。征收的主体是国家，通常是政府部门以行政命令的方式从集体、单位和个人取得土地、房屋等财产，集体、单位和个人必须服从。在物权法上，征收是物权变动的一种极为特殊的情形。征收属于政府行使行政权，属于行政关系，不属于民事关系，但由于征收涉及所有权人的所有权丧失的一种方式，是对所有权的限制，同时又是国家取得所有权的一种方式。征收导致所有权的丧失，当然对所有权人造成损害。因此，征收虽然是被许可的行为，但通常都附有严格的法定条件的限制。

（2）征收的特点。征收有如下特点：①只有为了公共利益，可以征收，非公共目的，不得动用征收权；②必须经过法定的程序；③对被征收者予以补偿。

2. 征收土地的条件与程序

（1）征收土地（以下简称"征地"）必须是为了社会公共利益的需要。

（2）征地是一种政府行为，是政府的专有权力，其他任何单位和个人都没有征地权。同时，被征地单位必须服从，不得阻挠征地。

（3）必须依法取得批准。征收基本农田、基本农田以外的耕地超过35公顷的，以及其他土地超过70公顷的，由国务院批准。征收其他土地的，由省、自治区、直辖市人民政府批准，并报国务院备案。征收农用地的，应当依照有关规定先行办理农用地转用审批。国家征收土地依照法定程序批准后，由县级以上地方人民政府予以公告并组织实施。

（4）必须依法对被征地单位进行补偿。被征收土地的所有权人、使用权人应当在公告规定期限内，持土地权属证书到当地人民政府土地行政主管部门办理征地补偿登记。征收土地的，按照被征收土地的原用途给予补偿。有关法律和行政法规对征收的具体补偿标准有专门规定。

（5）征地行为必须向社会公开，接受社会的监督。征地补偿安置方案确定后，有关地方人民政府应当公告，并听取被征地的农村集体经济组织和农民的意见。被征地的农村集体经济组织应当将征收土地的补偿费用的收支状况向本集体经济组织的成员公布，并接受监督。同时规定，禁止侵占、挪用被征收土地单位的征地补偿费用和其他有关费用。

因此，法律、行政法规对于保护耕地、征收土地都有明确的规定。征收农村土地，应当按照特殊保护耕地的原则，依照法律规定的权限和程序进行，切实保护耕地，保护农民利益，保障社会安定和经济的可持续发展。

3. 征用

《物权法》还对征用做了规定。第四十四条规定："因抢险、救灾等紧急需要，依照法律规定的权限和程序可以征用单位、个人的不动产或者动产。被征用的不动产或者动产使用后，应当返还被征用人。单位、个人的不动产或者动产被征用或者征用后毁损、灭失的，应当给予补偿。"

（1）征用的定义。征用是国家强制使用单位、个人的财产。强制使用就是不必得到所有权人的同意，在国家有紧急需要时即直接使用。国家需要征用单位、个人的不动产和动产的原因是抢险、救灾等在社会整体利益遭遇危机的情况下，需要动用一切人力、物力进行紧急救助。所以，法律许可在此种情况下限制单位和个人的财产所有权。

国家以行政权命令征用财产，被征用的单位、个人必须服从，这一点与征收相同。但征收是剥夺所有权，征用只是在紧急状态才强制使用单位、个人的财产，紧急状态结束后被征用的财产要返还给被征用的单位、个人，因此征用与征收有所不同。《物权法》第四十二条规定的征收限于不动产，第四十四条规定的征用的财产既包括不动产也包括动产。

（2）征用的条件限制。国家出现紧急情况时实行征用。考虑到征用如征收一样也是对所有权的限制，并可能给所有权人造成不利的后果，因此，征用的采用也有严格的条件限制：①征用的前提条件是发生紧急情况，因此征用适用于出现紧急情况时，平时不得采用；②征用应符合法律规定的权限和程序；③使用后应当将征用财产返还权利人，并且给予补偿，但通常不及于可得利益的损失；④征用如征收一样，不是民事关系，征用的具体问题应由相关的行政法规定，《物权法》只是从民事角度作了原则规定。

4. 征收与征用的比较

（1）征收与征用都是政府依法实施的强制行为，被征单位、个人须服从。

（2）征收为了公共利益实施，征用在国家紧急时采用。

（3）征收对象为不动产，长期改变被征土地、房屋的所有权并补偿；征用对不动产也可以对动产，是短期的，不改变所有权，国家紧急情况消除，即予以归还和补偿。

为了避免歧义，又鉴于工程项目建设用地都是长期的，要改变被征地产、房产的所有权，本章以下内容只讨论征收，不再讨论征用。

二、我国的土地权利体系

图 4-1 所示为我国土地权利体系，从中可以看出，除了农地承包经营权和集体建设土地使用权使用的土地是集体土地，再就是不实际征地的他项权利。剩下的建设用地都属于国有的。土地征收是电力建设首先遇到的问题，囿于目前法律、政策的框架和具体操作方法，电力建设土地使用权没能完整地解决，因此往往会带来法律上无法救济的麻烦。

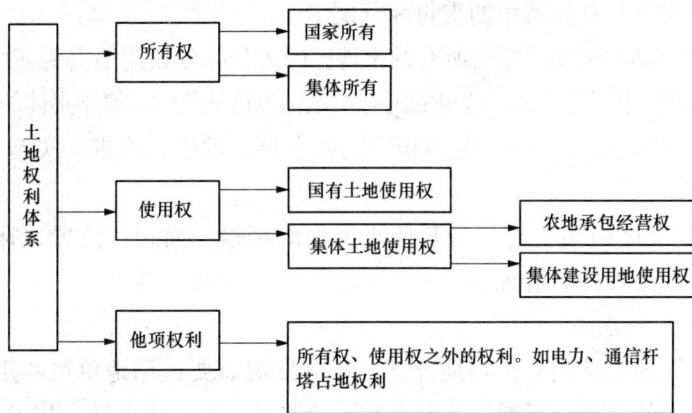

图 4-1　我国土地权利体系

三、土地征收

1. 土地征收概念

（1）土地征收。土地征收是国家为了公共利益的需要，通过行政主体利用国家强制力，按照法律规定的程序，将一定范围的集体土地所有权强制转为国家所有，并依法给予相应补偿的一种法律行为。

（2）土地征收的特征。

1）国家是土地征收的唯一征收主体。国家虽然不是用地单位，但是只有国家有权力对集体土地进行征收。代表国家征收的是地方各级人民政府及其土地行政主管部门。

2）土地征收必须为了公共利益。土地征收中的公共利益一般是指国家建设的需要，狭义上指直接的国家建设的需要或公共利益的需要，如国防工程、公用电力、电讯事业、交运、大型水利工程、能源输送管道等；广义上还包括其他有利于国家现代化建设、有利于国民生活水平提高、综合国力增强的建设活动，如招商引资，南水北调工程等。

3）土地征收具有国家强制性。土地征收不是以市场双方合意方式取得，而是以国家行政权力为依托，不问所有者是否同意，依照法定程序强制取得土地所有权的一种行政行为。

4）土地征收给予合理补偿。征收是基于公共利益将相应的负担加在少数人身上，以牺牲少数人的利益来换取多数人的利益，为了弥补少数人的损失，给予补偿，以使其生活水平维持不降。虽然有用地单位支付补偿，但政府应该履行监督补偿金和其他费用的支付和分配工作。

5）征收土地的对象是集体所有的土地。因为公益建设用地需要使用土地的，必须依法申请使用国有土地，这里的国有土地也包括征收的原属于集体的土地。

6）土地征收必须遵循一定的程序。如申报、批准、公告、实施和监督等一系列环节。

7）征收土地应当公开。公开征收土地的用途、面积、位置、补偿标准、安置方式等，接收社会监督。

2. 土地征收程序

（1）县级国土部门根据当地经济、社会发展需要或用地单位的用地申请，确定拟征土地的位置，开展征地调查和征地测量，具体事务性、技术性工作可委托专门的征地机构实施，确认征地调查结果。自然资源部门会同电网建设单位和林业、农业等部门，对拟征土地的权属、地类、面积及地上附着物权属、种类、数量等现状进行调查，调查结果应与被征地的农村集体经济组织、农户和附着物产权人等共同确认。

（2）征地机构根据当地政府业已公告执行的征地综合补偿标准或根据拟征土地前三年平均年产值和法定补偿倍数，初步拟订被征土地的征地补偿标准，计算需安置的农业人数，拟订安置途径。

（3）征地机构公开拟定的征地补偿标准、安置和保障方案，与被征地农村集体经济组织协商，召开本集体经济组织成员（代表）会议或者村民会议，充分听取并采纳被征地农民的合理化建议，会议形成的决议将作为征用审批的必备条件，然后草签征地意向协议，据实编报征地方案。经依法批准征收的土地，除涉及国家保密规定等特殊情况外，自然资源部门应按《征用土地公告办法》规定，在被征地所在村（社区）、组公告征地批准事项。

（4）在征地依法报批前，自然资源部门应告知被征地农村集体经济组织和农户，农村集体经济组织和农户对拟征土地的补偿标准、安置途径有申请听证的权利。当事人申请听证的，应按照《国土资源听证规定》规定程序和有关要求组织听证。当事人应当在告知之日起 5 个工作日内提起书面申请,逾期视为放弃;市、县人民政府国土部门将征地补偿、安置方案报市、县人民政府审批时,应附具被征地农村集体经济组织、农村村民或者其他权利人的意见及采纳情况,举行听证会的,还应当附具听证笔录。

(5)市县自然资源行政主管部门根据征地情况调查结果和市县人民政府拟订的补偿标准及安置方案,以及建设项目的相关材料,依法拟订农用地转用方案、补充耕地方案、征收土地方案和供地方案,编制建设用地呈报说明书,经过区县人民政府同意后,由区县人民政府向上级正式行文报批。依法批准的征地方案在收到批准文件后 10 日内进行公告。

(6)被征地农村集体经济组织、农村村民或者其他权利人应当在征用土地公告规定的期限内持土地权属证书到指定地点办理征地补偿登记手续。

(7)征地补偿安置方案经市、县政府批准后,应按法律规定的时限向被征地农村集体经济组织按时支付征地补偿安置费用。由国土部门或征地机构按经批准的征地补偿、安置方案和征地协议依法、及时、足额支付各项征地费用,并落实人员安置。当地自然资源部门要会同劳动保障、农业等有关部门对被征地农民的安置及农村集体经济组织内部征地补偿安置费用的分配和使用情况进行指导、监督。

(8)市、县国土部门依法将被征土地收归国有。

3. 土地征收补偿

根据《物权法》第四十二条第二款、第四款,征收集体所有的土地,应当依法足额支付土地补偿费、安置补助费、地上附着物和青苗的补偿费等费用,安排被征地农民的社会保障费用,保障被征地农民的生活,维护被征地农民的合法权益。

任何单位和个人不得贪污、挪用、私分、截留、拖欠征收补偿费等费用。征收土地的补偿标准按照《土地管理法》第四十七条规定执行。

征收土地的,按照被征收土地的原用途给予补偿。

征收耕地的补偿费用包括土地补偿费、安置补助费以及地上附着物和青苗的补偿费。征收耕地的土地补偿费,为该耕地被征收前三年平均年产值的 6～10 倍。征收耕地的安置补助费,按照需要安置的农业人口数计算。需要安置的农业人口数,按照被征收的耕地数量除以征地前被征收单位平均每人占有耕地的数量计算。每一个需要安置的农业人口的安置补助费标准,为该耕地被征收前三年平均年产值的 4～6 倍。但是,每公顷被征收耕地的安置补助费,最高不得超过被征收前三年平均年产值的 15 倍。

征收其他土地的土地补偿费和安置补助费标准，由省、自治区、直辖市参照征收耕地的土地补偿费和安置补助费的标准规定。

被征收土地上的附着物和青苗的补偿标准，由省、自治区、直辖市规定。

征收城市郊区的菜地，用地单位应当按照国家有关规定缴纳新菜地开发建设基金。

依照本条第二款的规定支付土地补偿费和安置补助费，尚不能使需要安置的农民保持原有生活水平的，经省、自治区、直辖市人民政府批准，可以增加安置补助费。但是，土地补偿费和安置补助费的总和不得超过土地被征收前三年平均年产值的 30 倍。

国务院根据社会、经济发展水平，在特殊情况下，可以提高征收耕地的土地补偿费和安置补助费的标准。

土地补偿费归农村集体经济组织所有；地上附着物及青苗补偿费归地上附着物及青苗的所有者所有。

《土地管理法实施条例》第二十六条规定："征收土地的安置补助费必须专款专用，不得挪作他用。需要安置的人员由农村集体经济组织安置的，安置补助费支付给农村集体经济组织，由农村集体经济组织管理和使用；由其他单位安置的，安置补助费支付给安置单位；不需要统一安置的，安置补助费发放给被安置人员个人或者征得被安置人员同意后用于支付被安置人员的保险费用。市、县和乡（镇）人民政府应当加强对安置补助费使用情况的监督。"

《土地管理法》第四十九条还规定："被征地的农村集体经济组织应当将征收土地的补偿费用的收支状况向本集体经济组织的成员公布，接受监督。"

《电力法》（以下简称《电力法》）第十六条规定："电力建设项目使用土地，应当依照有关法律、行政法规的规定办理；依法征用土地的，应当依法支付土地补偿费和安置补偿费，做好迁移居民的安置工作。电力建设应当贯彻切实保护耕地、节约利用土地的原则。地方人民政府对电力事业依法使用土地和迁移居民，应当予以支持和协助。禁止侵占、挪用被征收土地单位的征地补偿费用和其他有关费用。"

4. 土地征用后安置补助费标准

为了妥善安排被征地单位的生产和群众生活，用地单位除付给补偿费外，还应当付给安置补助费。根据《国家建设征用土地条例》第十条，安置补助费的标准如下。

（1）征用耕地（包括菜地）的，每一个农业人口的安置补助费标准，为该耕地每亩年产值的 2～3 倍，需要安置的农业人口数按被征地单位征地前农业人口（按农业户口计算，不包括开始协商征地方案后迁入的户口）和耕地面积的比例及征地数量计算。年产值按被征用前三年的平均年产量和国家规定的价格计算。但是，每亩耕地的安置补助费，最高不得超过其年产值的 10 倍。

（2）征用园地、鱼塘、藕塘、林地、牧场、草原等土地的，安置补助费标准由省、自治区、直辖市人民政府参照一般耕地的安置补助费标准制定。

（3）征用宅基地的，不付给安置补助费。

个别特殊情况，按照上述补偿和安置补助标准，尚不能保证维持群众原有生产和生活水平的，经省、自治区、直辖市人民政府审查批准，可以适当增加安置补助费，但土地补偿费和安置补助费的总和不得超过被征土地年产值的 20 倍。

5. 用地单位支付的各项补偿费和安置补助费的给付对象

《国家建设征用土地条例》第十一条规定："用地单位支付的各项补偿费和安置补助费，除被征用土地上的附着物中产权确属个人的其补偿费应当付给本人，集体种植的土地上的青苗补偿费可以纳入当年集体收益分配外，都应当由被征地单位用于发展生产和安排因土地被征用而出现的多余劳动力的就业和不能就业人员的生活补助，不得移作他用。有关领导机关和其他单位不得以任何借口占用。"

6. 土地征收程序中的注意事项

（1）召开本集体经济组织成员（代表）会议或者村民会议，充分听取并采纳全体被征地农民的合理化建议，绝不能只听村支部或村委会的汇报等一面之词。《物权法》第五十九条规定："农民集体所有的不动产和动产，属于本集体成员集体所有。下列事项应当依照法定程序经本集体成员决定：……（三）土地补偿费等费用的使用、分配办法……第六十三条规定……集体经济组织、村民委员会或者其负责人作出的决定侵害集体成员合法权益的，受侵害的集体成员可以请求人民法院予以撤销。"如果说村委会决定的征地侵害了集体成员的利益或者土地补偿分配存在暗箱操作等情况，集体成员向人民法院提出撤销的话，将使电力建设部门非常被动。

（2）凡被征地的农村集体经济组织和农户在站址和线路走廊进行踏勘选定后，在拟征土地上抢栽、抢种、抢建的地上附着物和青苗，征地时一律不予补偿。在设计桩位确定后，改种其他农作物的，按上年农作物进行补偿。

（3）说到底被征地人阻挠电建施工的理由还是切身利益问题，就是征地补偿数额没有按照国家法律法规的规定来兑现，他们感到吃了亏。电力部门虽然不是政府部门，却是建设者，是征地补偿出资人，直接面对被征地人，因此电力建设单位应当通过一定的形式参与到征地补偿监督过程中，实地解决问题。

（4）土地部门交付已归国家所有的土地给电力建设部门时，应该随附被征地人全体（或代表）满意签字的协议书。这样就不会有阻工闹事现象了。

案例4-1 某年年底，张某经某市土地管理局审批，出资40多万元合法取得该市民主西路与工业路交叉口处的7800m²土地的使用权，并准备修建食品厂，地基已修建，翌年，某市梁园区把这块土地划入经济开发区，同年4月，因工业路由原先6m拓宽为60m，需要迁移路边10kV的公用线路，某市城市规划局梁园开发区规划办公室致函商丘供电公司，要求供电公司将线路迁移，为了支援梁园开发区的建设，供电公司同意将线路按照梁园开发区规划办公室指定的位置迁移，开发区委员会表示负责线路迁移的前期工作和占地赔偿事宜，迁移线路后，因有4根电线杆安插在张某拥有使用权的土地上。根据电力法有关电力设施保护保护区的规定："10kV高压线两边线垂直投影外侧的土地5m之内禁止修设建筑物"，经规划勘测，发现不能建房的占地面积达1900m²。张某认为，电力部门占地前必须与土地使用权人协商，妥当之后才可施工，但供电公司未履行任何手续"霸道"地将电杆栽在了他的地基之中，侵犯其合法权益，因此他向法院起诉，要求判决供电公司迁移高压线或者支付70万元的赔偿费。

经审理，一审法院认为因政府规划行为给原告实际造成的损害，被告不应承担民事责任，故法院驳回原告诉讼请求。原告不服，上诉。二审法院维持原判的同时，认为供电公司4根10kV电线杆立在建大食品有限公司的地界上，事实清楚，依据有关规定，又判决供电公司补偿张某（高压电杆4根，每根3m²，计12m²，每平方米按土地部门估价443.16元计算）5317元。张某不服判决，提起申诉。其理由是，电力线路占地1900m²，为什么只赔4根电线杆的占地？

评析

（1）尽管本案线路迁移将占用土地的使用权已经归张某所有，且《土地管理法》第十三条规定，依法登记的土地的所有权和使用权受法律保护，任何单位和个人不得侵犯。但是第八条规定，城市市区的土地属于国家所有。本案的土地在城区，应当是国有土地，不需征地。因为《物权法》第一百四十八条规定，建设用地使用权期间届满前，因公共利益需要提前收回该土地的，应当依照本法第四十二条的规定对该土地上的房屋及其他不动产给予补偿，并退还相应的出让金。本案系城市规划和电力基础设施迁移改建用地，当属公共利益无疑。如果杆塔基础占地没有房屋和其他不动产，则无需进行补偿。根据目前电力建设电杆塔基征地，线路走廊不征地，不改变产权和用途的通常做法，政府只需按照杆塔基础面积退还相应的出让金。

（2）本案的线路走廊不征地，不改变土地所有和用途，不补偿对于张某也是不合理的，因为他有偿取得的建设用地使用权受法律保护。本案线路走廊占用土地上空，限制了张某的土地使用权的充分利用和收益。因为电力法律法规规定线下禁止建房的义务，如果原告根据科学合理的厂区规划设计就是应该在线路走廊建造厂房或者其他建筑物、构筑物或者设计为堆积原料场及者使用吊车等都会受到限制，这无疑会给原告收益带来损失。因此，应当由供电公司给予损失补偿，并与张某签订长期的地役权协议，以便将来能够方便地维护维修电力设施。

（3）本案的操作程序应遵循在先原则。《电力供应与使用条例》第十八条规定：因建设需要，必须对已建成的供电设施进行迁移、改造或者采取防护措施时，建设单位应当事先与该供电设施管理单位协商，所需工程费用由建设单位负担。《电力设施保护条例》第二十二条规定：公用工程、城市绿化和其他工程在新建、改建或扩建中妨碍电力设施时，或电力设施在新建、改建或扩建中妨碍公用工程、城市绿化和其他工程时，双方有关单位必须按照本条例和国家有关规定协商，就迁移、采取必要的防护措施和补偿等问题达成协议后方可施工。对于先存在的 10kV 线路，因道路拓宽而需迁移，应由梁园开发区提供规划许可文件后，与电力企业签订协议，就工程迁移的规划方案、土地使用权的解决、工程引发费用承担、迁移给第三人造成损害的补偿等问题达成协议，才可以动工实施。开工之前的一切过工作应由梁园开发区与政府部门完成。

（4）《确定土地所有权和使用权的若干规定》第九条规定："国有电力、通信设施用地属于国家，但国有电力、通信杆塔占用农民集体所有的土地，未办理征用手续的，土地仍属于农民集体所有，对电力、通信经营单位可确定为他项权利。"2001 年 10 月 18 日国土资源部颁布生效的《划拨用地目录》中将"输配电线路塔（杆）、巡线站、线路工区、变配电装置等"用地纳入划拨用地的目录范围。即电力线路杆塔使用城镇国有土地的，可以以划拨方式取得。

《物权法》第一百三十七条规定：设立建设用地使用权，可以采取出让或者划拨等方式。本案架空线路占地属于国有土地，供电公司可以划拨使用土地，不须对张某进行补偿，也不须支付对价出让金。

启　示

作为企业供电公司不能盲目配合其他部门或政府部门工作，当从效益出发，应依法律进行。但本案供电公司只觉得将线路电杆"栽"在原告的地基上非本公司原因，竟没有想到土地使用权的法律法规和电力法律法规规定的公用工程、城市绿化和其他工程在新建、改建或扩建中妨碍电力设施时的处理方式。以至于替人买单不知晓，稀里糊涂当被告。角色定位不正确，迁移工程瞎配合。在先原则要记清，依法签协后施工。

第二节　房屋征收操作

诗经曰，衡门之下，可以栖迟。那是经济贫弱的时代遮蔽风雨的基本要求。如今，房屋不再只是栖身之用，还追求华丽舒适，凝固着居者大部分财产价值。因此对于房屋的征收，要考虑过渡期间保护房主有房可居好居，还有考虑价值的公平合理补偿。

一、房屋征收概述

1. 房屋征收

这里的房屋征收是指国有土地上的房屋征收。《中华人民共和国城市房地产管理法》第六条规定："为了公共利益的需要，国家可以征收国有土地上单位和个人的房屋，并依法给予拆迁补偿，维护被征收人的合法权益；征收个人住宅的，还应当保障被征收人的居住条件。"

房屋征收仅限于为了公共利益用地需要的国有土地上房屋征收与补偿活动。如果非公共利益用地需要的国有土地上房屋拆迁与补偿活动，属于民事活动而非行政行为，应由拆迁人与被拆迁人依法平等协商解决，不得采用行政征收方式，但政府将参与管理。

政府决定征收房屋限制条件由《国有土地上房屋征收与补偿条例》（国务院令第590号）第八条做出了列举性的规定。为了保障国家安全、促进国民经济和社会发展等公共利益的需要，有下列情形之一，确需征收房屋的，由市、县级人民政府作出房屋征收决定。

（1）国防和外交的需要。

（2）由政府组织实施的能源、交通、水利等基础设施建设的需要。

（3）由政府组织实施的科技、教育、文化、卫生、体育、坏境和资源保护、防灾减灾、文物保护、社会福利、市政公用等公共事业的需要。

（4）由政府组织实施的保障性安居工程建设的需要。

（5）由政府依照城乡规划法有关规定组织实施的对危房集中、基础设施落后等地段进行旧城区改建的需要。

（6）法律、行政法规规定的其他公共利益的需要。

2. 被征收房屋人的先期保障

《国有土地上房屋征收与补偿条例实施细则》有如下规定。

（1）住房保障。如果征收个人住宅，应当优先给予被征收人住房保障的，具体办法由省、自治区、直辖市制定，未由省、自治区、直辖市制定实施之前，不得征收其个人住宅。

（2）保证经营性房屋的经营收益。省、自治区、直辖市在还未制定对因征收房屋造成停产停业损失补偿的具体办法之前，不得征收经营性用房。

二、房屋征收

1. 房屋征收的主体和操作者

实际上政府部门是房屋征收的主体，但其未必亲劳大驾。《国有土地上房屋征收与补偿条例》（国务院令第 590 号）规定，政府房屋征收部门可以委托房屋征收实施单位，承担房屋征收与补偿的具体工作。房屋征收实施单位不得以盈利为目的。

《国有土地上房屋征收与补偿条例实施细则》规定，市、县级人民政府负责本行政区域的房屋征收与补偿工作，并负责本行政区域非公共利益需要的房屋拆迁与补偿的管理工作，严格做到"拆管分离"。

可见，房屋征收实施单位也就是政府房屋征收部门委托的实际操作组织机构。那么，根据委托和被委托的法律关系，这些实际操作者停水、停电、破门而入、暴力驱离房屋产权人的野蛮残暴的行径和伤人杀人的违法犯罪行为，政府房屋征收部门作为委托人，应当对其承担法律责任。

2. 房屋征收的程序

（1）政府房屋征收部门应当对房屋征收范围内房屋的权属、区位、用途、建筑面积等情况组织调查登记并将调查结果在房屋征收范围内向被征收人公布。房屋征收范围确定后，新、改、扩建房屋不予补偿。

（2）市、县级人民政府作出房屋征收决定前，应当进行社会稳定风险评估；必要时应当经政府常务会议讨论决定并做到征收补偿费用足额到位、专户存储、专款专用。

（3）房屋征收部门拟定征收补偿方案，报市、县级人民政府。

（4）市、县级人民政府应当组织有关部门对征收补偿方案进行论证并予以公布，征求公众意见。公告还应载明被征收人行政复议、行政诉讼权利等事项。同时做好宣贯、解释工作。

（5）市、县级人民政府应当将征求意见情况和根据公众意见修改的情况及时公布。

（6）多数被征收人认为征收补偿方案不符合法律规定的，市、县级人民政府应当组织由被征收人和公众代表参加的听证会，并根据听证会情况修改方案。

（7）房屋被依法征收的，国有土地使用权同时收回。

三、房屋征收补偿

被征收人可以选择货币补偿，也可以选择房屋产权调换。

被征收人选择房屋产权调换的，市、县级人民政府应当提供用于产权调换的房屋，并与被征收人计算、结清被征收房屋价值与用于产权调换房屋价值的差价。

因旧城区改建征收个人住宅，被征收人选择在改建地段进行房屋产权调换的，作出房屋征收决定的市、县级人民政府应当提供改建地段或者就近地段的房屋。

1. 房屋征收对被征收人补偿的原则和项目

（1）房屋征收与补偿的原则。《国有土地上房屋征收与补偿条例》（国务院令第 590 号）第三条规定："房屋征收与补偿应当遵循决策民主、程序正当、结果公开的原则。"

（2）补偿的项目。《国有土地上房屋征收与补偿条例》（国务院令第 590 号）第十七条规定，作出房屋征收决定的市、县级人民政府对被征收人给予的补偿包括：①被征收房屋价值的补偿；②因征收房屋造成的搬迁、临时安置的补偿；③因征收房屋造成的停产停业损失的补偿。市、县级人民政府应当制定补助和奖励办法，对被征收人给予补助和奖励。该规定就是对补偿低了的给予补助，对积极配合政府征收方案的给予奖励。

2. 人民政府对征收房屋是否应给予补偿的认定

参见《国有土地上房屋征收与补偿条例实施细则》第十九条，是否给予补偿的认定规则具体如下。

（1）市、县级人民政府及其有关部门应当依法加强对建设活动的监督管理。

（2）市、县级人民政府做出房屋征收决定前，应当组织有关部门依法对征收范围内未经登记的建筑进行调查、认定和处理。

（3）对认定为合法建筑和未超过批准期限的临时建筑的，应当给予补偿。

（4）对认定为违法建筑和超过批准期限的临时建筑的，应当分清责任，凡因行政不作为或违法行政造成的违法建筑和超过批准期限的临时建筑，应当给予补偿。

（5）凡因被征收人的全部责任造成的违法建筑和超过批准期限的临时建筑，应当不予补偿。

3. 被征收房屋价值补偿的底价标准

《国有土地上房屋征收与补偿条例》（国务院令第 590 号）和《国有土地上房屋征收与补偿条例实施细则》做了如下规定。

（1）对被征收房屋价值的补偿，不得低于房屋征收决定公告之日被征收房屋类似房地产的市场价格。被征收房屋的价值，由具有相应资质的房地产价格评估机构按照房屋征收评估办法评估确定。对评估确定的被征收房屋价值有异议的，可以向房地产价格评估机构申请复核评估。对复核结果有异议的，可以向房地产价格评估专家委员会申请鉴定。房屋征收评估办法由国务院住房城乡建设主管部门制定，制定过程中，应当向社会公开征求意见。

（2）依照《国有土地上房屋征收与补偿条例》第十三条，房屋被依法征收的，国有土地使用权同时收回时，应对被征收人原依法取得的国有土地使用权给予补偿，补偿标准按被征收范围的国有土地使用权的市场平均价格。

（3）作出房屋征收决定的市、县级人民政府对被征收人给予的房屋价值补偿费，应当不得低于征收决定之日起征收范围内商品房的市场平均价格。

4. 被征收房屋价值补偿分类与标准

根据《国有土地上房屋征收与补偿条例实施细则》，对被征收房屋价值的补偿，实施不得低于房屋征收决定公告之日被征收范围内商品房的市场平均价格，具体分以下三种情形及标准。

（1）低档被征收房屋包括棚户区平房、4 层以下住宅楼等价值的补偿不得低于房屋征收决定公告之日被征收范围内商品房市场平均价格的 2 倍。

（2）中档被征收房屋包括 4 层以上住宅楼、厂房、经营性用房等价值的补偿不得低于房屋征收决定公告之日被征收范围内商品房市场平均价格的1.5倍。

（3）高档被征收房屋包括别墅、高档住宅楼价值的补偿不得低于房屋征收决定公告之日被征收范围内商业商品房的市场平均价格。

房屋征收评估办法由国务院住房城乡建设主管部门制定，制定过程中，应当向社会公开征求意见。在国务院住房城乡建设主管部门未制定实施房屋征收评估办法之前，暂停国有土地上房屋征收与补偿活动。

关于房屋征收，《物权法》第四十二条第三款、第四款对保护被征收人的合法权益规定："征收单位、个人的房屋及其他不动产，应当依法给予拆迁补偿，维护被征收人的合法权益；征收个人住宅的，还应当保障被征收人的居住条件。任何单位和个人不得贪污、挪用、私分、截留、拖欠征收补偿费等费用。"

四、房屋征收存在的问题与对策

提起房屋征收，臭名昭著的暴力拆迁、以及断绝水、电、气、暖等生活供用的卑鄙下流的勾当最为人民切齿痛恨。这也是人们谈"征收"色变的主要原因之一。房屋征收机构，时常有法不依，知法犯法，导致恶劣的社会影响。在全面依法治国的新时代，有明确的法律法规，对此类行为做出了限制。

1. 对暴力、流氓征收手段的法律限制

（1）《国有土地上房屋征收与补偿条例》第三十条规定："市、县级人民政府及房屋征收部门的工作人员在房屋征收与补偿工作中不履行本条例规定的职责，或者滥用职权、玩忽职守、徇私舞弊的，由上级人民政府或者本级人民政府责令改正，通报批评；造成损失的，依法承担赔偿责任；对直接负责的主管人员和其他直接责任人员，依法给予处分；构成犯罪的，依法追究刑事责任。"

（2）《国有土地上房屋征收与补偿条例》（国务院令第590号）第三十一条规定："采取暴力、威胁或者违反规定中断供水、供热、供气、供电和道路通行等非法方式迫使被征收人搬迁，造成损失的，依法承担赔偿责任；对直接负责的主管人员和其他直接责任人员，构成犯罪的，依法追究刑事责任；尚不构成犯罪的，依法给予处分；构成违反治安管理行为的，依法给予治安管理处罚。"

（3）《国有土地上房屋征收与补偿条例实施细则》第四章第二十五项规定："依照《国有土地上房屋征收与补偿条例》第三十条，违反本条例规定，市、县级人民政府、房屋拆迁管理部门、拆迁人在房屋拆迁补偿安置中不履行本条例规定的职责，滥用职权、玩忽职守、徇私舞弊、打击报复等，有下列情形之一的，由上级人民政府视其情节轻重，责令改正，通报批评，依法给予处分，取消拆迁资格。对直接负责的主管人员和其他直接责任人员，情节严重，构成违反治安管理行为的，依法给予治安管理处罚；构成犯罪的，依法追究刑事责任。造成损失的，依法承担赔偿责任。"

1）对非公共利益用地建设项目申请、批准及实施行政征收拆迁单位、个人房屋的（非公共利益项目设施行政拆迁）。

2）以公共利益用地建设项目名义征收补偿安置后，再变更为商业利益用地等非公共利益用地建设项目的。

3）违反《国有土地上房屋征收与补偿条例》法定程序征收拆迁房屋的。

4）未将征收拆迁决定或补偿安置决定予以公告及送达，或者公告及送达内容、形式、时间不符合法定要求的。

5）对不符合《国有土地上房屋征收与补偿条例》规定的征收拆迁补偿安置方案予以批准、实施的。

6）房屋征收拆迁、补偿安置决定违反《国有土地上房屋征收与补偿条例》规定及征收拆迁、补偿安置方案的。

7）未按照批准的房屋征收拆迁范围实施征收拆迁的。

8）未取得人民法院生效的终审裁定或者判决而强制征收拆迁的。

9）实施强制征收拆迁前，未按照《国有土地上房屋征收与补偿条例》规定对被拆迁人先予提供就地或者就近安置房的，安置房为期房，未提供过渡周转用房的；或者对被拆迁人先予货币补偿未到位及未提供周转用房的。

10）未按规定支付搬迁补助费、临时安置补助费的。

11）违反法律、法规征收拆迁的其他情形。

2. 被征收人违法犯罪应承担的法律责任

（1）违反土地管理法律、法规规定，阻挠国家建设征收土地的，由县级以上人民政府土地行政主管部门责令交出土地；拒不交出土地的，可申请由人民法院强制执行。

（2）被征收人在法定期限内不申请行政复议或者不提起行政诉讼，在补偿决定规定的期限内又不搬迁的，由做出房屋征收决定的市、县级人民政府依法申请人民法院强制执行。

（3）采取暴力、威胁等方法阻碍依法进行的房屋征收与补偿工作，构成犯罪的，依法追究刑事责任；构成违反治安管理行为的，依法给予治安管理处罚。

第三节　电力建设用地使用权取得

按现行土地政策，除了乡镇企业和村民住宅建设用地以外的建设用地权属都属国有土地使用权。电力建设单位用地除站所固定用地以外的，权利性质都属于物权法上的他项权利。所谓他项权利性质用地的取得，缺乏刚性约束，变数随时出现，可谓来之不易，守之也不易。

一、建设用地性质

1. 电力建设用地的性质

(1)《土地管理法》第四十三条规定："任何单位和个人进行建设，需要使用土地的，必须依法申请使用国有土地；但是，兴办乡镇企业和村民建设住宅经依法批准使用本集体经济组织农民集体所有的土地的，或者乡（镇）村公共设施和公益事业建设经依法批准使用农民集体所有的土地的除外。前款所称依法申请使用的国有土地包括国家所有的土地和国家征收的原属于农民集体所有的土地。"

(2)《土地管理法实施条例》第二十三条规定："具体建设项目需要使用土地的，必须依法申请使用土地利用总体规划确定的城市建设用地范围内的国有建设用地。"

(3)《确定土地所有权和使用权的若干规定》第五条规定："国家建设征用的土地，属于国家所有。"第九条规定："国有电力、通信设施用地属于国家所有。但国有电力通信杆塔占用农民集体所有的土地，未办理征用手续的，土地仍属于农民集体所有，对电力通信经营单位可确定为他项权利。"第十三条规定："国家建设对农民集体全部进行移民安置并调剂土地后，迁移农民集体原有土地转为国家所有。"

(4)《国家建设征用土地条例》第五条规定："征用的土地，所有权属于国家，用地单位只有使用权。"

2. 建设用地使用权及法律特征

(1) 概念。建设用地使用权（地上权），指以在他人土地上拥有建筑物或其他工作物为目的而使用他人土地的权利。《物权法》第一百三十五条规定："建设用地使用权人依法对国家所有的土地享有占有、使用和收益的权利，有权利用该土地建造建筑物、构筑物及其附属设施。"

(2) 法律特征。

1）建设用地使用权是以他人的土地为标的物而设定的物权。建设用地使用权的标的仅以土地为限；而且由于我国城市土地属于国家所有，农村和城郊土地，除法律规定属于国家所有以外，属于集体所有。所以，建设用地使用权只能存在于国家或集体所有的土地上。

2）建设用地使用权是以在国家所有或集体所有的土地上保有建筑物或其他工作物为目的的权利。这里的建筑物或其他工作物是指在土地上下建筑的房屋及其他设施，如桥梁、沟渠、铜像、纪念碑、地窖，建设用地使用权即以保存此等建筑物或工作物为目的。

3）建设用地使用权是利用国家所有或集体所有的土地的定限物权。建设用地使用权虽以保存建筑物或其他工作物为目的，但其主要内容在于使用国家所有或集体所有的土地，因而是用益物权。

二、用地申请

1. 以划拨方式取得土地使用权

土地划拨，是土地使用人只需按照一定程序提出申请，经主管机关批准即可取得土地使用权，而不必向土地所有人支付租金及其他费用。我国物权法规定，严格限制以划拨方式设立建设用地使用权。采取划拨方式的，应当遵守法律、行政法规关于土地用途的规定。《国有土地使用权出让和转让暂行条例》第四十三条规定："划拨土地使用权是指土地使用者通过各种方式依法无偿取得的土地使用权。"根据土地管理法的有关规定，可以通过划拨方式取得的建设用地包括：国家机关用地和军事用地；城市基础设施用地和公益事业用地；国家重点扶持的能源、交通、水利等基础设施用地；法律、行政法规规定的其他用地。上述以划拨方式取得建设用地，须经县级以上地方人民政府依法批准。

（1）申请核发选址意见书。《城乡规划法》第三十六条规定："按照国家规定需要有关部门批准或者核准的建设项目，以划拨方式提供国有土地使用权的，建设单位在报送有关部门批准或者核准前，应当向城乡规划主管部门申请核发选址意见书。前款规定以外的建设项目不需要申请选址意见书。"

（2）取得建设用地规划许可证并申请用地。《城乡规划法》第三十七条规定："在城市、镇规划区内以划拨方式提供国有土地使用权的建设项目，经有关部门批准、核准、备案后，建设单位应当向城市、县人民政府城乡规划主管部门提出建设用地规划许可申请，由城市、县人民政府城乡规划主管部门依据控制性详细规划核定建设用地的位置、面积、允许建设的范围，核发建设用地规划许可证。建设单位在取得建设用地规划许可证后，方可向县级以上地方人民政府土地主管部门申请用地，经县级以上人民政府审批后，由土地主管部门划拨土地。"

2. 以出让方式取得土地使用权

通过出让方式取得建设用地使用权。建设用地使用权出让是国家以土地所有人身份将建设用地使用权在一定期限内让与土地使用者，并由土地使用者向国家支付建设用地使用权出让金的行为。土地使用者通过这种出让建设用地使用权的行为即取得建设用地使用权。建设用地使用权出让有协议、招标和拍卖3种形式。

（1）土地出让的条件。《城乡规划法》第三十八条规定："在城市、镇规划区内以出让方式提供国有土地使用权的，在国有土地使用权出让前，城市、县人民政府城乡规划主管部门应当依据控制性详细规划，提出出让地块的位置、使用性质、开发强度等规划条件，作为国有土地使用权出让合同的组成部分。未确定规划条件的地块，不得出让国有土地使用权。"

（2）签订国有土地使用权出让合同后领取建设用地规划许可证。

1）《城乡规划法》第三十八条第二款规定："以出让方式取得国有土地使用权的建设项目，在签订国有土地使用权出让合同后，建设单位应当持建设项目的批准、核准、备案文件和国有土地使用权出让合同，向城市、县人民政府城乡规划主管部门领取建设用地规划许可证。城市、县人民政府城乡规划主管部门不得在建设用地规划许可证中，擅自改变作为国有土地使用权出让合同组成部分的规划条件。"

2）《城乡规划法》第三十九条规定："规划条件未纳入国有土地使用权出让合同的，该国有土地使用权出让合同无效；对未取得建设用地规划许可证的建设单位批准用地的，由县级以上人民政府撤销有关批准文件；占用土地的，应当及时退回；给当事人造成损失的，应当依法给予赔偿。"

三、建设用地审批

站所要落地，塔基要立足。无论落地立足在国有或是集体土地，最终都要通过用地审批程序。

《土地管理法》第五十三条规定："经批准的建设项目需要使用国有建设用地的，建设单位应当持法律、行政法规规定的有关文件，向有批准权的县级以上人民政府土地行政主管部门提出建设用地申请，经土地行政主管部门审查，报本级人民政府批准。"

1. 建设土地审批制度

建设用地审批制度是指法律授权的机关依据法律授予的职权，对建设项目用地的申请、审查、批准以及与之相关的各个环节所实施的行政管理。其主要任务是：保护耕地与为经济建设服务；保护土地所有者和土地使用者的合法权益；严格审查建设项目用地；采取有力措施，确保实现耕地占补平衡；规范建设用地审批管理工作。主要包括：①建设用地审批制度；②农地转用审批；③土地征收；④土地供应审批。

2. 建设项目用地报批手续

单独选址的建设项目用地报批步骤为：①建设项目用地预审；②用地单位提出用地申请；③市县拟定"一书四方案"；④逐级报至有审批权的一级政府（2～4为组件报批过程）；⑤批后实施。

图4-2所示为单独选址建设项目用地组卷报批程序。

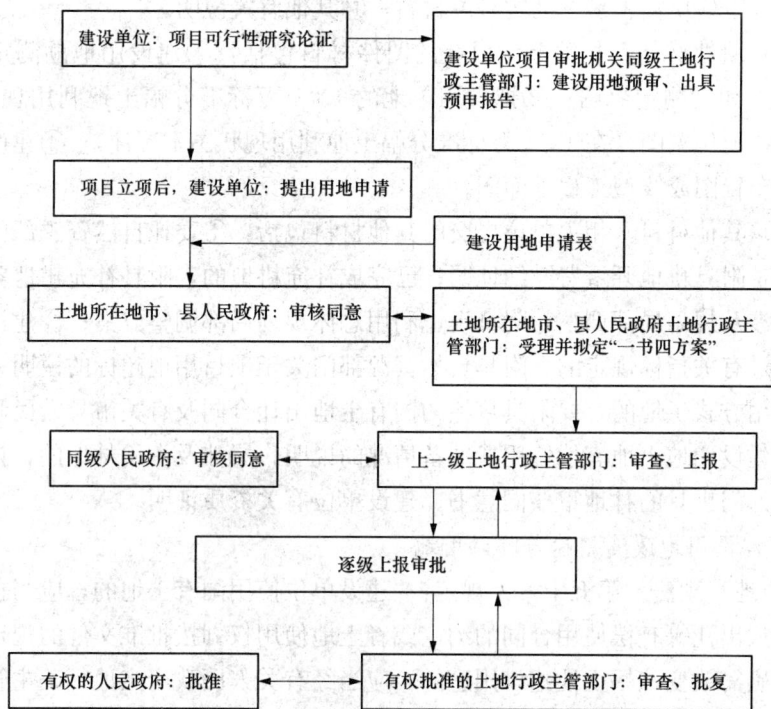

图4-2　单独选址建设项目用地组卷报批程序

其中，"一书四方案"系编制项目建设用地呈报说明书，包括：①农用地专用方案；②补充耕地方案；③征用土地方案；④工地方案。如果是城市建设用地范围内，拟订方案①、②、③；村庄和城镇建设用地范围拟订方案①、②；国有农用地范围拟订方案①、②、④。

3. 相关单位提交的材料

(1) 文字材料。相关单位提交的文字材料包括：①人民政府建设用地请示文件；②自然资源管理部门的用地审查意见；③建设用地申请表；④建设用地项目呈报说明书、农用地转供方案、征收土地方案、供地方案；⑤建设拟征占土地面积分类汇总表；⑥建设拟征占土地权属情况汇总表；⑦建设项目用地预审意见；⑧建设用地项目可行性研究报告批复文件或其他立项批准文件；⑨建设用地项目初步设计批准文件或其他设计批准文件；⑩市县人民政府关于建设项目征地补偿费用标准合法性、安置途径可行性及履行法定征地程序的说明；⑪被征地农民社保落实的证明；⑫是否压覆矿产资源的有关材料（涉及压覆矿产资源的，提供省级以上自然资源主管部门出具的审批文件及压覆登记书）；⑬是否位于地质灾害易发区的有关材料；⑭其他有关说明。

(2) 图件材料。相关单位提交的图件材料包括：①建设用地勘测定界技术报告书和勘测定界图；②拟占用土地的1：1万标准分幅土地利用现状图；③补充耕地位置图（在1：1万标准分幅土地利用现状图上标注）；④建设项目总平面布置图或线型工程平面图。

(3) 其他材料。相关单位提交的其他材料包括：①委托自然资源部门补充耕地的，附具耕地开垦费缴纳证明；已完成补充耕地的，附具补充耕地验收文件；②涉及规划局部调整，附具土地利用总体规划局部调整方案；③建设用地规模超过有关指标规定的，附具自然资源部门关于项目用地超标的说明；④以有偿使用方式供地的，要附具草签的国有土地出让合同及有关市县人民政府关于新增建设用地土地有偿使用费准备情况的说明；⑤涉及占用林地的，提供林业主管部门出具的林地审核同意书、建设单位有关资质证明。

4. 建设用地改变用途与临时用地

《土地管理法》第五十六条规定："建设单位使用国有土地的，应当按照土地使用权出让等有偿使用合同的约定或者土地使用权划拨批准文件的规定使用土地；确需改变该幅土地建设用途的，应当经有关人民政府土地行政主管部门同意，报原批准用地的人民政府批准。其中，在城市规划区内改变土地用途的，在报批前，应当先经有关城市规划行政主管部门同意。"

《土地管理法》第五十七条规定："建设项目施工和地质勘查需要临时使用国有土地或者农民集体所有的土地的，由县级以上人民政府土地行政主管部门批准。其中，在城市规划区内的临时用地，在报批前，应当先经有关城市规划行政主管部门同意。土地使用者应当根据土地权属，与有关土地行政主管部门或者农村集体经济组织、村民委员会签订临时使用土地合同，并按照合同的约定支付临时使用土地补偿费。临时使用土地的使用者应当按照临时使用土地合同约定的用途使用土地，并不得修建永久性建筑物。临时使用土地期限一般不超过二年。"

》》案例4-2 某市电力公司（原告）建设某庄35kV变电站工程，需占用该庄村土地，自2004年底开始原告先后在某区建设局办理了建设项目地址、平面规划等项目手续，在区文化旅游局办理了文物调查、勘察工程基建许可证等审批手续，某市国土资源局某区分局（被告）批复选址内未压覆重要矿产资源。原告也曾向被告申请变电站建设用地许可证，被告复函告知："该项目建设用地报批前，市电力公司应到国土资源部门办理建设用地预审手续，未经预审不得征收土地"。2009年4月29日，因未办理用地预审手续，某市电力公司被某市国土资源局某区分局认定违法用地。于是某市国土资源局某区分局做出了某市国土监字〔2009〕12号土地违法案件行政处罚决定书，认定：某市电力公司未经审批，于2005年3月占用某区某镇某庄村土地建设办公用房等永久性建筑物，占用面积17200m²，构成非法占地的事实；依据有关法律规定，决定没收违法占用土地上的建筑物和其他设施，并按照每平方米7元罚款，共处12.04万元罚款。

某市电力公司对该行政处罚决定不服，向某市人民法院提起行政诉讼，认为某市国土资源局该区分局做出的行政处罚行为违法，请求人民法院依法撤销该行政处罚决定。最终法院以被告在行政处罚过程中虽然认定违法事实清楚，适用法律正确，但程序违法，依法判决该具体行政行为无效，并予以撤销。

评析

1. 是否必须办理用地预审

原告在向国土资源管理部门申请变电站建设用地许可时，被告知要先办理建设用地预审手续。《土地管理法》第四十三条规定，任何单位和个人进行建设，需要使用土地的，必须依法申请使用国有土地；第七十六条规定，未经批准或者采取欺骗手段骗取批准，非法占用土地的，由县级以上人民政府土地行政主管部门责令退还非法占用的土地，对违反土地利用总体规划擅自将农用地改为建设用地的，限期拆除在非法占用的土地上新建的建筑物和其他设施，恢复土地原状，对符合土地利用总体规划的，没收在非法占用的土地上新建的建筑物和其他设施，可以并处罚款。

根据上述法律规定可见，任何单位在建设项目可行性论证时，都应当向建设项目审批机关的同级土地行政主管部门提出建设用地预申请，提出用地预申请后按照程序还须履行用地申请、用地申请审查、用地文本编制、上级部门用地审查、审批、征用土地、供地等程序后，建设单位才可以取得合法建设用地使用权。

2. 何以被判行政行为无效并予以撤销

《中华人民共和国行政处罚法》（以下简称《行政处罚法》）第三十一条规定，行政机关做出行政处罚之前，应当告知当事人做出行政处罚的事实、理由及依据，并告知当事人依法享有的权利。这里所谓的权利，就是陈述权和申辩权。本案土地执法部门应当先发《行政处罚事先告知书》并给予行政行为相对人合法的时间行使陈述权和申辩权。但本案的《行政处罚事先告知书》和《行政处罚决定书》的落款日期是同一天。这就剥夺了被处罚人的权利。属于行政处罚违法，程序违法则处罚无效，因而被法院一票否决。这种胜诉纯属由于执法部门渎职、违反程序，导致的侥幸偶然取胜。建设单位作为用地申请方还是应当严格按照合法程序申请用地。

四、电力建设用地使用权的取得与转让

建设用地使用权的取得方式主要有两种，即出让或划拨。《物权法》第一百三十七条规定：设立建设用地使用权，可以采取出让或者划拨等方式。工业、商业、旅游、娱乐和商品住宅等经营性用地以及同一土地有两个以上意向用地者的，应当采取招标、拍卖等公开竞价的方式出让。严格限制以划拨方式设立建设用地使用权。采取划拨方式的，应当遵守法律、行政法规关于土地用途的规定。

1. 电力建设用地使用权

电力建设用地使用权是电力建设用地使用权人对国家所有的土地享有占有、使用和收益的权利，有权在该土地上建设、运行电力设施并取得收益的权利。

2. 电力建设用地使用权取得方式

电力建设用地使用权的取得一般有两种方式，即出让和划拨。《划拨用地目录》（国土资源部令第9号）中规定："三、对国家重点扶持的能源、交通、

水利等基础设施用地项目，可以以划拨方式提供土地使用权。对以营利为目的，非国家重点扶持的能源、交通、水利等基础设施用地项目，应当以有偿方式提供土地使用权。"

《划拨用地目录》把"电力设施用地、水利设施用地"划入"国家重点扶持的能源、交通、水利等基础设施用地"大类。划拨用地的详细分类如下：

（1）发（变）电主厂房设施及配套库房设施。

（2）发（变）电厂（站）的专用交通设施。

（3）配套环保、安全防护设施。

（4）火力发电工程配电装置、网控楼、通信楼、微波塔。

（5）火力发电工程循环水管（沟）、冷却塔（池）、阀门井水工设施。

（6）火力发电工程燃料供应、供热设施，化学楼、输煤综合楼，启动锅炉房、空压机房。

（7）火力发电工程乙炔站、制氢（氧）站，化学水处理设施。

（8）核能发电工程应急给水储存室、循环水泵房、安全用水泵房、循环水进排水口及管沟、加氯间、配电装置。

（9）核能发电工程燃油储运及油处理设施。

（10）核能发电工程制氢站及相应设施。

（11）核能发电工程淡水水源设施，净水设施，污水、废水处理装置。

（12）新能源发电工程电机，箱变、输电（含专用送出工程）、变电站设施，资源观测设施。

（13）输配电线路塔（杆），巡线站、线路工区，线路维护、检修道路。

（14）变（配）电装置，直流输电换流站及接地极。

（15）输变电、配电工程给排水、水处理等水工设施。

（16）输变电工区、高压工区。

如果发电和输变电、配电工程是国家重点扶持的能源基础设施用地项目，可以划拨用地。一般而言，国网、南网投资的大型电建工程项目应属重点扶持项目，可以划拨用地；其他企业和社会资本投资的电建项目应属以营利为目的，非国家重点扶持的能源基础设施用地项目，应当以有偿方式提供土地使用权。

实际上，输送电工程建设用地，塔（杆）和线路走廊都不征地，塔（杆）只做征地补偿后备案，线路走廊只备案。即，只具土地备所有权和使用权之外的他项权利。就是说，在实际上并不完全符合《划拨用地目录》和《土地管理法》的规定。如《土地管理法》第四十三条规定："任何单位和个人进行建设，需要使用土地的，必须依法申请使用国有土地；但是，兴办乡镇企业和村民建设住宅经依法批准使用本集体经济组织农民集体所有的土地的，或者乡（镇）村公共设施和公益事业建设经依法批准使用农民集体所有的土地的除外。"

站所、工区有建筑物、固定设施的定点电建工程建设用地需要申请使用国有土地，取得土地使用权。

3. 输电线路建设用地的取得

（1）线路塔基用地。

1）新、改、扩建输电线路塔基占用土地如果是国有土地，则根据《划拨用地目录》规定："输配电线路塔（杆），巡线站、线路工区，线路维护、检修道路"可以以划拨方式取得国有土地使用权。

2）如果土地为集体所有，也不需要征地，只需要备案。电力建设单位要支付地上附着物和青苗的补偿费。《确定土地所有权和使用权的若干规定》第九条规定："国有电力、通信设施用地属于国家所有。但国有电力、通信杆塔占用农民集体所有的土地，未办理征用手续的，土地仍属于农民集体所有，对电力、通信经营单位可确定为他项权利。"《土地登记规则》第2条规定："土地他项权利，是指土地使用权和土地所有权以外的土地权利，包括抵押权、承租权以及法律、行政法规规定需要登记的其他土地权利。"由此看来，新、改、扩建输电线路塔基占用土地如果是集体所有的土地，应属土地的他项权利。

（2）线路走廊用地。

1）跨越林地和农地。新、改、扩建跨越林地的，林地竹木超高，威胁到线路安全运行的，需要一次性砍伐出线路通道走廊，给予林木所有人一次性补偿，并与之签约，不得再种植高秆竹木的协议和以后巡视、维修维护线路需要通道的地役权协议。如果跨越农地，农作物的高度一般不会危及电力线路的安全运行，一般不予补偿。

2）跨越房屋（跨越、搬迁两种）。根据《电力设施保护条例实施细则》第五条，架空电力线路保护区，是为了保证已建架空电力线路的安全运行和保障人民生活的正常供电而必须设置的安全区域。在厂矿、城镇、集镇、村庄等人口密集地区，架空电力线路保护区为导线边线在最大计算风偏后的水平距离和风偏后距建筑物的水平安全距离之和所形成的两平行线内的区域。各级电压导线边线在计算导线最大风偏情况下，距建筑物的水平安全距离见表 4-1。

表 4-1　　　　　　　　　导线距建筑物的水平安全距离

电压等级/kV	安全距离/m	电压等级/kV	安全距离/m
1 以下	1.0	500	8.5
1～10	1.5	750	11*
35	3.0	1000	15*
66～110	4.0	±660	10*
154～220	5.0	±800	17*
330	6.0		

* 参考《宁夏回族自治区电力设施保护条例》。

如果新、改、扩建输电线路 330kV 及以下电压等级的，且与房屋的安全距离不能满足上述规定，需要跨越（包括侧跨）居民居住房屋的，除了对线路采取安全措施，还应给予公平合理的补偿。至于补偿的数额各省按照其本地规范性文件执行。如《山东省电力设施和电能保护条例》（2010 地方性法规）第二十六条规定："新建、改建、扩建架空电力线路不得跨越储存易燃易爆物品仓库的区域。新建、改建、扩建架空电力线路一般不得跨越房屋；确需跨越的，电力设施建设单位应当与房屋所有人达成补偿协议，并采取安全措施。"《福建省电网建设若干规定》（2006 政府规章）第九条规定："……220kV 及以下线路如无法避开现有建筑物在提高设计标准和满足安全环保的前提下，允许跨越原房屋，并给房屋业主适当补偿。"《海南省电力建设与保护条例》（2011地方性法规）十二条第二款规定："电力设施建设单位与被跨越房屋所有者未能就房屋迁移、补偿达成一致的，可以向所在地市、县人民政府申请依法征收。"以上 3 省的法规或规章都肯定了线路跨越房屋应予补偿。

如果新、改、扩建输电线路为 500kV 及以上的，上述《电力设施保护条例实施细则》第五条规定的第二种电力线路保护区范围内的房屋都要搬迁。如500kV 两边线往外延伸 8.5m 的范围为搬迁范围。但是很多省份不适用线路运行规章而适用设计技术规章来确定搬迁范围，如将 500kV 两边线往外延伸5.0m 的范围定为搬迁范围。这是不科学的，与运行规章相矛盾的，也是不合理的。因为线路建成后要投入运行（该问题讨论见第八章第一节），不会一直停滞在设计建设阶段。

借鉴海南省地方性法规精神，新、改、扩建输电线路的一次性补偿问题，如果不能与所有权人或使用权人达成一致意思一致，确有必要的话，可以申请当地人民政府依法征收。同时也可以看出，新、改、扩建输电线路塔基和线路走廊占用土地，如果是集体所有的土地的话，一般属于民事协商的处理方式。

（3）电建单位应注意的问题。

1）一般不要跨越房屋。

2）必要时跨越房屋，330kV及以下的线路跨越房屋应给予房屋所有人适当的补偿。

3）线路走廊里的房屋搬迁，500kV及以上线路走廊中的房屋要搬迁，应适用《电力设施保护条例实施细则》而不是适用《110～500kV架空送电线路设计规程》，也就是适用8.5m的距离而不是5m的距离。

4）对一般高秆植物的处理，一次性砍伐，给予补偿并签订不再在线下种植高秆植物的协议。

5）尽量避免跨越经济价值高的高秆植物，经济价值高的高秆植物不管是补偿还是移植，成本都很高，有的甚至还是国家保护植物或者是进行科学试验种植的植物。

4. 厂、站、所建设用地

这里是指发电厂、输变电站、换流站、开关站、变配电所等电力设施用地和人员工作用地。与上述的输电线路建设工程用地不同的是，厂、站、所建设用地要长期的、永久的全部占用。土地原使用权人不可以和建设单位共享土地使用权。因此，要改变使用权或者所有权才能实现。

如果是国有土地可以通过划拨土地取得使用权，土地为集体所有，如前所述，要首先由政府征收为国有土地，但电力建设单位要支付征收耕地的补偿费用包括土地补偿费、安置补助费以及地上附着物和青苗的补偿费。

如果在城建规划区选择站、所建设用地，除了从专业角度去考虑站所建设用地选址（变电站选址条件），还要考虑周边居民的密度和电磁环境引起的舆情问题、与城建规划和民俗建筑风格的协调、是否妨害名胜古迹与景观，还要考虑建筑空间布局方式（如地下或半地下）和建设成本。

5. 建设用地使用权的转让

如果遇到电力设施转让或者迁移，就要涉及电力设施保护区所占土地使用权的转让问题。根据法律、行政法规的规定，对于划拨取得的建设用地，其流转要通过行政审批，并交纳相应土地出让金或者土地收益。《土地管理法实施条例》第六条规定："依法改变土地所有权、使用权的，因依法转让地上建筑物、构筑物等附着物导致土地使用权转移的，必须向土地所在地的县级以上人民政府土地行政主管部门提出土地变更登记申请，由原土地登记机关依法进行土地所有权、使用权变更登记。土地所有权、使用权的变更，自变更登记之日起生效。"又如，《城市房地产管理法》第三十九条规定："以划拨方式取得土地使用权的，转让房地产时，应当按照国务院规定，报有批准权的人民政府审批。有批准权的人民政府准予转让的，应当由受让方办理土地使用权出让手续，并依照国家有关规定缴纳土地使用权出让金。以划拨方式取得土地使用权的，转让房地产报批时，有批准权的人民政府按照国务院规定决定可以不办理土地使用权出让手续的，转让方应当按照国务院规定将转让房地产所获收益中的土地收益上缴国家或者做其他处理。"就是说，电力建设用地使用权转让，须经政府部门批准，如果是划拨取得，还要补交土地出让金。

>> 案例4-3 某年12月3日，甲公司（受让人）与某市自然资源局（出让人）签订《国有土地使用权出让合同》（以下简称《出让合同》），约定：出让人出让给受让人土地一宗；用途为工业用地。出让人交付土地的条件是：现状土地条件。12月4日，某市人民政府同意将该宗国有土地使用权出让给甲公司，用途为工业用地，出让期为50年，同时批准《出让合同》。该宗土地的规划设计条件的指导性要求有"规划功能分区及建筑布局要求"指出："功能分区应明确，避免相互干扰，用地内有4条6kV电力线路，应按规划留出防护距离。"《出让合同》签订后，出让人与受让人各自履行了义务，无争议。经查甲公司用地内4条6kV电力线路的产权人为乙公司。甲公司为了建设，要求乙公司将4条6kV电力线路迁移，乙公司同意，但要求甲公司支付迁移费，甲公司不同意支付，于是形成争议。甲公司不同意支付迁移费的理由是：乙公司电力线路设施占用的土地使用权属于甲方，甲方支付出让金后以出让方式取得的。因此，乙方应立即迁移，迁移费用应由乙方自负。乙公司的理由是：乙公司电力线路设施所占用土地的使用权属于乙公司，不属于甲公司。在甲公司取得该宗国有土地使用权时，电力线路设施的使用权就已经存在。电力线路设施的存在并不影响甲公司的开发建设。迁移电力线路设施是由甲公司提出的，由此产生的迁移费用当然应由甲公司承担。

评析

本案表面上是迁移线路费用争议，实际上是建设用地使用权争议以及甲乙双方的关系问题。本案乙方的线路先于甲方取得建设用地使用权存在，当是不争的事实。既然乙方已有不动产在该宗土地上存在就可以依法推定，无论线路建设当时是以出让方式还是划拨方式取得，乙方已取得建设用地使用权。《物权法》一百三十六条规定："新设立的建设用地使用权，不得损害已设立的用益物权，"故甲公司不得损害乙方的用益物权。从本案的约定也可以明确上述关系：该宗土地的规划设计条件的指导性要求有"规划功能分区及建筑布局要求"指出："功能分区应明确，避免相互干扰，用地内有 4 条 6kV 电力线路，应按规划留出防护距离。"并有交付土地的条件为现状土地的约定。受让人对此都是明知的，因此，可以理解为电力设施保护区（至少是杆塔占地的使用权）不在该宗土地的出让范围，应当界定为他项权利。

由上可见，甲公司的土地使用权与乙公司电力线路设施（保护区）所占土地使用权是各自独立的使用权。乙方的线路相对于甲方的土地使用权应为他项权利。即甲公司与乙公司作为相互毗邻的土地使用权人，在行使土地使用权时，相互之间应当给予便利或者接受限制。他项权利在我国目前按照相邻关系原则处理，也就是相邻权。相邻权是不动产的所有人或占有人为依法行使权利而要求相邻的不动产的所有人或占有人提供便利的权利。就是说乙方依法不必迁移该线路。甲方在行使权利时应该尽到自己的注意义务。

根据《电力法》第五十五条规定："电力设施与公用工程、绿化工程和其他工程在新建、改建或者扩建中相互妨碍时，有关单位应当按照国家有关规定协商，达成协议后方可施工。"《电力设施保护条例》第二十二条规定："公用工程、城市绿化和其他工程在新建、改建或扩建中妨碍电力设施时，或电力设施在新建、改建或扩建中妨碍公用工程、城市绿化和其他工程时，双方有关单位必须按照本条例和国家有关规定协商，就迁移、采取必要的防护措施和补偿等问题达成协议后方可施工。"既然乙方已经拥有权利在先，迁移费自然应由甲方支付。本案土地使用权的相邻情形具体表现为乙公司的土地使用权为甲公司的土地使用权所包围。但不论何种相邻方式，甲公司与乙均应照下列规定行事。《物权法》第八十四条规定："不动产的相邻权利人应当按照有利生产、方便生活、团结互助、公平合理的原则，正确处理相邻关系"。第八十八条规定："不动产权利人因建造、修缮建筑物以及铺设电线、电缆、水管、暖气和燃气管线等必须利用相邻土地、建筑物的，该土地、建筑物的权利人应当提供必要的便利"。第九十一条规定："不动产权利人挖掘土地、建造建筑物、铺设管线以及安装设备等，不得危及相邻不动产的安全。"《民法通则》第八十三条规定："不动产的相邻各方，应当按照有利生产、方便生活、团结互助、公平合理的精神，正确处理截水、排水、通行、通风、采光等方面的相邻关系。给相邻方造成妨碍或者损失的，应当停止侵害，排除妨碍，赔偿损失。"

本案即使甲公司对乙公司的迁移达成协议也是无效的协议，甲公司并不能取得迁移后电力线路设施占用范围内的国有土地使用权。根据法律、行政法规的规定，对于划拨取得的建设用地，其流转要通过行政审批，并交纳相应土地出让金或者土地收益。《中华人民共和国房地产管理法》（以下简称《房地产管理法》）第三十九条规定，以出让方式取得土地使用权的，转让房地产时，应当按照出让合同约定已经支付全部土地使用权出让金，并取得土地使用权证书。就本案而言，甲公司并未支付全部出让金。因为交付土地现状中已注明"用地内有 4 条 6kV 电力线路，应按规划留出防护距离"。《房地产管理法》第四十条规定，以划拨方式取得土地使用权的，转让房地产时，应当按照国务院规定，报有批准权的人民政府审批。《出让和转让暂行条例》第四十五条、最高人民法院《关于审理涉及国有土地使用权合同纠纷案件适用法律问题的解释》第十一条规定，未经有批准权的人民政府批准，转让划拨土地使用权的合同无效。因此，就本案而言，双方仅仅从迁移费用支付的角度达成协议也是无效的。

本案还应考虑一点，如果乙公司当时是通过划拨方式取得土地使用权，在转让时，不仅要获得政府的批准，还要补交出让费用。另外，乙公司迁移杆塔需要使用土地，还要缴纳一次补偿费用。

由此可得出结论：①本案即使达成协议也是无效的，因为未经政府部门批准，而且协议没有解决线路迁移后土地使用权的归属问题；②迁移引起的一切费用应由甲方支付。

五、申办建设工程规划许可

取得使用土地的有关文件后，建设单位应当申请办理建设工程规划许可证。建设单位应当按照规划条件进行建设，确需变更的，必须向城市、县人民政府城乡规划主管部门提出申请。

《城乡规划法》第四十条规定："在城市、镇规划区内进行建筑物、构筑物、道路、管线和其他工程建设的，建设单位或者个人应当向城市、县人民政府城乡规划主管部门或者省、自治区、直辖市人民政府确定的镇人民政府申请办理建设工程规划许可证。"

申请办理建设工程规划许可证，应当提交使用土地的有关证明文件、建设工程设计方案等材料。需要建设单位编制修建性详细规划的建设项目，还应当提交修建性详细规划。对符合控制性详细规划和规划条件的，由城市、县人民政府城乡规划主管部门或者省、自治区、直辖市人民政府确定的镇人民政府核发建设工程规划许可证。

《城乡规划法》第四十三条规定："建设单位应当按照规划条件进行建设；确需变更的，必须向城市、县人民政府城乡规划主管部门提出申请。变更内容不符合控制性详细规划的，城乡规划主管部门不得批准。城市、县人民政府城乡规划主管部门应当及时将依法变更后的规划条件通报同级土地主管部门并公示。建设单位应当及时将依法变更后的规划条件报有关人民政府土地主管部门备案。"

电力建设项目取得建设工程规划许可后，电力行政管理部门应当根据建设工程规划许可和电力设施保护范围的要求，对依法需要确定的电力设施保护范围和电力线路保护区进行公告。在公告明示的电力线路保护区内，突击抢种的植物、抢建的建筑物及其他附着物，需要砍伐或者拆除的，不予补偿；公告前已有的植物、建筑物、构筑物，需要修剪、砍伐或者拆除的，电力设施建设单位应当给予一次性经济补偿，并依法办理相关手续。

六、电力建设用地存在的问题与对策

电力建设征地法律法规没有统一的规定，各地政府部门依照《土地法》《城市房产管理法》等法律法规和政策自行制定征地程序、操作方法以及赔偿标准等。直到目前，征地程序在法律体系里面仍然存在一定问题。

1. 电建用地程序不统一

仅举几例，《晋城市输变电工程建设相关补偿实施办法》中，输变电工程建设中输电线路走廊（包括杆、塔基、拉线占地在内）不征地，因施工需要造成土地挖损、永久性占压、树木砍伐、拆迁、临时占用土地、土地开垦、土地复垦、森林植被恢复、安置补助等赔偿，工程建设单位应按本办法及时补偿相关当事人，补偿标准按照《土地管理法》《森林法实施条例》等法律法规进行测算，确保相关当事人的合法权益不受损害。《海南省征地青苗及地上附着物的赔偿标准》按照海南省人民政府第 41 号文件执行，输电线路塔位和走廊不征用土地。上述规定如出一辙，都明确了杆塔基础、拉线占地都不征地，但是要确保补偿，使当事人不受损害。既然支付了法律法规规定的补偿，为什么不征地？不办证？不征地如何获得建设用地使用权？即使有了暂时的使用权，有了暂时安宁，后来的用益物权如何得到保证？如果相邻人诉供电公司排除妨害，赔偿损失，供电公司自己就承认没有征地，那就没有土地使用权，没有土地使用权如何对抗诉求？

《江苏省电力保护条例》第六条第一款规定："架空电力线路走廊（包括杆、塔基础）和地下电缆通道建设不实行征地，电力建设单位应当对杆、塔基础用地的土地承包经营权人或者建设用地使用权人给予一次性经济补偿。"又如《湖南省电力设施保护和供用电秩序维护条例》第十条规定，架空电力线路的塔基础用地由电力建设单位以县、市（区）为单位统一向省人民政府自然资源行政主管部门申请办理用地手续。架空电力线路的电杆、拉线需要用地的，电力建设单位应当和相关的农村集体经济组织或者个人签订协议，明确用地位置、保护责任、补偿金额等内容。架空电力线路走廊和地下电缆通道建设不实行征地。以上规定包涵 3 方面内容。

（1）电力线路的铁塔基础用地需办理用地手续。铁塔基础用地不以单个铁塔基础为项目单元分散申报，而是由电力线路建设实施单位以同一县、市（区）范围内的所有铁塔基础用地为一个项目单元集中向省人民政府自然资源行政主管部门申报。

（2）电杆、拉线用地不需办理行政审批手续。电力线路建设实施单位应当与电杆、拉线用地所在的农村集体经济组织或者个人签订协议，协议内容应包括用地位置、保护电力设施的责任、补偿金额等内容。补偿金额由双方根据政府有关标准确定，电力线路建设实施单位、相关部门不得拖欠、克扣，农村集体经济组织或者个人也不得漫天要价。

（3）架空电力线路和地下电缆保护区不实行征地。因为电力线路线长、分布广且技术要求高，使用土地的方式与道路建设等具有本质区别，它既不改变土地的效用，也非常少地限制土地的收益，所以不实行征地。但在施工中给利害关系人造成损失的，施工单位或个人应当按相关法律法规的规定标准给予补偿。

综上可见，大多的做法是杆塔基础占地实行征地补偿但不办证，只备案；线路走廊问题则一直沿用不办任何手续的老路子。就是在杆塔基础补偿兑现后签订类似江门市《电力建设征地拆迁和青苗补偿办法》第二十条规定的协议："电力设施占地、拆迁和青苗按以上标准只作一次性补偿，在架空电力线保护区等电力设施保护区内，任何公民、法人和其他组织不得再种植可能危及电力设施安全的树木、竹子等高秆植物。新种植或者自然生长的可能危及电力设施安全的树木、竹子等高秆植物，电力企业有权进行砍伐，并不予支付任何费用。"如果土地承包人反问，电建单位没有取得地上权，凭什么限制我经营承包的土地？此时应如何应对？土地承包经营权自土地承包经营权合同生效时就设立了。而且有县级以上人民政府发放的土地承包经营权证、林权证、草原使用权证，并且登记造册确认了土地承包经营权。

在补偿范围、面积、标准上，各地也有很大差异。如，晋城市《输变电工程建设相关补偿实施办法》第六条规定，对于永久性占压土地，为输电线路的杆、塔、拉线及相关辅助设施挖损占压，不征地但补偿。补偿额为："旱地，按铁塔混凝土基础外围面积计，铁塔混凝土基础边长 10m 以上的，每平方米一次性补偿不超过 10 元；单根电杆一次性补偿 200 元，双根电杆一次性补偿 300 元（均包括施工场地的地面附着物和青苗损坏补偿）。"对于临时性占压土地为输电线路建设过程中的施工临时建筑、施工道路、施工场地、工器具存放场、料场等占地，该办法第十一条规定："临时占用土地补偿（包括施工场地占用和青苗损坏补偿）旱地，每亩（季）补偿不超过 500 元。"不妨对铁塔的补偿计算一下，按边长 10m，每平方米 8 元计，$10 \times 10 = 100m^2$；$100 \times 8 = 800$ 元；相当于每亩旱田一次性补偿 $(800/100) \times 666.6 = 5332.8$ 元。这里的旱地应该指耕地，标准是比较低的，仅相当于蔬菜种植一年甚或一季的收入。而国土资发〔2004〕238 号文件，即为贯彻落实《国务院关于深化改革严格土地管理的决定》（国发〔2004〕28 号）《关于完善征地补偿安置制度的指导意见》对补偿的规定是：统一年产值倍数的确定。土地补偿费和安置补助费的统一年产值倍数，应按照保证被征地农民原有生活水平不降低的原则，在法律规定范围内确定；按法定的统一年产值倍数计算的征地补偿安置费用，不能使被征地农民保持原有生活水平，不足以支付因征地而导致无地农民社会保障费用的，经省级人民政府批准应当提高倍数；土地补偿费和安置补助费合计按 30 倍计算，尚不足以使被征地农民保持原有生活水平的，由当地人民政府统筹安排，从国有土地有偿使用收益中划出一定比例给予补贴。经依法批准占用基本农田的，征地补偿按当地人民政府公布的最高补偿标准执行。

2. 电建用地程序不规范

《物权法》第一百四十条规定，建设用地使用权人应当合理利用土地，不得改变土地用途；需要改变土地用途的，应当依法经有关行政主管部门批准。第一百五十一条规定，集体所有的土地作为建设用地的，应当依照土地管理法等法律规定办理。在国务院 2004 年 10 月发布的《关于深化改革严格土地管理的决定》（国发〔2004〕28 号）中已经有明确的规定："在征地过程中，要维护农民集体土地所有权和农民土地承包经营权的权益。在征地依法报批前，要将拟征地的用途、位置、补偿标准、安置途径告知被征地农民；对拟征土地现状的调查结果须经被征地农村集体经济组织和农户确认；确有必要的，自然资源部门应当依照有关规定组织听证。要将被征地农民知情、确认的有关材料作为征地报批的必备材料。要加快建立和完善征地补偿安置争议的协调和裁决机制，维护被征地农民和用地者的合法权益。经批准的征地事项，除特殊情况外，应予以公示。加强对征地实施过程监管。征地补偿安置不落实的，不得强行使用被征土地。要保证依法足额和及时支付土地补偿费、安置补助费以及地上附着物和青苗补偿费。"在 2004 年 11 月原国土资源部发布的《关于完善征地补偿安置制度的指导意见》中也明确规定："在征地依法报批前，当地国土资源部门应将拟征地的用途、位置、补偿标准、安置途径等，以书面形式告知被征地农村集体经济组织和农户。""当地国土资源部门应对拟征土地的权属、地类、面积以及地上附着物权属、种类、数量等现状进行调查，调查结果应与被征地农村集体经济组织、农户和地上附着物产权人共同确认。""在征地依法报批前，当地国土资源部门应告知被征地农村集体经济组织和农户，对拟征土地的补偿标准、安置途径有申请听证的权利。当事人申请听证的，应按照《国土资源听证规定》规定的程序和有关要求组织听证。""县（市）国土资源部门应按照《征用土地公告办法》规定，在被征地所在的村、组公告征地批准事项"。"征地补偿安置方案经市、县人民政府批准后，应按法律规定的时限向被征地农村集体经济组织拨付征地补偿安置费用。当地国土资源部门应配合农业、民政等有关部门对被征地集体经济组织内部征地补偿安置费用的分配和使用情况进行监督。"

综上可见，相关法律对于一般土地征收规定了程序、要求和标准，但全国电建土地征收的程序却各自为政，既不统一也不不规范，不规范就存在缺陷和空档，被征地人就可以此向电力建设部门发难，使之陷入窘境。具体表现为，杆塔基础占地不征地但补偿、征地但不办证；征地不办证只备案等情形。对于线路走廊则不采取任何法律措施，只是沿用《电力法》和《电力设施保护条例》对线下土地使用权人规定义务的方式来解决。这样做实际上是存在法律风险的。

案例4-4 2008 年 7 月 16 日，原告临沧某实业有限责任公司（以下简称某公司）向法院起诉要求确认与被告李某签订的确认补偿协议有效。经法院审查，云南电网建设分公司委托原告某公司承建 500kV 博尚开关站配套 35kV 施工用电线路。某公司施工建设中，就输电线路塔基占地问题与被告李某签订了《杆塔土地征占用补偿协议》。双方约定：某公司杆塔占用李正某耕地 33.35m²，一次性补偿给李正某 2400 元，作为永久性征占用地的补偿；某公司按约定支付补偿后，上述土地征占用即为有效，被告不得阻挠甲方施工；土地占用补偿事宜完成后，由某公司向有关土地管理部门按有关法律法规规定办理土地证。后原告实际向李某支付了 3000 元补偿金。某公司在未办理任何土地审批手续的情况下，开工建设塔基。施工过程中，被告妻子多次阻挠施工，故原告向法院提起诉讼，并提出先予执行申请。同时原告向法院提交了一份云南省国土资源厅云国土资耕〔2007〕191 号文件，其中规定"对输电线路及塔基建设用地审批，原则上按属地管理，以县（市、区）为单位打捆上报农用地转用审批，不再办理集体土地征收审批手续。输电线路塔基用地只做土地登记备案，不颁发土地使用证，也不能上市。

评 析

建设征地，农用地转用，只有国家才是征地的唯一合法主体，由各级政府或者其土地行政部门代表国家行使权力。按照征地程序，该协议应该由土地部门与被征地人签订。土地征收完毕，各级人民政府代表国家，以土地所有人的身份与建设用地使用权人签订出让合同。建设用地使用权合同属于民事合同。但是该合同属于国家以民事主体的身份与其他主体从事的交易行为。物权法结合目前建设用地出让的新情况，对建设用地使用权合同的内容作出了明确规定。《物权法》第一百三十八条规定："采取招标、拍卖、协议等出让方式设立建设用地使用权的，当事人应当采取书面形式订立建设用地使用权出让合同。"建设用地使用权出让合同一般包括下列条款：①当事人的名称和住所；②土地界址、面积等；③建筑物、构筑物及其附属设施占用的空间；④土地用途；⑤使用期限；⑥出让金等费用及其支付方式；⑦解决争议的方法。

既然本案原告没有签订合同的主体资格，没有用地审批办理手续，那么就不能开工建设，即使按照本案提及的云国土资耕〔2007〕191 号文件规定也要上报备案。诚然，如果输电线路的塔基建设严格按照《土地管理法》规定，办理农用地转用审批手续的同时办理土地征收审批手续，将给塔基建设带来时间上大大滞后的影响。因为在我国只有国务院、省级人民政府两级机关既是农用地转用审批机关，又是土地征收审批机关。为了减少这些严格的规定给当地经济建设的发展带来了滞后影响，在法律没有明确规定下，各省政府如浙江、四川、云南等纷纷出台了诸如云国土资耕〔2007〕191 号文件中对塔基建设占地、征收的转用审批不办证的规定，然而却并不能很好地解决问题，因此，该问题亟待理顺规范解决。

启 示

（1）本案按照 $33.35m^2$ 作为永久占压土地补偿给被占地人，相当于59702元/亩，补偿额高于或与城市规划区补偿持平，但是仍然不能解决施工问题。重要的是，这种为赶工期私了的行为，不能从根本上解决电力建设占地的法律问题。最终还会留下后患。

（2）尽管当下的农用地转用审批程序给电建项目进程带来不少难题，从法律上也缺乏明确的救济途径。但是程序规定不可逾越。电建部门只能早计划，早提报，早审批，起码做到符合当地政府规定的转用、征地审批手续。否则遭遇本案的阻工，原告也没有法律救济措施。因为建设用地的申报、转用审批、征收交付，并非完全民事合意就能解决的问题，必须按照法律法规的规定进行。

3. 电力建设单位的法律意识单薄

电力建设、电力设施维护、维修等生产经营活动中，只考虑供电设施的建设保护和安全经济运行，忽略了相邻关系的正确处理，损害了相邻人的合法权益，如践踏了不该践踏的青苗，毁坏了不该毁坏的林木，破坏了不该破坏的土地等，从而引发了电力建设部门与相邻人的纠纷。《物权法》第九十一条规定："不动产权利人挖掘土地、建造建筑物、铺设管线以及安装设备等，不得危及相邻不动产。"在电力工程建设中，相邻的不动产权利人都要依法行事，履行各自的义务。因为国有电力企业与非国有电力企业及其他组织和个人民事法律地位是平等的，发生侵犯物权争议时，必须以平等的市场主体身份通过和解、调解、仲裁、诉讼等途径解决，并不能因其国有和公益性质而享受特殊保护。

4. 依据现有法律电力建设单位难以解决的问题

（1）空间权补偿问题。《物权法》还规定了空间权，包括对地表上面的利用，如电力架空高压线路；也包括对地表下面的利用，如铺设地下电缆等。由于电力设施所占有的空间通道，限制了土地使用权人的权利，依法给予一次性补偿后，电力线路下不得盖房、植树。目前，电力建设项目杆塔基础占地、变电站占地用地一般通过征地手续取得，但线路走廊不做征地补偿处理。这样一来线路物权占用土地承包人的地上空间，二来也没有线路运行维护检修的地表通道；杆塔基础占地即使征地补偿了，也被农民集体所有的土地包围变成"飞地"，没有管理通道。以往对于线路通道和线路占用空间都不给予补偿。如果土地承包人依据《物权法》规定，对电力设施所有权人通道诉求地役权补偿，对线路占用地上空间诉求空间权补偿，电力建设单位仅仅依靠现行《电力法》和《电力设施保护条例》相关规定能否抗辩成功。如果不能，就势必要增加电建费用。

（2）电磁辐射引发的补偿问题。过去公民还没有电磁辐射的概念。现今随着法制的健全和社会文明的进步，公民的法律意识日益增强，电磁辐射对人身和动植物的影响提到了法律的高度加以规范。这比之于过去则增加了拆迁诉求，导致征地成本费用增加。如《江苏省电网建设征地拆迁补偿实施意见》规定，500kV 线路通道内房屋拆迁范围有三种情况界定：①线路边导线垂直投影外 5m 范围内房屋；②最大风偏情况下，边导线对建筑物最小净空距离小于 8.5m；③房屋所在位置离地 1.5m 处电场场强大于 4kV/m，磁场强度大于 0.1mT。当然不能排除，还有远在此规定之外的"钉子户"也要求拆迁的情形。

（3）征地居民的居住安置问题。居住安置是增加征地成本、加大征地难度的因素。前者不再赘述，就后者而言，《物权法》规定，征收集体所有的土地，应当依法足额支付土地补偿费、安置补助费、地上附着物和青苗的补偿费等费用，安排被征地农民的社会保障费用，保障被征地农民的生活，维护被征地农民的合法权益。征收单位、个人的房屋及其他不动产，应当依法给予拆迁补偿，维护被征收人的合法权益；征收个人住宅的，还应当保障被征收人的居住条件。应该理解是政府为了公共利益的需要，依照法律规定的权限和程序可以征收集体所有的土地和单位、个人的房屋及其他不动产。因此，保证居住条件是政府的义务，而不是电力建设单位的责任。因为电力建设部门是企业，没有居住规划建设和土地审批权力。但是，一些被征房产的个人往往对安置居住问题向电力建设单位发难。实际上，电力建设单位只能从设计、技术规范上提供参考意见而已。

第五章

电力建设工程项目管理

本章涉及的电力建设工程内容有：工程的勘察设计、勘察设计工程的发包与承包、合同与责任规定；工程造价单位的资质与服务；物资供应的货物招投标；工程监理与竣工验收以及违约纠纷处理。对部分内容涉及的概念、主体、权利义务和法律责任等作了简明的叙述。

第一节 电力建设工程勘察设计

工程勘测设计是电力工程建设的一个重要组成环节，肩负着选地基和画蓝图的重要使命，是整个电力工程建设后续的造价预算、物资供应、施工与监理以及竣工验收的基础。

一、工程勘察设计

电力工程勘测设计企业属于技术密集型行业，需要持续不断的经济投入，维持结构合理、专业全面的人才队伍，从而保证企业的整体创新能力和科研水平始终处在领先地位。《建设工程勘察设计管理条例》第三条规定："从事建设工程勘察、工程设计活动的企业，应当按照其拥有的注册资本、专业技术人员、技术装备和勘察设计业绩等条件申请资质，经审查合格，取得建设工程勘察、工程设计资质证书后，方可在资质许可的范围内从事建设工程勘察、工程设计活动。"

1. 工程勘察与工程设计

（1）工程勘察。工程勘察是指依据工程建设目标，通过对地形、地质、水文等要素进行测绘、勘探、测试及综合分析评定，查明建设场地和有关范围内的地质地理环境特征，提供建设所需要的勘察成果资料及其相关的活动。《建设工程勘察设计管理条例》（2015）第二条对工程勘察的定义为："建设工程勘察，是指根据建设工程的要求，查明、分析、评价建设场地的地质地理环境特征和岩土工程条件，编制建设工程勘察文件的活动。"

（2）工程设计。工程设计是指依据工程建设目标，运用工程技术和经济方法，对工程建设的工艺、土木、建筑、公用、环境等系统进行综合策划、论证，编制建设所需要的设计文件及其相关的活动。《建设工程勘察设计管理条例》第二条对工程设计的定义为："建设工程设计，是指根据建设工程的要求，对建设工程所需的技术、经济、资源、环境等条件进行综合分析、论证，编制建设工程设计文件的活动。"

《建设工程勘察设计资质管理规定》（建设部160号令）第三十八条规定所称的建设工程设计如下。

（1）建设工程项目的主体工程和配套工程〔含厂（矿）区内的自备电站、道路、专用铁路、通信、各种管网管线和配套的建筑物等全部配套工程〕以及与主体工程、配套工程相关的工艺、土木、建筑、环境保护、水土保持、消防、安全、卫生、节能、防雷、抗震、照明工程等的设计。

（2）建筑工程建设用地规划许可证范围内的室外工程设计、建筑物构筑物设计、民用建筑修建的地下工程设计及住宅小区、工厂厂前区、工厂生活区、小区规划设计及单体设计等，以及上述建筑工程所包含的相关专业的设计内容（包括总平面布置、竖向设计、各类管网管线设计、景观设计、室内外环境设计及建筑装饰、道路、消防、安保、通信、防雷、人防、供配电、照明、废水治理、空调设施、抗震加固等）。

2. 勘察设计单位资质与分类

《建设工程勘察设计管理条例》第八条规定："建设工程勘察、设计单位应当在其资质等级许可的范围内承揽建设工程勘察、设计业务。禁止建设工程勘察、设计单位超越其资质等级许可的范围或者以其他建设工程勘察、设计单位的名义承揽建设工程勘察、设计业务。禁止建设工程勘察、设计单位允许其他单位或者个人以本单位的名义承揽建设工程勘察、设计业务。"

《建设工程勘察设计资质管理规定》（建设部令第160号）第五条、第六条规定："工程勘察资质分为工程勘察综合资质、工程勘察专业资质、工程勘察劳务资质。工程勘察综合资质只设甲级；工程勘察专业资质设甲级、乙级，根据工程性质和技术特点，部分专业可以设丙级；工程勘察劳务资质不分等级。"

取得工程勘察综合资质的企业，可以承接各专业（海洋工程勘察除外）、各等级工程勘察业务；取得工程勘察专业资质的企业，可以承接相应等级相应专业的工程勘察业务；取得工程勘察劳务资质的企业，可以承接岩土工程治理、工程钻探、凿井等工程勘察劳务业务。

工程设计资质分为工程设计综合资质、工程设计行业资质、工程设计专业资质和工程设计专项资质。工程设计综合资质只设甲级；工程设计行业资质、工程设计专业资质、工程设计专项资质设甲级、乙级。根据工程性质和技术特点，个别行业、专业、专项资质可以设丙级，建筑工程专业资质可以设丁级。

取得工程设计综合资质的企业，可以承接各行业、各等级的建设工程设计业务；取得工程设计行业资质的企业，可以承接相应行业相应等级的工程设计业务及本行业范围内同级别的相应专业、专项（设计施工一体化资质除外）工程设计业务；取得工程设计专业资质的企业，可以承接本专业相应等级的专业工程设计业务及同级别的相应专项工程设计业务（设计施工一体化资质除外）；取得工程设计专项资质的企业，可以承接本专项相应等级的专项工程设计业务。

3. 资质分级标准

《关于颁发工程勘察资质分级标准和工程设计资质分级标准的通知》（建设〔2001〕22号）对勘察设计资质分级标准规定如下。

（1）综合类。

1）资历和信誉。

a. 具有独立法人资格，3个主专业中有不少于2个具有10年及以上工程勘察资历，是行业的骨干单位，在国内外同行业中享有良好信誉。

b. 至少2个专业分别独立承担过本专业甲级工程专业任务不少于5项，其工程质量合格、效益好。

c. 单位有良好的社会信誉并有相应的经济实力，工商注册资本金不少于800万元。

2）技术力量。3个主专业中不少于2个专业各有能力同时承担2项甲级工程任务，每专业至少有5名具有专业高级技术职称的技术骨干和级配合理的技术队伍，在国家实行注册岩土工程师执业制度以后，岩土工程专业至少有5名注册岩土工程师。

3）技术装备及应用水平。有足够数量、品种、性能良好的室内试验、原位测试及工程物探等测试监测检测设备或测量仪器设备，或有依法约定能提供满足专项勘察、测试监测检测等质量要求的协作单位。应用计算机出图率达100%，有满足工作需要的固定工作场所。

4）管理水平。有健全的生产经营、财务会计、设备物资、业务建设等管理办法和完善的质量保证体系，并能有效地运行。

5）业务成果。

a. 近10年内获得不少于3项国家级或省部级优秀工程勘察奖。

b. 主编过1项或参编过3项国家、行业、地方工程勘察技术规程、规范、标准、定额、手册等工作。

（2）专业类。

1）甲级。

a. 资历和信誉。具有5年以上的工程勘察资历，近5年独立承担过不少于3项甲级工程勘察业务；具有法人资格，单位有良好的社会信誉，有相应的经济实力，注册资本金不少于150万元。

b. 技术力量。有能力同时承担2项甲级工程专业任务。至少有5名具有本专业高级技术职称（其中有2名可以是从事本专业工作10年以上的中级技术职称）的技术骨干和级配合理的技术队伍。在国家实行注册岩土工程师执业制度以后，岩土工程专业至少有5名注册岩土工程师，单独从事岩土工程勘察的、岩土工程设计的、岩土工程咨询监理的至少有3名注册岩土工程师。

c. 技术装备及应用水平。有足够数量、品种、性能良好的从事专业勘察的机械设备、测试监测检测设备或测量仪器设备，或有依法约定能提供满足专业勘察和测试监测检测等质量要求的协作单位。应用计算机出图率达100%。有满足工作需要的固定工作场所。

d. 管理水平。有健全的生产经营、财务会计、设备物资、业务建设等管理办法和完善的质量保证体系，并能有效地运行。

e. 业务成果。主专业（主要是指岩土工程勘察、水文地质勘察、工程测量）单位近10年内获得不少于2项国家或省、部级优秀工程勘察奖；或参加过1项国家级、行业、地方工程勘察技术规程、规范、标准、定额、手册等编制工作。

2）乙级。

a. 资历和信誉。具有5年以上的工程勘察资历，独立承担过不少于3项乙级工程勘察业务（工程勘察乙级项划分见附表2）；具有法人资格，单位社会信誉较好，有相应的经济实力，注册资本金不少于80万元。

b. 技术力量。有能力同时承担 2 项甲级工程专业任务。至少有 3 名具有本专业高级技术职称（其中有 1 名可以是从事本专业工作 10 年以上的中级技术职称）的技术骨干和级配合理的技术队伍。在国家实行注册岩土工程师执业制度以后，从事岩土工程勘察的、岩土工程设计的至少有 2 名注册岩土工程师。

c. 技术装备及应用水平。有一定数量、品种、性能良好的从事专业勘察的机械设备、测试监测检测设备或测量仪器设备，或有依法约定能提供满足专业勘察和测试监测检测等质量要求的协作单位。应用计算机出图率达 80％，有满足工作需要的固定工作场所。

d. 管理水平。有健全的生产经营、财务会计、设备物资、业务建设等管理办法和完善的质量保证体系，并能有效地运行。

e. 业务成果。岩土工程勘察、水文地质勘察、工程测量诸专业近 10 年内获得不少于 1 项国家级或省、部级、计划单列市工程勘察奖（含表扬奖）。

3）丙级。

a. 资历和信誉。具有 5 年以上的工程勘察资历，独立承担过不少于 3 项丙级工程勘察业务（工程勘察乙级项划分见附表 3）；具有法人资格，单位有社会信誉，有相应的经济实力，注册资本金不少于 50 万元。

b. 技术力量和水平。有编制在册的专业技术人员，其中具有本专业高级技术职称的不少于 1 名，从事本专业工作不少于 5 年的中级技术职称的技术骨干不少于 4 名；有配套的技术人员，工程质量合格。

c. 技术装备及应用水平。有一定数量、品种、性能良好的与从事专业任务相应的机械设备和测试监测检测仪器设备或测量仪器设备。有满足工作需要的固定工作场所；应用计算机出图率达 50％。

d. 管理水平。有健全的生产经营、财务会计、设备物资、业务建设等管理办法和完善的质量保证体系，并有效地运行。

（3）劳务类。

1）资历和信誉。

a. 具有 3 年以上从事与岩土工程治理、工程钻探、凿井相关的劳务工作资历。

b. 具有法人资格，有一定的社会信誉，有相应的经济实力，注册资本不少于 50 万元，岩土工程治理不少于 100 万元。有满足工作需要的固定工作场所。

2）技术力量有符合规定并签订聘用合同的技术人员和技术工人等技术骨干。

3）技术装备　有一定数量、品种、性能良好的与从事承担任务范围所需的相应仪器设备。

4）管理水平有相应的生产经营、财务会计、设备物资、业务建设等管理办法和完善的质量保证体系，并能有效地运行。

4. 勘察设计承担任务范围

《关于颁发工程勘察资质分级标准和工程设计资质分级标准的通知》（建设〔2001〕22 号）规定了各类别和级别承担任务的范围如下。

（1）综合类工程勘察单位承担工程勘察业务范围和地区不受限制。

（2）专业类甲级工程勘察单位承担本专业工程勘察业务范围和地区不受限制。

（3）专业类乙级工程勘察单位可承担本专业工程勘察中、小型工程项目（工程勘察中、小型工程勘察见附表），承担工程勘察业务的地区不受限制。

（4）专业类丙级工程勘察单位可承担本专业工程勘察小型工程项目（工程勘察小型工程项目见附表），承担工程勘察业务限定在省、自治区、直辖市所辖行政区范围内。

（5）劳务类工程勘察单位只能承担岩土工程治理、工程钻探、凿井等工程勘察劳务工作，承担工程勘察劳务工作的地区不受限制。

5. 设计资质分级标准

《关于颁发工程勘察资质分级标准和工程设计资质分级标准的通知》（建设〔2001〕22 号）规定设计资质分级标准如下。

（1）甲级。

1）资历和信誉。①具有独立法人资格和 15 年及以上的工程设计资历，是行业的骨干单位，并具备工程项目管理能力，在国内外同行业中享有良好的信誉。②独立承担过行业大型工程设计不少于 3 项，并已建成投产。其工程设计项目质量合格、效益好。③单位有良好的社会信誉并有相应的经济实力，工商注册资本金不少于 600 万元。

2）技术力量。①技术力量强，专业配备齐全、合理，单位的专职技术骨干不少于 80 人（不含返聘人员）。具有同时承担 2 项大型工程设计任务的能力。②单位主要技术负责人（或总工程师）应是具有 12 年及以上的设计经历，且主持或参加过 2 项（主持至少 1 项）及以上大型项目工程设计的高级工程师。③在单位专职技术骨干中：主持过 2 项以上行业大型项目的主导工艺或主导专业设计的高级工程师（或注册工程师）不少于 10 人；一级注册建筑师不少于 2 人（其中返聘人员不得超过 1 人）；一级注册工程师（结构）不少于 4 人（其中返聘人员不得超过 1 人）；主持或参加过 2 项以上行业大型项目的公用专业设计的高级工程师（或一级注册工程师）不少于 20 人。④行业主导工艺或主导专业及其他专业的配备负荷要求。

3）技术水平。①拥有与工程设计有关的专利、专有技术、工艺包（软件包）不少于 1 项，并具有计算机软件开发能力，达到国内先进型的基本要求，并在工程设计中应用，取得显著效果。②能采用国内外专利、专有技术、工艺包（软件包）、新技术，独立完成工程设计。③具有与国（境）外合作设计或独立承担国（境）外工程设计和项目管理的技术能力。

4）技术装备及应用水平。①有先进、齐全的技术装备，已达到国家建设行政主管部门规定的甲级设计单位技术装备及应用水平考核标准：施工图 CAD 出图率 100%；可行性研究、方案设计的 CAD 技术应用达 90%；方案优化（优选）的 CAD 技术应用达 90%；文件和图档存储实行计算机管理；应用工程项目管理软件，逐步实现工程设计项目的计算机管理；有较完善的计算机网络管理。②有固定的工程场所，专职技术骨干人均建筑面积不少于 12 平方米。

5）管理水平。①建立了以设计项目管理为中心，以专业管理为基础的管理体制，实行设计质量、进度、费用控制。②企业管理组织结构、标准体系、质量体系健全，并能实行动态管理，宜通过 ISO 9001 标准质量体系认证。

6）业务成果。①获得过近四届省部级及以上优秀工程设计、优秀计算机软件、优秀标准设计三等级及以上奖项不少于 3 项（可含与工程设计有关的省、部级及以上的科技进步奖 2 项）。②近 15 年主编 2 项或参编过 3 项及以上国家、行业、地方工程建设标准、规范、定额、标准设计。

（2）乙级。

1）资历和信誉。①具有独立法人资格和 10 年及以上的工程设计资历，并具备一定的工程项目管理能力。②独立承担过行业中型及以上工程设计不少于 3 项，并已建成投产。并已建成投产。其工程设计项目质量合格、效益较好。③单位有较好的社会信誉并有一定的经济实力，工商注册资本单位不少于 200 万元。

2）技术力量。①技术力量较强，专业配备齐全、合理。单位的专职技术骨干不少于 30 人（不含返聘人员）。具有同时承担 2 项行业中型工程设计任务的能力。②单位的主要技术负责人（或总工程师）应是具有 10 年及以上的设计经历，且主持、参加过 2 项（主持至少 1 项）及以上行业中型项目工程设计的高级工程师。③在单位专职技术骨干中：主持过 2 项以上行业中型项目的主导工艺或主导专业设计的高级工程师（或注册工程师）不少于 5 人；一级注册建筑师不少于 1 人（非返聘人员）；一级注册工程师（结构）不少于 2 人（其中返聘人员不得超过 1 人）；主持或参加过 2 项以上中型项目的公用专业设计的高级工程师（或一级注册工程师）不少于 10 人。④行业主导工艺或主导专业及其他专业的配备符合要求。

3）技术水平。①能采用国内外先进技术，独立完成工程设计。②具有项目管理的技术能力。③具有计算机应用的能力，达到发展提高型的基本要求，并取得效果。

4）技术装备及应用水平。①有必要的技术装备，达到国家建设行政主管部门规定的乙级设计单位技术装备及应用水平考核标准：施工图 CAD 出图率 100%；可行性研究、方案设计的 CAD 技术应用达 80%；方案优化（优选）的 CAD 技术应用达 80%；文件和图档存储实行计算机管理；能广泛应用计算机进行工程设计和设计管理；有较完善的计算机网络管理。②有固定的工程场所，专职技术骨干人均建筑面积不少于 10 平方米。

5）管理水平。①建立以设计项目管理为中心的管理体制，实行设计质量、进度、费用控制。②有健全的质量体系和技术、经营、人事、财务、档案等管理制度。

6）业务成果。参加过国家、行业、地方工程建设标准、规范、定额及标准设计的编制工作或行业的业务建设工作。

（3）丙级。

1）资历和信誉。①具有独立法人资格和 6 年及以上工程设计资历，并具备一定的工程项目管理能力。②独立承担过行业小型及以上工程设计不少于 3 项，并已建成投产。其工程设计项目质量合格、效益较好。③单位有一定的社会信誉并有必要的经济实力，工商注册资本单位不少于 80 万元。

2）技术力量。①单位的专职技术骨干人数不少于 15 人。有一定的技术力量，专业配备齐全。有同时承担 2 项行业小型工程设计任务的能力。②单位的主要技术负责人（或总工程师）应是具有 10 年及以上的设计经历，且主持或参加过 2 项及以上行业小型工程设计的高级工程师。③在单位专职技术骨干中：主持过 2 项以上行业小型项目的主导工艺或主导专业设计的工程师（或注册工程师）不少于 4 人；二级注册建筑师不少于 2 人（或一级注册建筑师不少于 1 人）；二级注册工程师（结构）不少于 4 人〔或一级注册工程师（结构）不少于 2 人，其中返聘人员不超过 1 人〕；主持或参加过 2 项以上行业小型项目的公用专业设计的工程师（或一、二级注册工程师）不少于 5 人。④行业主导工艺或主导专业及其他专业的配备符合要求。

3）技术水平。①能采用先进技术，独立完成工程设计。②具有一定的项目管理的技术能力。

4）技术装备及应用水平。①有必要的技术装备，达到以下指标：施工图 CAD 出图率 50%；文件和图档实行计算机管理；能应用计算机进行工程设计和设计管理。②有固定的工作场所，专职技术骨干人均建筑面积不少于 10 平方米。

5）管理水平。①建立设计项目管理为中心的管理体制。②质量体系能有效运行，有健全的技术、经营、人事、财务、档案等管理制度。

6. 设计承担业务范围

《关于颁发工程勘察资质分级标准和工程设计资质分级标准的通知》（建设〔2001〕22 号）规定了取得工程设计行业资质的单位允许承担的业务范围：

（1）甲级工程设计单位承担相应行业建设项目的工程设计范围和地区不受限制。

（2）乙级工程设计单位可承担相应行业的中、小型建设项目的工程设计任务（各行业建设项目设计规模划分见附表 2），承担工程设计任务的地区不受限制。

（3）丙级工程设计单位可承担相应行业的小型建设项目的工程设计任务。承担工程设计限定在省、自治区、直辖市所辖行政区范围内。

（4）具有甲、乙级资质的单位，可承担相应的咨询业务，除特殊规定外，还可承担相应的工程设计专项资质的业务。

二、勘察设计工程的发包与承包

建设工程勘察、设计的发包方与承包方，应当执行国家规定的建设工程勘察、设计程序，执行国家有关建设工程勘察费、设计费的管理规定，签订建设工程勘察、设计合同。勘察设计业务的发包与承包根据《建设工程勘察设计管理条例》，有如下规定。

1. 发包方

（1）建设工程勘察、设计的招标人应当在评标委员会推荐的候选方案中确定中标方案。若建设工程勘察、设计的招标人认为评标委员会推荐的候选方案不能最大限度满足招标文件规定的要求的，可依法重新招标。

(2) 发包方不得将建设工程勘察、设计业务发包给不具有相应勘察、设计资质等级的建设工程勘察、设计单位。

(3) 发包方可以将整个建设工程的勘察、设计发包给一个勘察、设计单位；也可以将建设工程的勘察、设计分别发包给几个勘察、设计单位。《建设工程勘察设计管理条例》第三十八条规定："发包方将建设工程勘察、设计业务发包给不具有相应资质等级的建设工程勘察、设计单位的，责令改正，处50万元以上100万元以下的罚款。"

2. 承包方

(1) 除建设工程主体部分的勘察、设计外，经发包方书面同意，承包方可以将建设工程其他部分的勘察、设计再分包给其他具有相应资质等级的建设工程勘察、设计单位。

(2) 建设工程勘察、设计单位不得将所承揽的建设工程勘察、设计转包。

(3) 承包方必须在建设工程勘察、设计资质证书规定的资质等级和业务范围内承揽建设工程的勘察、设计业务。

《建设工程勘察设计管理条例》第三十九条规定："建设工程勘察、设计单位将所承揽的建设工程勘察、设计转包的，责令改正，没收违法所得，处合同约定的勘察费、设计费25%以上50%以下的罚款，可以责令停业整顿，降低资质等级；情节严重的，吊销资质证书。"

三、勘察设计合同

勘察设计合同应当采用书面形式，使用或参照使用国家制定的《建设工程勘察合同》和《建设工程设计合同》文本。合同内容应符合国家有关建设工程合同的规定和要求。

1. 发包人权利

(1) 对勘察设计人的勘察设计工作有权依照合同约定实施监督，并对勘察设计成果予以验收。

(2) 发包人对勘察设计人无法胜任工程勘察工作的人员有权提出更换。

(3) 发包人拥有勘察设计人为其项目编制的所有文件资料的使用权，包括投标文件、成果资料和数据等。

2. 发包人义务

(1) 发包人应以书面形式向勘察设计人明确勘察设计任务及技术要求。

（2）发包人应提供开展工程勘察设计工作所需要的图纸及技术资料，包括总平面图、地形图、已有水准点和坐标控制点等，若上述资料由勘察设计人负责搜集时，发包人应承担相关费用。

（3）发包人应提供工程勘察作业和设计所需的批准及许可文件，包括立项批复、占用和挖掘道路许可等。

（4）发包人应为勘察设计人提供具备条件的作业场地及进场通道（包括土地征用、障碍物清除、场地平整、提供水电接口和青苗赔偿等）并承担相关费用。

（5）发包人应为勘察设计人提供作业场地内地下埋藏物（包括地下管线、地下构筑物等）的资料、图纸，没有资料、图纸的地区，发包人应委托专业机构查清地下埋藏物。若因发包人未提供上述资料、图纸，或提供的资料、图纸不实，致使勘察设计人在工程勘察工作过程中发生人身伤害或造成经济损失时，由发包人承担赔偿责任。

（6）发包人应按照法律法规规定为勘察设计人安全生产提供条件并支付安全生产防护费用，发包人不得要求勘察设计人违反安全生产管理规定进行作业。

（7）若勘察现场需要看守，特别是在有毒、有害等危险现场作业时，发包人应派人负责安全保卫工作；按国家有关规定，对从事危险作业的现场人员进行保健防护，并承担费用。发包人对安全文明施工有特殊要求时，应在专用合同条款中另行约定。

（8）发包人应对勘察设计人满足质量标准的已完工作，按照合同约定及时支付相应的工程勘察合同价款及费用。

3. 勘察设计人权利

（1）勘察设计人在工程勘察期间，根据项目条件和技术标准、法律法规规定等方面的变化，有权向发包人提出增减合同工作量或修改技术方案的建议。

（2）除建设工程主体部分的勘察设计外，根据合同约定或经发包人同意，勘察设计人可以将建设工程其他部分的勘察分包给其他具有相应资质等级的建设工程勘察设计单位。发包人对分包的特殊要求应在专用合同条款中另行约定。

（3）勘察设计人对其编制的所有文件资料，包括投标文件、成果资料、数据和专利技术等拥有知识产权。

4. 勘察设计人义务

（1）勘察设计人应按勘察设计任务书和技术要求并依据有关技术标准进行工程勘察设计工作。

（2）勘察设计人应建立质量保证体系，按本合同约定的时间提交质量合格的成果资料，并对其质量负责。

（3）勘察设计人在提交成果资料后，应为发包人继续提供后期服务。

（4）勘察设计人在工程勘察期间遇到地下文物时，应及时向发包人和文物主管部门报告并妥善保护。

（5）勘察设计人开展工程勘察活动时应遵守有关职业健康及安全生产方面的各项法律法规的规定，采取安全防护措施，确保人员、设备和设施的安全。

（6）勘察设计人在燃气管道、热力管道、动力设备、输水管道、输电线路、临街交通要道及地下通道（地下隧道）附近等风险性较大的地点，以及在易燃易爆地段及放射、有毒环境中进行工程勘察作业时，应编制安全防护方案并制定应急预案。

（7）勘察设计人应在勘察方案中列明环境保护的具体措施，并在合同履行期间采取合理措施保护作业现场环境。

四、勘察设计单位的责任规定

《中华人民共和国建筑法》（以下简称《建筑法》）第五十六条规定："建筑工程的勘察、设计单位必须对其勘察、设计的质量负责。勘察、设计文件应当符合有关法律、行政法规的规定和建筑工程质量、安全标准、建筑工程勘察、设计技术规范以及合同的约定。设计文件选用的建筑材料、建筑构配件和设备，应当注明其规格、型号、性能等技术指标，其质量要求必须符合国家规定的标准。"

1. 勘察设计业务

《建设工程勘察设计管理条例》有如下规定。

（1）编制建设工程勘察、设计文件，应当以下列规定为依据：①项目批准文件；②城乡规划；③工程建设强制性标准；④国家规定的建设工程勘察、设计深度要求。铁路、交通、水利等专业建设工程，还应当以专业规划的要求为依据。

（2）编制建设工程勘察文件，应当真实、准确，满足建设工程规划、选址、设计、岩土治理和施工的需要。

1）编制方案设计文件，应当满足编制初步设计文件和控制概算的需要。

2）编制初步设计文件，应当满足编制施工招标文件、主要设备材料订货和编制施工图设计文件的需要。

3）编制施工图设计文件，应当满足设备材料采购、非标准设备制作和施工的需要，并注明建设工程合理使用年限。

（3）设计文件中选用的材料、构配件、设备，应当注明其规格、型号、性能等技术指标，其质量要求必须符合国家规定的标准。《中华人民共和国建筑法》第五十七条规定："建筑设计单位对设计文件选用的建筑材料、建筑构配件和设备，除有特殊要求的建筑材料、专用设备和工艺生产线等外，设计单位不得指定生产厂、供应商。"

（4）建设工程勘察、设计文件中规定采用的新技术、新材料，可能影响建设工程质量和安全，又没有国家技术标准的，应当由国家认可的检测机构进行试验、论证，出具检测报告，并经国务院有关部门或者省、自治区、直辖市人民政府有关部门组织的建设工程技术专家委员会审定后，方可使用。

（5）建设工程勘察、设计单位应当在建设工程施工前，向施工单位和监理单位说明建设工程勘察、设计意图，解释建设工程勘察、设计文件。建设工程勘察、设计单位应当及时解决施工中出现的勘察、设计问题。

2. 勘察设计单位行为规范

（1）承接方应当自行完成承接的勘察设计业务，不得接受无证组织和个人的挂靠。经委托方同意，承接方也可以将承接的勘察设计业务中的一部分委托给其他具有相应资质条件的分承接方，但须签订分委托合同，并对分承接方所承接的业务负责。分承接方未经委托方同意，不得将所承接的业务再次分委托。

（2）承接方在承接业务中不得有下列行为。

1）不执行国家的勘察设计收费规定，以低于国家规定的最低收费标准进行不正当竞争。

2）采用行贿、提供回扣或给予其他好处等手段进行不正当竞争。

3）不按规定程序修改、变更勘察设计文件。

4）使用或推荐使用不符合质量标准的材料或设备。

5）未经委托方同意，擅自将勘察设计业务分委托给第三方，或者擅自向第三方扩散、转让委托方提交的产品图纸等技术经济资料。

6）法律、法规禁止的其他行为。

（3）电力工程勘察、设计文件应符合项目可行性批准文件和电力设计标准、规范、规程以及合同约定的质量、进度、投资控制等要求，并根据"安全可靠，经济适用，符合国情"的电力建设原则，保证设计的先进性和可靠性。

（4）项目的施工图设计成果，由设计单位负法律责任。为确保设计质量，减少工程返工，可由基建主管部门组织大型施工图交底，邀请运行、检修等生产部门听取意见，完善设计施工图。

（5）《建设工程勘察设计资质管理规定》第三十九条规定："取得工程勘察、工程设计资质证书的企业，可以从事资质证书许可范围内相应的建设工程总承包业务，可以从事工程项目管理和相关的技术与管理服务。"如果违反《建设工程勘察设计管理条例》相关规定，越级、超范围和允许挂名的，可有如下处罚。

1）责令停止违法行为，处合同约定的勘察费、设计费1倍以上2倍以下的罚款，有违法所得的，予以没收。

2）可以责令停业整顿，降低资质等级；情节严重的，吊销资质证书。

3）未取得资质证书承揽工程的，予以取缔，依照前款规定处以罚款。有违法所得的，予以没收。

4）以欺骗手段取得资质证书承揽工程的，吊销资质证书，依照①处以罚款。

（6）未经注册，擅自以注册建设工程勘察、设计人员的名义从事建设工程勘察、设计活动的，责令停止违法行为，没收违法所得，处违法所得2倍以上5倍以下罚款；给他人造成损失的，依法承担赔偿责任。

（7）勘察、设计单位未依据项目批准文件，城乡规划及专业规划，国家规定的建设工程勘察、设计深度要求编制建设工程勘察、设计文件的，责令限期改正；逾期不改正的，处10万元以上30万元以下的罚款；造成工程质量事故或者环境污染和生态破坏的，责令停业整顿，降低资质等级；情节严重的，吊销资质证书；造成损失的，依法承担赔偿责任。

（8）有下列行为之一的，依照《建设工程质量管理条例》（建设部160号令）第六十三条的规定给予处罚：①勘察单位未按照工程建设强制性标准进行勘察的；②设计单位未根据勘察成果文件进行工程设计的；③设计单位指定建筑材料、建筑构配件的生产厂、供应商的；④设计单位未按照工程建设强制性标准进行设计的。

五、勘察设计纠纷处理

1. 发包人违约情形与违约责任

（1）违约情形。

1）合同生效后，发包人无故要求终止或解除合同。

2）发包人未按约定按时支付定金或预付款。

3）发包人未按约定按时支付进度款。

4）发包人不履行合同义务或不按合同约定履行义务的其他情形。

（2）发包人违约责任。

1）合同生效后，发包人无故要求终止或解除合同，勘察设计人未开始勘察设计工作的，不退还发包人已付的定金或发包人按照专用合同条款约定向勘察人设计支付违约金；勘察设计人已开始勘察设计工作的，若完成计划工作量不足 50% 的，发包人应支付勘察设计人合同价款的 50%；完成计划工作量超过 50% 的，发包人应支付勘察设计人合同价款的 100%。

2）发包人发生其他违约情形时，发包人应承担由此增加的费用和工期延误损失，并给予勘察设计人合理赔偿。双方可在专用合同条款内约定发包人赔偿勘察设计人损失的计算方法或者发包人应支付违约金的数额或计算方法。

2. 勘察设计人违约情形与违约责任

（1）勘察设计人违约情形。

1）合同生效后，勘察设计人因自身原因要求终止或解除合同。

2）因勘察设计人原因不能按照合同约定的日期或合同当事人同意顺延的工期提交成果资料。

3）因勘察设计人原因造成成果资料质量达不到合同约定的质量标准。

4）勘察设计人不履行合同义务或未按约定履行合同义务的其他情形。

（2）勘察人违约责任。

1）合同生效后，勘察设计人因自身原因要求终止或解除合同，勘察设计人应双倍返还发包人已支付的定金或勘察人按照专用合同条款约定向发包人支付违约金。

2）因勘察设计人原因造成工期延误的，应按专用合同条款约定向发包人支付违约金。

3）因勘察设计人原因造成成果资料质量达不到合同约定的质量标准，勘察人应负责无偿给予补充完善使其达到质量合格。因勘察设计人原因导致工程质量安全事故或其他事故时，勘察设计人除负责采取补救措施外，应通过所投工程勘察设计责任保险向发包人承担赔偿责任或根据直接经济损失程度按专用合同条款约定向发包人支付赔偿金。

4）勘察设计人发生其他违约情形时，勘察设计人应承担违约责任并赔偿因其违约给发包人造成的损失，双方可在专用合同条款内约定勘察设计人赔偿发包人损失的计算方法和赔偿金额。

>>案例5-1　　原告某市电力公司因某地质工程勘察院给其出具的地勘报告有误造成经济损失，遂依据与被告订立的合同中违约责任之约定和《合同法》第二百八十条之规定向法院提起诉讼，请求法院判决被告赔偿其经济损失计18万元，并由被告承担本案诉讼费用。

　　原告某市电力公司诉称：为建设某输变电工程，其于2005年5月24日与被告某地质工程勘察院签订《建设工程勘察合同》，约定将"某输变电工程"的土地地质工程勘察项目发包给被告，原告支付勘察费5万元给被告，被告应于2005年6月17日按照现行国标《岩土工程勘察规范》（2009年版）（GB 50021—2001）的技术标准提交勘察成果资料给原告。合同还约定了各自的义务和违约责任等。后原告将被告勘察的地质承载力数值交付某省某建设工程有限公司进行建筑工程设计。在施工单位开始建筑工程基础浇筑前，某县建筑材料检测站对地基承载力进行轻便触探检测，并于2005年8月日出具《地基承载力试验报告单》，检测结果为各触探检测点承载力标准值均不符合设计要求。2005年8月24日，工程监理单位发出《工程暂停指令》，工程停工。同日，原告书面函告被告重新对地质进行勘探，并要求在1周内重新出具正确的工程地勘报告。被告接函后未带任何勘测设备也未到现场看过，表示在要求时间内无力重新出具地勘报告。无奈，原告为减少损失而另行与某县建筑勘察设计院勘探队达成勘察事项进行重新勘测。由于被告提交的勘测数值错误，造成原告重复支付某县勘测院勘察费5万元，重复设计费5万元，停工窝工损失6万元及投资利息损失2万元。原告多次与被告联系协商处理原告遭受的损失问题，均遭受到被告拒绝。为此，依照原告与被告订立的合同中违约责任之约定，《合同法》第二百八十条之规定向法院提起诉讼，请求法院判决被告赔偿原告经济书济损失计18万元，并由被告承担本案诉讼费用。

　　被告某地质勘探研究院辩称：我院接到原告要求在1周内重新出具正确的地勘报告的函件后，即指派高级工程技术人员赶赴现场，并于2005年8月28日开始至8月30日前完成了对承载力存在差异的副楼所在地的重新勘察、勘验工作，向原告提交了《地基验槽报告》及相应附图3份，补充完善了勘察报告，并将完善的上述3份报告即刻传真给了设计单位某省天正建筑设计院。此后，原告再也没有要求我院做任何地勘工作，也没有就勘察事宜提出问题，而非原告所称"未去现场也未出具地勘报告",更谈不上我院"表示无力重新出具地勘报告"。原告称由于我院勘测提交的数值错误,造成原告各项损失18万元没有道理,更与事实不符。我院通过重新勘察、勘验,向原告提交了合格的勘验报告。我院完成的勘察工程内容是整个中心全部建筑物的地质情况,勘察工作内容包括场地岩土工程条件及其分析评价、地基基础方案与基础施工建设等大量内容,而不仅仅是承载力这一单向指标数值,出现问题的也仅仅是副楼房屋的地基使承载力误差(但此后业已纠正),不能据此推翻整个的地质工程勘察成果报告。副楼房屋的地基使承载力误差不可能造成原告如此巨大的损失。我院如约履行合同约定的义务,如期向原告提交了《岩土工程勘查报告》,在原告提出副楼房屋的地基承载力数据结果和实际有误差的情况下,我院即刻重新进行了勘察、勘验工作,并就此问题提交了新的地勘报告,纠正了误差。我院的行为没有任何过错,符合合同约定和法律规定。原告诉请我院向其赔偿损失与事实不符,于法律无据,请求法院依法驳回。

法院经审理查明,某市电力公司(原告)与某地质工程勘察院(被告)签订了《建设工程勘察合同》,双方约定,某市电力公司将某输变电工程的土地地质工程勘察项目发包给被告,支付勘察费5万元,被告应于约定日期按照《岩土工程勘察规范》(2009年版)(GB 50021—2001)提交勘察成果资料给原告。后原告将被告勘察的地质承载力数值交付某省某设计建筑设计院进行建筑工程设计。在施工单位开始建筑工程基础开挖后浇筑前,某建筑材料检测站对地基承载力进行轻便触探检测,并于2005年8月22日出具了《地基承载力试验报告单》,检测结果为各触探检测点承载力标准值均不符合设计要求。其后,某输变电工程监理单位通知停止施工,工程随即停工。为减少损失,原告另行与某县建筑勘察设计院勘探队达成勘察事项,进行重新勘测。

根据原被告双方提供的证据和庭审质证,法院作出如下判决:被告于判决生效10日内赔偿原告市电力公司设计费2万元、停工窝工费6万元,合计人民币8万元。驳回原告市电力公司的其他诉讼请求。

评析

(1)《建设工程质量管理条例》第十九条条第一款规定:"勘察、设计单位必须按照工程建设强制性标准进行勘察、设计,并对其勘察、设计的质量负责"。本案被告出具的《地基承载力试验报告单》,检测结果则各触探检测点承载力标准值均不符合设计要求,证明了被告提供的《岩土工程勘察报告》的勘测数值错误,应当承担赔偿责任。但被告在原告要求的期限内已作出新的勘探报告,本案承担的责任是由此错误导致的其他损失的赔偿责任。故原告要求被告承担自己另行委托勘探队进行重新勘探而产生的勘探费用的请求没有获得法院支持。

（2）由于被告出具的《岩土工程勘察报告》存在数值错误，原告不得不对工程做局部的重新设计，因此法院支持了原告主张的重复设计费的 2/5，即 2 万元。

（3）原告主张的停工窝工费 6 万元系原告因被告勘察结果错误导致的直接损失，被告应当承担赔偿责任。法院支持了原告的请求。

（4）原告提交的账目表不能证明其利息损失，要求被告承担利息损失证据不足，法院没有给予支持。

启示

（1）勘察设计至关重要，成果质量需要建设单位重点把关。勘察设计阶段的工作在整个建设项目管理过程中有着举足轻重的作用，而且这个阶段的工作成果决定了整个工程造价的 70%~80%，也就是说，勘察设计成果的质量基本决定了工程造价的高低。而勘察设计成果质量的高低就是建设单位需要重点控制的风险。一旦勘察设计质量出现问题将直接导致重新勘察、重新设计设等问题，将造成建设工期延误，影响项目预定的投产运行时间，还会导致工程造价增加，严重者还将影响工程安全。

（2）招标项目应采用综合评价法以确保勘察设计单位的资信能力。电力企业应当注意防范勘察设计阶段的风险，对于勘察设计招标项目的评标办法不宜采用最低价中标法，而应采用综合评价法，以确保选中资信好、能力强的大型勘察设计单位，以保证勘察设计质量。

第二节　电建工程造价与物资供应

电力工程建设项目从投资估算编制、审核及经济评价，到工程概算、预算、投标报价和工程预决算都应当由有资质的专业机构来操作。其后的物资供应，为规范工程建设项目的货物招标投标活动，保护国家利益、社会公共利益和招标投标活动当事人的合法权益，保证工程质量，提高投资效益，也必须根据相关法律法规规定，采取如招标、竞争性谈判、询价等方式来实现。

一、工程造价

1. 工程造价咨询企业

《工程造价咨询企业管理办法》所称的工程造价咨询企业，是指接受委托，对建设项目投资、工程造价的确定与控制提供专业咨询服务的企业。应当依法取得工程造价咨询企业资质，并在其资质等级许可的范围内从事工程造价咨询活动。工程造价咨询企业从事工程造价咨询活动，应当遵循独立、客观、公正、诚实信用的原则，不得损害社会公共利益和他人的合法权益。

2. 资质等级与标准

《工程造价咨询企业管理办法》将工程造价咨询企业资质等级分为甲级、乙级。

（1）甲级工程造价咨询企业资质标准。

1）已取得乙级工程造价咨询企业资质证书满3年。

2）企业出资人中，注册造价工程师人数不低于出资人总人数的60%，且其出资额不低于企业认缴出资总额的60%。

3）技术负责人已取得造价工程师注册证书，并具有工程或工程经济类高级专业技术职称，且从事工程造价专业工作15年以上。

4）专职从事工程造价专业工作的人员（以下简称专职专业人员）不少于20人，其中，具有工程或者工程经济类中级以上专业技术职称的人员不少于16人；取得造价工程师注册证书的人员不少于10人，其他人员具有从事工程造价专业工作的经历。

5）企业与专职专业人员签订劳动合同，且专职专业人员符合国家规定的职业年龄（出资人除外）。

6）专职专业人员人事档案关系由国家认可的人事代理机构代为管理。

7）企业近3年工程造价咨询营业收入累计不低于人民币500万元。

8）具有固定的办公场所，人均办公建筑面积不少于 $10m^2$。

9）技术档案管理制度、质量控制制度、财务管理制度齐全。

10）企业为本单位专职专业人员办理的社会基本养老保险手续齐全。

11）在申请核定资质等级之日前3年内无本办法第二十七条禁止的行为。

（2）乙级工程造价咨询企业资质标准。

1）企业出资人中，注册造价工程师人数不低于出资人总人数的60%，且其出资额不低于认缴出资总额的60%。

2）技术负责人已取得造价工程师注册证书，并具有工程或工程经济类高级专业技术职称，且从事工程造价专业工作10年以上。

3）专职专业人员不少于12人，其中，具有工程或者工程经济类中级以上专业技术职称的人员不少于8人；取得造价工程师注册证书的人员不少于6人，其他人员具有从事工程造价专业工作的经历。

4）企业与专职专业人员签订劳动合同，且专职专业人员符合国家规定的职业年龄（出资人除外）。

5）专职专业人员人事档案关系由国家认可的人事代理机构代为管理。

6）企业注册资本不少于人民币 50 万元。

7）具有固定的办公场所，人均办公建筑面积不少于 $10m^2$。

8）技术档案管理制度、质量控制制度、财务管理制度齐全。

9）企业为本单位专职专业人员办理的社会基本养老保险手续齐全。

10）暂定期内工程造价咨询营业收入累计不低于人民币 50 万元。

11）申请核定资质等级之日前无本办法第二十七条禁止的行为。

3．工程造价咨询业务范围与成果交付

《工程造价咨询企业管理办法》（2006 建设部令第 149 号）对工程造价咨询企业的业务范围与成果交付有如下规定。

（1）工程造价咨询业务范围。

1）建设项目建议书及可行性研究投资估算、项目经济评价报告的编制和审核。

2）建设项目概预算的编制与审核，并配合设计方案比选、优化设计、限额设计等工作进行工程造价分析与控制。

3）建设项目合同价款的确定（包括招标工程工程量清单和标底、投标报价的编制和审核）；合同价款的签订与调整（包括工程变更、工程洽商和索赔费用的计算）及工程款支付，工程结算及竣工结（决）算报告的编制与审核等。

4）工程造价经济纠纷的鉴定和仲裁的咨询。

5）提供工程造价信息服务等。工程造价咨询企业可以对建设项目的组织实施进行全过程或者若干阶段的管理和服务。

（2）工程造价咨询业务范围与成果交付。

1）工程造价咨询企业在承接各类建设项目的工程造价咨询业务时，应当与委托人订立书面工程造价咨询合同。工程造价咨询企业与委托人可以参照《建设工程造价咨询合同》（示范文本）订立合同。

2）工程造价咨询企业从事工程造价咨询业务，应当按照有关规定的要求出具工程造价成果文件。工程造价成果文件应当由工程造价咨询企业加盖有企业名称、资质等级及证书编号的执业印章，并由执行咨询业务的注册造价工程师签字、加盖执业印章。

4. 工程造价咨询企业行为约束

（1）禁止性行为。工程造价咨询企业不得有下列行为：①涂改、倒卖、出租、出借资质证书，或者以其他形式非法转让资质证书；②超越资质等级业务范围承接工程造价咨询业务。③同时接受招标人和投标人或两个以上投标人对同一工程项目的工程造价咨询业务；④以给予回扣、恶意压低收费等方式进行不正当竞争。⑤转包承接的工程造价咨询业务；⑥法律、法规禁止的其他行为。

（2）限制性行为。企业存在下列情况之一的，将取消企业的原信用评价等级，企业信用等级确定为 D 级，且在有效期内不得申请补评：①拒绝接受造价管理机构监督检查或拒绝提供反映活动情况真实材料的；②企业法定代表人及专职人员在工程造价咨询活动中因重大违法行为受刑事处罚的；③涂改、倒卖、出租、出借资质证书，或以其他形式非法转让资质证书的；④超越资质等级业务范围承接工程造价咨询业务的；⑤同时接受招标人和投标人或两个以上投标人对同一工程项目的工程造价咨询业务的；⑥有意抬高、压低工程造价或提供虚假报告的；⑦由于咨询企业过错给委托人造成重大经济损失的；⑧评价期内无工程造价咨询业绩的；⑨企业资质续期考核未通过的；⑩被省级建设主管部门下发停业整顿通知书或年度内连续两次下发整改通知书的；⑪法律法规规定的其他违法、违规行为。

>> 案例5-2　某市电力公司和建筑工公司签订了《发电厂工程施工承包合同》。双方约定以工程量清单计价工程价款，采用固定总价的方式。合同签订后，建筑公司按时保质地完成了建设工程，电力公司也依约按时足额支付了工程款。随后，建筑公司向电力公司发了"发电厂建设工程材料价款补贴及延期付款利息"的律师函，以材料价格暴涨及实际工程内容变化致材料成本剧增为由，要求电力公司增加因材料涨价产生的工程价款，并支付这部分工程款的利息。电力公司当即拒绝了建筑公司提出的要求。为此，建筑公司向法院提起诉讼，请求增加材料款及利息并要求法院对固定总价合同进行工程造价的司法鉴定。

法院经审理查明，2005 年 5 月 31 日某市电力公司和建筑工公司签订了《发电厂工程施工承包合同》。承包范围包括锅炉房（3646.9m²）、煤棚（一层钢结构，1478.8m²）、矩形烟囱、水处理间（一层钢结构，475.6m²）、酸碱储存罐区（48.8m²）。新建建筑四周设消防环通道路，采用混凝土路面。质量标准：优良。要求工期：2005年6月20日开工，2005年12月20日竣工。计划工期180天（日历天）。

建筑公司承包范围内的工程全部合格通过验收。电力公司也依约按时足额支付了全部工程款。施工过程中工程内容设计没有变化，但工程材料涨价属实。根据以上事实，依据建筑与合同法律法规，驳回了建筑公司的起诉。

评析

1. 提出的给予补偿的要求是否有法律依据

下面就来分析施工承包合同约定按固定价计价的，若施工过程中材料价格出现较大的涨幅，承包人提出给予补偿的要求是否有法律依据。

《建设工程价款结算暂行办法》第八条规定：发、承包人在签订合同时，对于工程价款的约定，可选用下列约定方式之一。

（1）固定总价。合同工期较短且工程合同总价较低的工程，可以采用固定总价合同方式。

（2）固定单价。双方在合同中约定综合单价包含的风险范围和风险费用的计算方法，在约定的风险范围内综合单价不再调整。风险范围以外的综合单价调整方法，应当在合同中约定。

（3）可调价格。可调价格包括可调综合单价和措施费等，双方应在合同中约定综合单价和措施费的调整方法，调整因素包括：①法律、行政法规和国家有关政策变化影响合同价款；②工程造价管理机构的价格调整；③经批准的设计变更；④发包人更改经审定批准的施工组织设计（修正错误除外）造成费用增加；⑤双方约定的其他因素。

《建筑法》第十八条规定："建筑工程造价应当按照国家有关规定，发包单位与承包单位在合同中约定。公开招标发包的，其造价的约定，须遵守招标投标法律的规定。"《最高人民法院关于审理建设工程施工合同纠纷案件适用法律问题的解释》第十六条第一款规定："当事人对建设工程的计价标准或者计价方法有约定的，按照约定结算工程价款。"

由上述法律规定可以见出：施工承包合同约定以固定价计价的，要求额外材料补差无法律依据。固定价格合同可以分为固定总价合同（即量与价之积的总价不变）和固定单价合同（即在量与价之积的总价中，价格不变，量则按实计算）两类。因此，固定单价是指双方在合同中约定的单价，一般情况下不做调整。竣工结算价则是在单价不变的前提下，根据承包单位实际完成的工程量而计算得出的工程造价。在工程承建期间，固定单价与市场单价之间通常存在着一定的差额。从承包单位的角度分析，若约定的固定单价小于承包期间的市场单价时，发包人就少支付了一笔工程款；若约定的固定单价大于承包期间的市场单价时，发包人则要多支付一笔工程款。所以对承包人而言，在存在着一定商业风险的同时，也有获取超额利润的可能。只要双方合意，这是完全符合民法意思自治的。

但是，如果双方在签订施工合同时约定的固定价款显失公平的，根据《合同法》第五十四条，属于可撤销合同的，承包人可在规定的时间内请求人民法院变更或撤销。

2. 法院是否支持承包人的诉请

如果发包人拒绝补偿，而承包人提起诉讼并要求法院进行司法鉴定时，在一般情况下，法院是否会支持承包人的诉请。

《最高人民法院关于审理建设工程施工合同纠纷案件适用法律问题的解释》第二十二条，当事人约定按照固定价结算工程价款，一方当事人请求对建设工程造价进行鉴定的，不予支持。在施工承包合同中约定按固定价结算工程价款的情况下，如一方当事人要求做造价司法鉴定，法院一般是不予支持的。

因此，本案当事人在施工承包合同中约定按固定价结算价款的，如果在履行合同过程中没有发生合同修改或者变更等情况，就应当按照合同约定的固定价结算工程款。但是，对于因设计变更等原因导致原定工程款数额发生增减变化而无法确定时，如当事人就变更部分的工程价款申请法院鉴定，在一般情况下，法院应该予以支持。

3. 承包人要求支付工程款利息是否具有法律依据

工程款本身无利息可言，只有工程欠款才有利息。所谓的工程价款是指发包人用以支付承包人按时保质完成建设工程所付出的物化劳动以及承担质量保修责任的合理对价。工程价款一般包括工程预付款、工程进度款和工程竣工结算余款。《最高人民法院关于审理建设工程施工合同纠纷案件适用法律问题的解释》第十七条规定："当事人对欠付工程价款利息计付标准有约定的，按照约定处理，若没有约定的，则按中国人民银行发布的同期同类贷款利率计息。"如果发包人按时足额支付了工程款，应该理解为其按时足额支付了预付款、进度款和竣工结算余款。如果发包人未按时足额支付工程款，除支付工程款外，还应支付欠付工程款的利息。工程款利息的出现可能存在三种情况，即工程预付款利息、工程进度款利息和工程结算余款利息。本案中的电力公司按时足额地支付了工程款，所以建筑公司要求支付工程款利息是没有法律依据的。

启 示 ....▶

1. 建议采用单价方式确定合同价款

《建筑工程施工发包与承包计价管理办法》第十三条第一款至第三款规定，发承包双方在确定合同价款时，应当考虑市场环境和生产要素价格变化对合同价款的影响。实行工程量清单计价的建筑工程，鼓励发承包双方采用单价方式确定合同价款。建设规模较小、技术难度较低、工期较短的建筑工程，发承包双方可以采用总价方式确定合同价款。

对工程项目的承、发包人而言，首先应当根据工程项目的投资大小、简繁程度、工期长短、建料价格、图纸深度等因素，综合考虑选择恰当的工程价款结算办法。一般情况下，只有当投资额不大、工期不长、施工图纸设计得较详尽的工程，才宜用固定总价方式确定工程价款。其次，对总包、分包、变更等，可视不同情况，采用不同的工程价款结算办法。

2. 明确承包范围

无论是选择固定合同总价还是选择固定合同单价，都必须明确：合同价款的确定方式是与施工技术难易程度及施工承包范围相对应的，所以明确承包范围就显得很重要。为了避免以后纠纷产生，有必要对设计变更的计价单独列出一个明确的约定条款。

3. 是否单价

对造价工程师而言，首先应该牢记，若施工承包合同约定以固定总价进行工程价款结算的，原则上对未变更部分不进行审价，只对变更部分进行审价。其次，若发包人要求造价咨询单位对固定总价合同的造价按可调价进行审价，并出具咨询报告时，应该说是可以的。司法解释中关于以固定价结算工程款不予鉴定的条款，其目的只是强调双方合意的严肃性，即不得随意改变工程结算的约定，这并不存在歧义。

二、物资供应

工程项目的物资供用，不管合同的哪一方供应，都要依法进行工程建设项目的货物招标投标活动，保护国家利益、社会公共利益和招标投标活动当事人的合法权益，保证工程质量，提高投资效益。

1. 货物招标

(1) 依法必须招标的工程建设项目,应当具备下列条件才能进行货物招标:①招标人已经依法成立;②按照国家有关规定应当履行项目审批、核准或者备案手续的,已经审批、核准或者备案;③有相应资金或者资金来源已经落实;④能够提出货物的使用与技术要求。

(2) 公开招标和邀请招标。工程建设项目招标人对项目实行总承包招标时,未包括在总承包范围内的货物属于依法必须进行招标的项目范围且达到国家规定规模标准的,应当由工程建设项目招标人依法组织招标。

工程建设项目实行总承包招标时,以暂估价形式包括在总承包范围内的货物,属于依法必须进行招标的项目范围且达到国家规定规模标准的,应当依法组织招标。

依法应当公开招标的项目,有下列情形之一的,可以邀请招标:①技术复杂、有特殊要求或者受自然环境限制,只有少量潜在投标人可供选择;②采用公开招标方式的费用占项目合同金额的比例过大;③涉及国家安全、国家秘密或者抢险救灾,适宜招标但不宜公开招标。

如果采用公开招标方式的费用占项目合同金额的比例过大,属于按照国家有关规定需要履行项目审批、核准手续的依法必须进行招标的项目,由项目审批、核准部门认定;其他项目由招标人申请有关行政监督部门作出认定。

2. 招投标文件

(1) 招标文件的一般内容。

1) 招标文件一般包括下列内容:①招标公告或者投标邀请书;②投标人须知;③国家对招标货物的技术、标准、质量等有规定的,招标人应当按照其规定在招标文件中提出相应要求;④技术规格、参数及其他要求;⑤评标标准和方法;⑥合同主要条款。

2) 招标人应当在招标文件中规定实质性要求和条件,说明不满足其中任何一项实质性要求和条件的投标将被拒绝,并用醒目的方式标明;没有标明的要求和条件在评标时不得作为实质性要求和条件。对于非实质性要求和条件,应规定允许偏差的最大范围、最高项数,以及对这些偏差进行调整的方法。

3) 国家对招标货物的技术、标准、质量等有特殊要求的,招标人应当在招标文件中提出相应特殊要求,并将其作为实质性要求和条件。

4) 招标文件规定的各项技术规格应当符合国家技术法规的规定。

5) 招标文件中规定的各项技术规格均不得要求或标明某一特定的专利技

术、商标、名称、设计、原产地或供应者等，不得含有倾向或者排斥潜在投标人的其他内容。如果必须引用某一供应者的技术规格才能准确或清楚地说明拟招标货物的技术规格时，则应当在参照后面加上"或相当于"的字样。

（2）投标文件的一般内容。投标人应当按照招标文件的要求编制投标文件。投标文件应当对招标文件提出的实质性要求和条件作出响应。投标文件一般包括下列内容：①投标函；②投标一览表；③技术性能参数的详细描述；④商务和技术偏差表；⑤投标保证金；⑥有关资格证明文件；⑦招标文件要求的其他内容。投标人根据招标文件载明的货物实际情况，拟在中标后将供货合同中的非主要部分进行分包的，应当在投标文件中载明。

3. 供应物资方应承担的责任

（1）发包人自行供应材料、工程设备。

1）质量与交货。

a. 发包人自行供应材料、工程设备的，应在签订合同时在专用合同条款的附件《发包人供应材料设备一览表》中明确材料、工程设备的品种、规格、型号、数量、单价、质量等级和送达地点。承包人应提前30天通过监理人以书面形式通知发包人供应材料与工程设备进场。承包人按照关于施工进度计划的修订的约定修订施工进度计划时，需同时提交经修订后的发包人供应材料与工程设备的进场计划。

b. 发包人应按《发包人供应材料设备一览表》约定的内容提供材料和工程设备，并向承包人提供产品合格证明及出厂证明，对其质量负责。如电力企业提供的设备不符合合同要求或国家强制性标准，造成电力建设工程质量缺陷的，应当承担责任。发包人应提前24小时以书面形式通知承包人、监理人材料和工程设备到货时间，承包人负责材料和工程设备的清点、检验和接收。

c. 发包人提供的材料和工程设备的规格、数量或质量不符合合同约定的，或因发包人原因导致交货日期延误或交货地点变更等情况的，按照发包人违约的约定处理。

2）保管与使用。发包人供应的材料和工程设备，承包人清点后由承包人妥善保管，保管费用由发包人承担，但已标价工程量清单或预算书已经列支或专用合同条款另有约定除外。因承包人原因发生丢失毁损的，由承包人负责赔偿；监理人未通知承包人清点的，承包人不负责材料和工程设备的保管，由此导致丢失毁损的由发包人负责。发包人供应的材料和工程设备使用前，由承包人负责检验，检验费用由发包人承担，不合格的不得使用。

（2）承包人负责采购材料、工程设备。

1）质量与交货。

a. 承包人负责采购材料、工程设备的，应按照设计和有关标准要求采购，并提供产品合格证明及出厂证明，对材料、工程设备质量负责。合同约定由承包人采购的材料、工程设备，发包人不得指定生产厂家或供应商，发包人违反本款约定指定生产厂家或供应商的，承包人有权拒绝，并由发包人承担相应责任。如果电力建设单位为施工单位指定生产厂家或供应商采购材料、构配件和设备，要承担合同违约责任，并要受到行政监督部门的行政处罚。

b. 承包人采购的材料和工程设备，应保证产品质量合格，承包人应在材料和工程设备到货前 24 小时通知监理人检验。承包人进行永久设备、材料的制造和生产的，应符合相关质量标准，并向监理人提交材料的样本以及有关资料，并应在使用该材料或工程设备之前获得监理人同意。

c. 承包人采购的材料和工程设备不符合设计或有关标准要求时，承包人应在监理人要求的合理期限内将不符合设计或有关标准要求的材料、工程设备运出施工现场，并重新采购符合要求的材料、工程设备，由此增加的费用和（或）延误的工期，由承包人承担。

2）保管与使用。承包人采购的材料和工程设备由承包人妥善保管，保管费用由承包人承担。法律规定材料和工程设备使用前必须进行检验或试验的，承包人应按监理人的要求进行检验或试验，检验或试验费用由承包人承担，不合格的不得使用。发包人或监理人发现承包人使用不符合设计或有关标准要求的材料和工程设备时，有权要求承包人进行修复、拆除或重新采购，由此增加的费用和（或）延误的工期，由承包人承担。

>> 案例 5-3 某年 1 月，某建筑公司与某供电公司签订了《某供电公司食堂改建及装饰项目施工总承包合同》，其中载明墙面使用某建材公司生产的泰柏板。

同年 3 月，某建材公司就食堂内隔墙用板一事向某供电公司致函称"关于贵工程 4.5m 或大于 4.5m 高度的内隔墙，本公司根据多年来的施工实践，参考美国工艺，认为低于 5.5m 以下的内隔墙可不加任何加强筋，拌灰后的板墙，其强度可满足用户的需要，并不会出现裂缝"。

同年 4 月，某建筑公司与某建材公司签订了泰柏板买卖合同，合同对墙板质量未做约定。同年 4 月至同年 7 月期间某建材公司提供了价值人民币

415545.60 元的泰柏板。在施工过程中，建材公司没有针对其提供的大高度、大面积的泰柏板作为内隔墙提出任何的施工要求。

同年 8 月，某供电公司食堂工程完工。之后，因内隔墙发现水平、垂直方向及不规则的裂缝，某供电公司委托检测机构进行裂缝分析，得出裂缝成因主要为"泰柏板用作内隔墙的高度和面积过大、刚度不足且抹灰砂浆强度低"。随后，某供电公司对泰柏板墙面的裂缝作了修补，并在支付给某建筑建设公司的工程款中扣除了修补费。

某建筑公司遂要求某建材公司赔偿因其提供的泰柏板裂缝造成的损失，某建材公司以泰柏板符合通常标准为由拒绝赔偿，某建筑公司遂向法院提起诉讼。

法院审理过程中，法院委托相关质检部门对食堂墙面工程所用泰柏板进行里质量检验，某建材公司提供的泰柏板符合通常标准。法院判决，施工企业无法以不满足工程质量要求为由向供应商索赔，只能自担损失。

分析

1. 某建筑公司与供电公司的关系

二者为工程发包与承包的关系。根据《建筑法》第五十八条规定，建筑施工企业对工程的施工质量负责。建筑施工企业必须按照工程设计图纸和施工技术标准施工，不得偷工减料。工程设计的修改由原设计单位负责，建筑施工企业不得擅自修改工程设计。根据《中华人民共和国合同法》（以下简称《合同法》）第二百八十一条规定，因施工人的原因致使建设工程质量不符合约定的，发包人有权要求施工人在合理期限内无偿修理或者返工、改建。经过修理或者返工、改建后，造成逾期交付的，施工人应当承担违约责任。建筑公司无疑应为工程质量负责，所以默认了供电公司扣除修补费。

2. 某建筑公司与某建材公司系买卖合同关系

《建筑法》第五十九条规定："建筑施工企业必须按照工程设计要求、施工技术标准和合同的约定，对建筑材料、建筑构配件和设备进行检验，不合格的不得使用。"某建筑公司在泰柏板买卖合同中没有约定标的物质量。《合同法》第一百五十四条规定："当事人对标的物的质量要求没有约定或者约定不明确，依照本法第六十一条的规定仍不能确定的，适用本法第六十二条第一项的规定。"第六十一条："合同生效后，当事人就质量、价款或者报酬、履行地点等内容没有约定或者约定不明确的，可以协议补充；不能达成补充协议的，按照合同有关条款或者交易习惯确定。"第六十二条："当事人就有关合同内容约定不明确，依照本法第六十一条的规定仍不能确定的，适用下列规定：质量要求不明确的，按照国家标准、行业标准履行；没有国家标准、行业标准的，按照通常标准或者符合合同目的的特定标准履行。"

本案没有约定买卖合同标的物的质量，工程竣工检验质量不合格。经检验泰柏板材料本身而言符合通常标准，因合同上没有约定某建材公司提供的泰柏板达到工程质量标准和施工工艺，致使工程质量不合格，因此法院没有支持某建筑公司的索赔诉求，致使施工方损失维修费。

启 示 ---------------►

对于工程中不太常用的材料，应当在合同中约定材料供应商应配着施工图和应该达到的工程质量标准。约定清楚多大规格的材料能够达到的质量标准，要求材料使用现场技术指导等。这样的话，达不到工程质量要求，可以追究材料供应商的违约责任。

三、物资招标法律责任和内部奖惩规定

1. 法律责任

电力企业在电力工程建设项目中一般处于招标人地位，负责组织招标工作。根据《工程建设项目货物招标投标办法》（2005 年七部委第 27 号，2013年修订）规定，在不同情况下承担如下法律责任。

（1）招标人有下列限制或者排斥潜在投标行为之一的，由有关行政监督部门依照招标投标法第五十一条的规定处罚；其中，构成依法必须进行招标的项目的招标人规避招标的，依照招标投标法第四十九条的规定处罚：①依法应当公开招标的项目不按照规定在指定媒介发布资格预审公告或者招标公告；②在不同媒介发布的同一招标项目的资格预审公告或者招标公告内容不一致，影响潜在投标人申请资格预审或者投标。

（2）招标人有下列情形之一的，由有关行政监督部门责令改正，可以处10 万元以下的罚款：①依法应当公开招标而采用邀请招标；②招标文件、资格预审文件的发售、澄清、修改的时限，或者确定的提交资格预审申请文件、投标文件的时限不符合招标投标法和招标投标法实施条例规定；③接受未通过资格预审的单位或者个人参加投标；④接受应当拒收的投标文件。招标人有前款第一项、第三项、第四项所列行为之一的，对单位直接负责的主管人员和其他直接责任人员依法给予处分。

（3）依法必须进行招标的项目的招标人有下列情形之一的，由有关行政监

督部门责令改正，可以处中标项目金额千分之十以下的罚款；给他人造成损失的，依法承担赔偿责任；对单位直接负责的主管人员和其他直接责任人员依法给予处分：①无正当理由不发出中标通知书；②不按照规定确定中标人；③中标通知书发出后无正当理由改变中标结果；④无正当理由不与中标人订立合同；⑤在订立合同时向中标人提出附加条件。

（4）招标人不履行与中标人订立的合同的，应当返还中标人的履约保证金，并承担相应的赔偿责任；没有提交履约保证金的，应当对中标人的损失承担赔偿责任。

2. 内部奖惩规定

（1）《国家电网公司招标活动监督管理办法》规定，对违反招标工作纪律的行为，监察部门可以直接或责成有关部门调查、处理。根据调查结果，按规定程序给予责任人相应的纪律处分。

1）将必须招标的项目拆分肢解、规避招标，追究相关责任人的责任；

2）承办招标部门无故取消投标人的投标资格，或以不合理条件限制、排斥潜在投标人，致使投标人之间不公平竞争，造成不良社会影响的，追究相关责任人责任；

3）项目招标领导小组违反规定，在评标委员会推荐的中标候选人以外确定中标人和在定标过程中未集体研究确定中标人的，追究项目招标领导小组组长及相关责任人责任；

4）监督人员未认真履行招投标监督职责，对招投标活动出现的明显违纪违规问题不查不问，致使造成严重后果的，追究当事人责任；

5）发生索贿、受贿行为，或者向他人泄露招投标活动机密的，追究当事人责任，追缴其非法所得；构成犯罪的，移送司法机关处理；

6）对未按招标结果签订和履行合同的，追究相关责任人的责任；

7）对认真履行国家及公司招标管理的各项规定，招标工作中监督约束到位，查处违纪违规行为有力，工作成绩突出的单位和个人，招标单位可予以表彰和适当物质奖励。

（2）南网《中国南方电网有限责任公司招标采购管理规定》（2010版）有如下规定。

1）对发生违规违纪行为的招标人、公司系统合同签约履约单位及其负责人、主管人员和有关责任人，视情节轻重和具体情况按照有关法律法规规章、公司规章制定和招标采购文件给予以下处罚：①下发整改通知单、限期改正；

②通报批评，限期改正；③责令招标人宣布招标无效；④情节特别严重、对公司形象造成恶劣影响的，将按照公司规定给予行政处分，违反法律法规的还将追究法律责任。

2）对发生违规违纪行为的招标代理机构，视情节轻重按照法律法规规章的规定和委托代理合同给予以下处罚：①下发整改通知单、限期改正；②通报批评，限期改正；③在一定期限内停止其在公司系统招标代理业务；④按照代理合同有关条款取消在公司系统招标代理资格。

3）对发生违规违纪行为的评标专家，视情节轻重和具体情况按照法律法规规章和公司有关规定给予以下处罚：①立即终止其评标活动，视情节宣布其本次评标中所做的工作无效；②给予通报批评，取消一定期限内评标专家资格，恢复专家资格须重新认定。③情节严重造成重大影响的，永久取消评标专家资格。

4）对发生违规违纪行为的投标人，视情节轻重按照有关法律法规规章、公司规章制度、招标采购文件合同管理规定给予以下处罚：①未中标的，给予警告；已中标的取消本次中标资格；②按有关规定取消在一定期限内的投标资格并通报。限期满后，经组织专家考察后提出恢复意见，方可恢复投标资格；③将有关信息记录到公司供应商信息中。

第三节　电力建设工程监理与竣工验收

对于投资巨大的建设工程项目，要搞好工程管理，保证工程质量，提高投资效益，必须规范建设工程监理活动。监理单位既要对工程质量进行监理，也要对工程进度和投资进行监理，具有高度专业性和很强的实践性。鉴于此，本节对建设单位、监理单位、施工单位三方只从权利义务和责任承担方面加以讨论。

一、工程监理

建设工程监理是指具有相应资质的建设工程监理单位，接受委托方的委托，按照与委托方（建设单位）签订的建设工程监理合同的约定，根据工程建设的一般规律，依据国家相关法律法规规章、技术标准和委托方（建设单位）的要求，对工程建设全过程中施工单位（被监理方）的特定行为和最终结果提供咨询和监督管理服务。

1. 工程监理三方及其关系

工程监理三方分别为：①监理单位（监理人，即具有法人资格和相应资质的从事工程监理业务的社会组织）；②建设单位（委托人，通常是投资建设单位）；③工程施工单位（被监理人）。

监理综合关系图如图 5-1 所示。

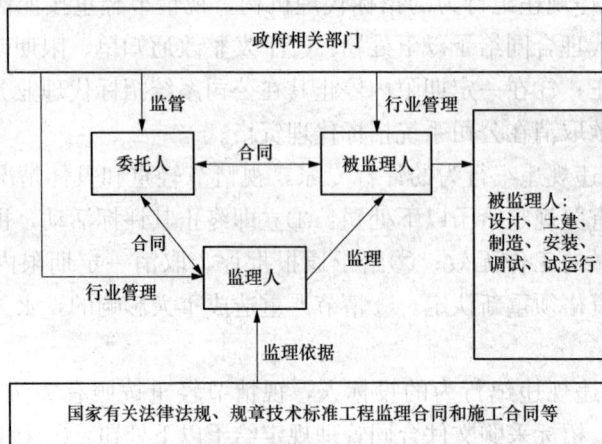

图 5-1　监理综合关系图

2. 工程项目的监理范围

根据《建设工程监理范围和规模标准规定》，下列与电力相关的建设工程必须实行监理。

（1）项目总投资额在 3000 万元以上的下列供水、供电、供气、供热等市政工程项目。

（2）项目总投资额在 3000 万元以上关系社会公共利益、公众安全的下列基础设施项目，包括：①煤炭、石油、化工、天然气、电力、新能源等项目；②防洪、灌溉、排涝、发电、引（供）水、滩涂治理、水资源保护、水土保持等水利建设项目。

3. 监理人

（1）监理人概述。

1）监理人一般规定。工程实行监理的，发包人和承包人应在专用合同条款中明确监理人的监理内容及监理权限等事项。监理人应当根据发包人授权及法律规定，代表发包人对工程施工相关事项进行检查、查验、审核、验收，并签发相关指示，但监理人无权修改合同，且无权减轻或免除合同约定的承包人的任何责任与义务。除专用合同条款另有约定外，监理人在施工现场的办公场所、生活场所由承包人提供，所发生的费用由发包人承担。

2）监理人员。发包人授予监理人对工程实施监理的权利由监理人派驻施工现场的监理人员行使，监理人员包括总监理工程师及监理工程师。监理人应将授权的总监理工程师和监理工程师的姓名及授权范围以书面形式提前通知承包人。更换总监理工程师的，监理人应提前 7 天书面通知承包人；更换其他监理人员，监理人应提前 48 小时书面通知承包人。

3）监理人处理问题的程序。监理人应按照发包人的授权发出监理指示。监理人的指示应采用书面形式，并经其授权的监理人员签字。紧急情况下，为了保证施工人员的安全或避免工程受损，监理人员可以口头形式发出指示，该指示与书面形式的指示具有同等法律效力，但必须在发出口头指示后 24 小时内补发书面监理指示，补发的书面监理指示应与口头指示一致。

4）监理人发出的指示。监理人发出的指示应送达承包人项目经理或经项目经理授权接收的人员。因监理人未能按合同约定发出指示、指示延误或发出了错误指示而导致承包人费用增加和（或）工期延误的，由发包人承担相应责任。承包人对监理人发出的指示有疑问的，应向监理人提出书面异议，监理人应在约定时间内对该指示予以确认、更改或撤销，监理人逾期未回复的，承包人有权拒绝执行上述指示。

5）监理人对承包人的任何工作、工程或其采用的材料和工程设备未在约定的或合理期限内提出意见的，视为批准，但不免除或减轻承包人对该工作、工程、材料、工程设备等应承担的责任和义务。

6）监理人的质量检查和检验。监理人按照法律规定和发包人授权对工程的所有部位及其施工工艺、材料和工程设备进行检查和检验。承包人应为监理人的检查和检验提供方便，包括监理人到施工现场，或制造、加工地点，或合同约定的其他地方进行察看和查阅施工原始记录。监理人为此进行的检查和检验，不免除或减轻承包人按照合同约定应当承担的责任。监理人的检查和检验不应影响施工正常进行。监理人的检查和检验影响施工正常进行的，且经检查检验不合格的，影响正常施工的费用由承包人承担，工期不予顺延；经检查检验合格的，由此增加的费用和（或）延误的工期由发包人承担。

（2）资质等级和业务范围。根据《工程监理企业资质管理规定》（2015 年 5 月 4 日修正版）第八条规定，工程监理企业资质相应许可的与电力建设工程相关的业务范围如下。

1）综合资质。可以承担所有专业工程类别建设工程项目的工程监理业务。

2）专业资质。专业资质分为甲、乙、丙 3 级：①专业甲级资质，可承担相应专业工程类别建设工程项目的工程监理业务；②专业乙级资质，可承担相应专业工程类别二级以下（含二级）建设工程项目的工程监理业务；③专业丙级资质，可承担相应专业工程类别三级建设工程项目的工程监理业务。

3）事务所资质可承担三级建设工程项目的工程监理业务，但是，国家规定必须实行强制监理的工程除外。各资质等级业务范围见表 5-1。

表 5-1　　　　　　　　　　各资质等级业务范围

工程类别	工程项目	一级	二级	三级
电力工程	火力发电站工程	单机容量 300MW 以上	单机容量 300MW 以下	
	输变电工程	330kV 以上	330kV 以下	
	核电工程	核电站；核反应堆工程		
水利水电工程	水库工程	总库容 1 亿 m³ 以上	总库容 1000 万～1 亿 m³	总库容 1000 万 m³ 以下
	水力发电站工程	总装机容量 300MW 以上	总装机容量 50MW～300MW	总装机容量 50MW 以下

注　1. 综合资质和专业甲级资质可承担一级至三级业务。

　　2. 专业乙级资质可承担二级和三级业务。

　　3. 专业丙级资质和事务所资质可承担三级业务。

（3）权利义务。

1）权利。《中华人民共和国建筑法》第三十二条概括了监理人的权利，建筑工程监理应当依照法律、行政法规及有关的技术标准、设计文件和建筑工程承包合同，对承包单位在施工质量、建设工期和建设资金使用等方面，代表建设单位实施监督。

工程监理人员认为工程施工不符合工程设计要求、施工技术标准和合同约定的，有权要求建筑施工企业改正。

工程监理人员发现工程设计不符合建筑工程质量标准或者合同约定的质量要求的，应当报告建设单位要求设计单位改正。

监理人在委托人委托的工程范围内，享有以下权利。

a. 选择工程总承包人的建议权；选择工程分包人的认可权。

b. 对工程建设有关事项包括工程规模、设计标准、规划设计、生产工艺设计和使用功能要求，向委托人的建议权。

c. 对工程设计中的技术问题，按照安全和优化的原则，向设计人提出建议；如果拟提出的建议可能会提高工程造价，或延长工期，应当事先征得委托人的同意。当发现工程设计不符合国家颁布的建设工程质量标准或设计合同约定的质量标准时，监理人应当书面报告委托人并要求设计人更正。

d. 审批工程施工组织设计和技术方案，按照保质量、保工期和降低成本的原则，向承包人提出建议，并向委托人提出书面报告。

e. 主持工程建设有关协作单位的组织协调，重要协调事项应当事先向委托人报告；征得委托人同意，监理人有权发布开工令、停工令、复工令，但应当事先向委托人报告；如在紧急情况下未能事先报告时，则应在 24 小时内向委托人作出书面报告。

f. 工程上使用的材料和施工质量的检验权。对于不符合设计要求和合同约定及国家质量标准的材料、构配件、设备，有权通知承包人停止使用；对于不符合规范和质量标准的工序、分部分项工程和不安全施工作业，有权通知承包人停工整改、返工。承包人得到监理机构复工令后才能复工。

g. 工程施工进度的检查、监督权，以及工程实际竣工日期提前或超过工程施工合同规定的竣工期限的签认权。

h. 在工程施工合同约定的工程价格范围内，工程款支付的审核和签认权，以及工程结算的复核确认权与否决权。未经总监理工程师签字确认，委托人不支付工程款。

i. 监理人在委托人授权下，可对任何承包人合同规定的义务提出变更。如果由此严重影响了工程费用或质量、或进度，则这种变更须经委托人事先批准。在紧急情况下未能事先报委托人批准时，监理人也应尽快将所做的变更通知委托人。在监理过程中如发现工程承包人人员工作不力，监理机构可要求承包人调换有关人员。

j. 在委托的工程范围内，委托人或承包人对对方的任何意见和要求（包括索赔要求），均必须首先向监理机构提出，由监理机构研究处置意见，再同双方协商确定。当委托人和承包人发生争议时，监理机构应根据自己的职能，以独立的身份判断，公正地进行调解。当双方的争议由政府建设行政主管部门调解或仲裁机关仲裁时，应当提供作证的事实材料。

2）义务。《建筑法》第三十四条规定："工程监理单位应当在其资质等级许可的监理范围内，承担工程监理业务；工程监理单位应当根据建设单位的委托，客观、公正地执行监理任务；工程监理单位与被监理工程的承包单位以及建筑材料、建筑构配件和设备供应单位不得有隶属关系或者其他利害关系；工程监理单位不得转让工程监理业务。监理人按合同约定派出监理工作需要的监理机构及监理人员，向委托人报送委派的总监理工程师及其监理机构主要成员名单、监理规划，完成监理合同专用条件中约定的监理工程范围内的监理业务。在履行合同义务期间，应按合同约定定期向委托人报告监理工作。监理人在履行本合同的义务期间，应认真、勤奋地工作，为委托人提供与其水平相适应的咨询意见，公正维护各方面的合法权益。监理人使用委托人提供的设施和物品属委托人的财产。在监理工作完成或中止时，应将其设施和剩余的物品按合同约定的时间和方式移交给委托人。在合同期内或合同终止后，未征得有关方同意，不得泄露与本工程、本合同业务有关的保密资料。"工程监理单位有如下具体义务。

a. 收到工程设计文件后编制监理规划，并在第一次工地会议前报委托人。根据有关规定和监理工作需要，编制监理实施细则；熟悉工程设计文件，并参加由委托人主持的图纸会审和设计交底会议；参加由委托人主持的第一次工地会议；主持监理例会并根据工程需要主持或参加专题会议。

b. 审查施工承包人提交的施工组织设计，重点审查其中的质量安全技术措施、专项施工方案与工程建设强制性标准的符合性；检查施工承包人工程质量、安全生产管理制度及组织机构和人员资格；检查施工承包人专职安全生产管理人员的配备情况；检查施工承包人的试验室。

c. 审查施工承包人提交的施工进度计划，核查承包人对施工进度计划的调整；审核施工分包人资质条件。

d. 查验施工承包人的施工测量放线成果；审查工程开工条件，对条件具备的签发开工令；验收隐蔽工程、分部分项工程。

e. 审查施工承包人报送的工程材料、构配件、设备质量证明文件的有效性和符合性，并按规定对用于工程的材料采取平行检验或见证取样方式进行抽检；审查施工承包人提交的采用新材料、新工艺、新技术、新设备的论证材料及相关验收标准。

f. 审核施工承包人提交的工程款支付申请，签发或出具工程款支付证书，并报委托人审核、批准。

g. 在巡视、旁站、跟踪和检验过程中，发现工程质量、施工安全存在事故隐患的，要求施工承包人整改并报委托人；经委托人同意，签发工程暂停令和复工令。

h. 审查施工承包人提交的工程变更申请，协调处理施工进度调整、费用索赔、合同争议等事项。

i. 审查施工承包人提交的竣工验收申请，编写工程质量评估报告；参加工程竣工验收，签署竣工验收意见；审查施工承包人提交的竣工结算申请并报委托人。

j. 编制、整理工程监理归档文件并报委托人。

（4）监理责任与违约责任承担。《建筑法》第三十五条规定："工程监理单位不按照委托监理合同的约定履行监理义务，对应当监督检查的项目不检查或者不按照规定检查，给建设单位造成损失的，应当承担相应的赔偿责任。工程监理单位与承包单位串通，为承包单位谋取非法利益，给建设单位造成损失的，应当与承包单位承担连带赔偿责任。"

1）监理人责任。

a. 监理人的责任期即委托监理合同有效期。在监理过程中，如果因工程建设进度的推迟或延误而超过书面约定的日期，双方应进一步约定相应延长的合同期。

b. 监理人在责任期内，应当履行约定的义务，如果因监理人过失而造成了委托人的经济损失，应当向委托人赔偿。累计赔偿总额不应超过监理报酬总额（除去税金）。

c. 监理人对承包人违反合同规定的质量要求和完工（交图、交货）时限，不承担责任。因不可抗力导致委托监理合同不能全部或部分履行，监理人不承担责任。

d. 监理人向委托人提出赔偿要求不能成立时，监理人应当补偿由于该索赔所导致委托人的各种费用支出。

2）监理行为约束。不得存在以下监理行为：①与建设单位串通投标或者与其他工程监理企业串通投标，以行贿手段谋取中标；②与建设单位或者施工单位串通弄虚作假、降低工程质量；③将不合格的建设工程、建筑材料、建筑构配件和设备按照合格签字；④超越本企业资质等级或以其他企业名义承揽监理业务；⑤允许其他单位或个人以本企业的名义承揽工程；⑥将承揽的监理业务转包；⑦在监理过程中实施商业贿赂；⑧涂改、伪造、出借、转让工程监理企业资质证书；⑨其他违反法律法规的行为。

3）监理人的违约责任。监理人未履行本合同义务的，应承担相应的责任。

a. 因监理人违反合同约定给委托人造成损失的，监理人应当赔偿委托人损失。赔偿金额的确定方法在专用条件中约定。监理人承担部分赔偿责任的，其承担赔偿金额由双方协商确定。

b. 监理人向委托人的索赔不成立时，监理人应赔偿委托人由此发生的费用。

4. 建设单位（委托人）

（1）委托方的权利。

1）委托人有选定工程总承包人，以及与其订立合同的权利。

2）委托人有对工程规模、设计标准、规划设计、生产工艺设计和设计使用功能要求的认定权，以及对工程设计变更的审批权。

3）监理人调换总监理工程师须事先经委托人同意。

4）委托人有权要求监理人提交监理工作月报及监理业务范围内的专项报告。

5）当委托人发现监理人员不按监理合同履行监理职责，或与承包人串通给委托人或工程造成损失的，委托人有权要求监理人更换监理人员，直到终止合同并要求监理人承担相应的赔偿责任或连带赔偿责任。

（2）委托方的义务。《中华人民共和国建筑法》第三十一条规定："实行监理的建筑工程，由建设单位委托具有相应资质条件的工程监理单位监理。建设单位与其委托的工程监理单位应当订立书面委托监理合同。"第三十三条规定："实施建筑工程监理前，建设单位应当将委托的工程监理单位、监理的内容及监理权限，书面通知被监理的建筑施工企业。"

1）委托人在监理人开展监理业务之前应向监理人支付预付款。

2）委托人应当负责工程建设的所有外部关系的协调，为监理工作提供外部条件。根据需要，如将部分或全部协调工作委托监理人承担，则应在专用条件中明确委托的工作和相应的报酬。

3）委托人应当在双方约定的时间内免费向监理人提供与工程有关的为监理工作所需要的工程资料。

4）委托人应当在专用条款约定的时间内就监理人书面提交并要求作出决定的一切事宜作出书面决定。

5）委托人应当授权一名熟悉工程情况、能在规定时间内作出决定的常驻代表（在专用条款中约定），负责与监理人联系。更换常驻代表，要提前通知监理人。

6）委托人应当将授予监理人的监理权利，以及监理人主要成员的职能分工、监理权限及时书面通知已选定的承包合同的承包人，并在与第三人签订的合同中予以明确。

7）委托人应在不影响监理人开展监理工作的时间内提供如下资料：①与本工程合作的原材料、构配件、机械设备等生产厂家名录；②提供与本工程有关的协作单位、配合单位的名录。

8）委托人应免费向监理人提供办公用房、通信设施、监理人员工地住房及合同专用条件约定的设施，对监理人自备的设施给予合理的经济补偿（补偿金额＝设施在工程使用时间占折旧年限的比例×设施原值＋管理费）。

9）根据情况需要，如果双方约定，由委托人免费向监理人提供其他人员，应在监理合同专用条件中予以明确。

（3）委托方的违约责任。委托人应当履行委托监理合同约定的义务，如有违反则应当承担违约责任，赔偿给监理人造成的经济损失。监理人处理委托业务时，因非监理人原因的事由受到损失的，可以向委托人要求补偿损失。委托人如果向监理人提出赔偿的要求不能成立，则应当补偿由该索赔所引起的监理人的各种费用支出。具体包括：①委托人违反本合同约定造成监理人损失的，委托人应予以赔偿；②委托人向监理人的索赔不成立时，应赔偿监理人由此引起的费用；③委托人未能按期支付酬金超过约定期限，应按专用条件约定支付逾期付款利息；④除外责任。因非监理人的原因，且监理人无过错，发生工程质量事故、安全事故、工期延误等造成的损失，监理人不承担赔偿责任。因不可抗力导致本合同全部或部分不能履行时，双方各自承担其因此而造成的损失、损害。

>> 案例5-4　　2002年8月15日，建筑公司与供电公司签订某变电站院内道路工程施工合同，约定工程2002年12月27日开工，2003年11月2日竣工，工程质量评定部门为市建筑工程质量监督站。

2002年11月27日，供电公司与市监理公司签订委托监理合同，规定监理人有工程施工进度的检查、监督权，以及工程实际竣工日期提前或超过施工合同规定的竣工期限的签认权。2003年11月19日，建筑公司提交竣工报告，供电公司委托的市监理公司同日在竣工报告上签署"符合优良标准，同意验收"字样。随后，供电公司接管并使用了该工程。

2004年供电公司以路面质量不合格为由拖欠工程款被建筑公司诉至中院，中院判决供电公司全额支付工程款。供电公司不服，以工程未经竣工验收且路面质量不合格为由向高院申请重审。

高院认定监理单位签字的验收报告无效，发回重审。

评 析

本案发包方给监理的授权不包括质量验收，按施工合同约定验收由市建筑工程质量监督站完成。这是供电公司要求认定验收报告无效的合同依据。市监理公司违反"工程质量评定部门为市建筑工程质量监督站"的约定，超越授权范围，在竣工报告上签署"符合优良标准，同意验收"字样，显然属于无权代理行为。

本案判决监理单位签字的验收报告无效的另一个根据是高院认为建筑公司作为施工方，应当知道市监理公司的签署超越代理范围，属于无权代理行为。因为施工合同中早有约定，"工程质量评定部门为市建筑工程质量监督站。"所以，高院没有将本案代理行为认定为表见代理。

启 示

1. 关于表见代理

如果本案确非表见代理，即施工方知道监理方没有代理权，则该代理签署无效。某供电公司应当提出质量问题，而不应当接管工程，却拖欠工程款。《合同法》第四十九条规定的表见代理的情形为："行为人没有代理权、超越代理权或者代理权终止后以被代理人名义订立合同，相对人有理由相信行为人有代理权的，该代理行为有效。"如果承包方不知道发包方对监理方的授权范围，可以认定监理方签发的竣工报告是有效的，因为作为承包方有理由相信监理方是有权限的，构成表见代理，验收报告有效。

2. 代理行为是否有效

如果监理方无权验收，监理方签发的验收报告属于效力待定，后来供电公司接管使用该工程的行为是对监理签发的验收报告的追认。本案监理公司的代理行为最终是否有效，关键是看事后是否追认。《合同法》第四十八条规定："行为人没有代理权、超越代理权或者代理权终止后以被代理人名义订立的合同，未经被代理人追认，对被代理人不发生效力，由行为人承担责任。相对人可以催告被代理人在一个月内予以追认。被代理人未做表示的，视为拒绝追认。合同被追认之前，善意相对人有撤销的权利。撤销应当以通知的方式作出。"可是，本案中供电公司以接管工程的实际行为追认了市监理公司的无权代理行为。该代理行为则从无效转为有效。

3. 本案问题的后续解决

（1）施工方有义务知道监理方的代理范围。根据《建筑法》第三十三条，实施建筑工程监理前，建设单位应当将委托的工程监理单位、监理的内容及监理权限，书面通知被监理的建筑施工企业。监理方的义务之一是遇到重大事项应该向建设方报告，工程竣工验收当然属于重大事项，应当报告，而非擅自签署。

（2）既然供电公司已经接管了工程，也只能由建筑公司返工或修复路面，到达约定或法定质量标准后，供电公司全额支付工程款。

二、工程竣工验收

1. 竣工验收的条件

程具备以下条件的，承包人可以申请竣工验收。

（1）除发包人同意的甩项工作和缺陷修补工作外，合同范围内的全部工程以及有关工作，包括合同要求的试验、试运行以及检验均已完成，并符合合同要求。

（2）已按合约编制了甩项工作和缺陷修补工作清单以及相应的施工计划。

（3）已按合同约定的内容和份数备齐竣工资料。

2. 竣工验收程序

除专用合同条款另有约定外，承包人申请竣工验收的，根据相关法规规章规定，应当按照以下程序进行。

（1）承包人向监理人报送竣工验收申请报告，监理人应在收到竣工验收申请报告后14天内完成审查并报送发包人。监理人审查后认为尚不具备验收条件的，应通知承包人在竣工验收前承包人还需完成的工作内容，承包人应在完成监理人通知的全部工作内容后，再次提交竣工验收申请报告。

（2）监理人审查后认为已具备竣工验收条件的，应将竣工验收申请报告提交发包人，发包人应在收到经监理人审核的竣工验收申请报告后28天内审批完毕并组织监理人、承包人、设计人等相关单位完成竣工验收。

（3）竣工验收合格的，发包人应在验收合格后14天内向承包人签发工程接收证书。发包人无正当理由逾期不颁发工程接收证书的，自验收合格后第15天起视为已颁发工程接收证书。

（4）竣工验收不合格的，监理人应按照验收意见发出指示，要求承包人对不合格工程返工、修复或采取其他补救措施，由此增加的费用和（或）延误的工期由承包人承担。承包人在完成不合格工程的返工、修复或采取其他补救措施后，应重新提交竣工验收申请报告，并按本项约定的程序重新进行验收。

（5）工程未经验收或验收不合格，发包人擅自使用的，应在转移占有工程后 7 天内向承包人颁发工程接收证书；发包人无正当理由逾期不颁发工程接收证书的，自转移占有后第 15 天起视为已颁发工程接收证书。

除专用合同条款另有约定外，发包人不按照本项约定组织竣工验收、颁发工程接收证书的，每逾期一天，应以签约合同价为基数，按照中国人民银行发布的同期同类贷款基准利率支付违约金。

3. 竣工日期

工程经竣工验收合格的，以承包人提交竣工验收申请报告之日为实际竣工日期，并在工程接收证书中载明；因发包人原因，未在监理人收到承包人提交的竣工验收申请报告 42 天内完成竣工验收，或完成竣工验收不予签发工程接收证书的，以提交竣工验收申请报告的日期为实际竣工日期；工程未经竣工验收，发包人擅自使用的，以转移占有工程之日为实际竣工日期。

4. 竣工决算与竣工结算

每项工程完工后，工程承包人在向发包人提供有关技术资料和竣工图纸的同时，都要编制工程结算，办理财务结算。竣工决算应包括从筹建到竣工投产全过程的全部实际支出费用，竣工决算由竣工决算报表、竣工决算报告说明书、竣工工程平面示意图、工程造价比较分析等部分组成。竣工决算是以竣工结算为基础进行编制的，它是在整个开发项目竣工结算的基础上，加上从筹建开始到工程全部竣工发生的其他工程费用支出。竣工结算是由承包人编制的，而竣工决算是由发包人编制。基于此，以下只论及竣工结算。

（1）承包人应在合同约定时间内编制完成竣工结算书，并在提交竣工验收报告的同时递交给发包人。承包人未在合同约定时间内递交竣工结算书，经发包人催促后仍未提供或没有明确答复的，发包人可以根据已有资料办理结算。对于承包人无正当理由在约定时间内未递交竣工结算书，造成工程结算价款延期支付的，其责任由承包人承担。

（2）发包人在收到承包人递交的竣工结算书后，应按合同约定时间核对。竣工结算的核对是工程造价计价中发、承包双方应共同完成的重要工作。发、承包双方在竣工结算核对过程中的权、责主要体现在以下方面。

1）竣工结算的核对时间按发、承包双方合同约定的时间完成。最高人民法院《关于审理建设工程施工合同纠纷案件适用法律问题的解释》（法释〔2004〕14 号）第二十条规定："当事人约定，发包人收到竣工结算文件后，在约定期限内不予答复，视为认可竣工结算文件的，按照约定处理。承包人请求按照竣工结算文件结算工程价款的，应予支持。"

2）合同中对核对竣工结算时间没有约定或约定不明的，根据财政部、建设部印发的《建设工程价款结算暂行办法》（财建〔2004〕369 号）的有关规定，按表 5-2 规定时间进行核对并提出核对意见。

表 5-2　　　　　　　　　　工程竣工结算审查核对期限

序号	工程竣工结算报告金额	审 查 时 间
1	500 万元以下	从接到竣工结算报告和完整的竣工结算资料之日起 20 天
2	500 万～2000 万元	从接到竣工结算报告和完整的竣工结算资料之日起 30 天
3	2000 万～5000 万元	从接到竣工结算报告和完整的竣工结算资料之日起 45 天
4	5000 万元以上	从接到竣工结算报告和完整的竣工结算资料之日起 60 天

3）建设项目竣工总结算在最后一个单项工程竣工结算核对确认后 15 天内汇总，送发包人后 30 天内核对完成。《建设工程工程量清单计价规范》（GB 50500—2013）还规定："同一工程竣工结算核对完成，发、承包双方签字确认后，禁止发包人又要求承包人与另一个或多个工程造价咨询人重复核对竣工结算。"这有效地杜绝了工程竣工结算中存在的反复审核，久拖不决的现象。

（3）发包人或受其委托的工程造价咨询人收到承包人递交的竣工结算书后，在合同约定时间内，不核对竣工结算或未提出核对意见的，视为承包人递交的竣工结算书已经认可，发包人应向承包人支付工程结算价款。承包人在接到发包人提出的核对意见后，在合同约定时间内，不确认也未提出异议的，视为发包人提出的核对意见已经认可，竣工结算办理完毕。发包人按核对意见中的竣工结算金额向承包人支付结算价款。承包人如未在规定时间内提供完整的工程竣工结算资料，经发包人催促后 14 天内仍未提供或没有明确答复，发包人有权根据已有资料进行审查，责任由承包人自负。

（4）发包人应对承包人递交的竣工结算书签收，拒不签收的，承包人可以不交付竣工工程。承包人未在合同约定时间内递交竣工结算书的，发包人要求交付竣工工程，承包人应当交付。

（5）竣工结算书是反映工程造价计价规定执行情况的最终文件。工程竣工结算办理完毕，发包人应将竣工结算书报送工程所在地工程造价管理机构备案。竣工结算书作为工程竣工验收备案、交付使用的必备文件。

（6）竣工结算办理完毕，发包人应根据确认的竣工结算书在合同约定时间内向承包人支付工程竣工结算价款。

（7）工程竣工结算办理完毕后，发包人应按合同约定向承包人支付工程价款。《最高人民法院关于审理建设工程施工合同纠纷案件适用法律问题的解释》（法释〔2004〕14号）第十七条规定："当事人对欠付工程价款利息计付标准有约定的，按照约定处理；没有约定的，按照中国人民银行发布的同期同类贷款利率信息。发包人应向承包人支付拖欠工程款的利息，并承担违约责任。"

《合同法》第二百八十六条规定："发包人未按照合同约定支付价款的，承包人可以催告发包人在合理期限内支付价款。发包人逾期不支付的，除按照建设工程的性质不宜折价、拍卖的以外，承包人可以与发包人协议将该工程折价，也可以申请人民法院将该工程依法拍卖。建设工程的价款就该工程折价或者拍卖的价款优先受偿。"

《建设工程工程量清单计价规范》（GB 50500—2013）指出："发包人未在合同约定时间内向承包人支付工程结算价款的，承包人可催告发包人支付结算价款。如达成延期支付协议的，发包人应按同期银行同类贷款利率支付拖欠工程价款的利息。如未达成延期支付协议，承包人可以与发包人协商将该工程折价，或申请人民法院将该工程依法拍卖。承包人就该工程折价或者拍卖的价款优先受偿。"所谓优先受偿，最高人民法院在《关于建设工程价款优先受偿权的批复》（法释〔2002〕16号）中规定如下：①人民法院在审理房地产纠纷案件和办理执行案件中，应当依照《中华人民共和国合同法》第二百八十六条的规定，认定建筑工程的承包人的优先受偿权优于抵押权和其他债权；②消费者交付购买商品房的全部或者大部分款项后，承包人就该商品房享有的工程价款优先受偿权不得对抗买受人；③建筑工程价款包括承包人为建设工程应当支付的工作人员报酬、材料款等实际支出的费用，不包括承包人因发包人违约所造成的损失；④建设工程承包人行使优先权的期限为六个月，自建设工程竣工之日或者建设工程合同约定的竣工之日起计算。

三、违约纠纷处理

1. 发包人违约

（1）发包人违约的情形。发包人在合同履行过程中发生下列情形属于违约：①因发包人原因未能在计划开工日期前约定期限（如7天）内下达开工通知的；②因发包人原因未能按合同约定支付合同价款的；③发包人提供的材料、工程设备的规格、数量或质量不符合合同约定，或因发包人原因导致交货日期延误或交货地点变更等情况的；④因发包人违反合同约定造成暂停施工的；⑤发包人无正当理由没有在约定期限内发出复工指示，导致承包人无法复工的；⑥发包人明确表示或者以其行为表明不履行合同主要义务的；⑦发包人未能按照合同约定履行其他义务的。除了发包人明确表示或者以其行为表明不履行合同主要义务的情形外，承包人可向发包人发出通知，要求发包人采取有效措施纠正违约行为。发包人收到承包人通知后约定期限（如28天）内仍不纠正违约行为的，承包人有权暂停相应部位工程施工，并通知监理人。

（2）发包人违约的责任。发包人违约解除合同应承担因其违约给承包人增加的费用和（或）工期延误的损失，并支付承包人合理的利润。此外，合同当事人可在专用合同条款中另行约定发包人违约责任的承担方式和计算方法。除专用合同条款另有约定外，承包人因发包人违约，暂停施工满约定期限（如28天）后，发包人仍不纠正其违约行为并致使合同目的不能实现的，或发包人明确表示或者以其行为表明不履行合同主要义务的，承包人有权解除合同，发包人应承担由此增加的费用，并支付承包人合理的利润。

（3）发包人违约解除合同后的付款。承包人因发包人违约在先按照约定解除合同的，发包人应在解除合同后约定期限（如28天）内支付下列款项，并解除履约担保：①合同解除前所完成工作的价款；②承包人为工程施工订购并已付款的材料、工程设备和其他物品的价款；③承包人撤离施工现场以及遣散承包人人员的款项；④按照合同约定在合同解除前应支付的违约金；⑤按照合同约定应当支付给承包人的其他款项；⑥按照合同约定应退还的质量保证金；⑦因解除合同给承包人造成的损失。合同当事人未能就解除合同后的结清达成一致的，按照争议解决的约定处理。承包人应妥善做好已完工程和与工程有关的已购材料、工程设备的保护和移交工作，并将施工设备和人员撤出施工现场，发包人应为承包人撤出提供必要条件。

2. 承包人违约

（1）承包人违约的情形。在合同履行过程中发生的下列情形，属于承包人违约：①承包人违反合同约定进行转包或违法分包的；②承包人违反合同约定采购和使用不合格的材料和工程设备的；③因承包人原因导致工程质量不符合合同要求的；④承包人违反关于材料与设备专用要求的约定，未经批准，私自将已按照合同约定进入施工现场的材料或设备撤离施工现场的；⑤承包人未能按施工进度计划及时完成合同约定的工作，造成工期延误的；⑥承包人在缺陷责任期及保修期内，未能在合理期限对工程缺陷进行修复，或拒绝按发包人要求进行修复的；⑦承包人明确表示或者以其行为表明不履行合同主要义务的；⑧承包人未能按照合同约定履行其他义务的。承包人发生除明确表示或者以其行为表明不履行合同主要义务的其他违约情况时，监理人可向承包人发出整改通知，要求其在指定的期限内改正。

(2) 承包人违约的责任。承包人违约解除合同应承担因其违约行为而增加的费用和（或）工期延误的损失。此外，合同当事人可在专用合同条款中另行约定承包人违约责任的承担方式和计算方法。除专用合同条款另有约定外，出现承包人明确表示或者以其行为表明不履行合同主要义务的违约情形时，或监理人发出整改通知后，承包人在指定的合理期限内仍不纠正违约行为并致使合同目的不能实现的，发包人有权解除合同。合同解除后，因继续完成工程的需要，发包人有权使用承包人在施工现场的材料、设备、临时工程、承包人文件和由承包人或以其名义编制的其他文件，合同当事人应在专用合同条款约定相应费用的承担方式。发包人继续使用的行为不免除或减轻承包人应承担的违约责任。

1) 因承包人违约解除合同的，发包人有权暂停对承包人的付款，查清各项付款和已扣款项。发包人和承包人未能就合同解除后的清算和款项支付达成一致的，按争议解决的约定处理。

2) 因承包人违约解除合同的，发包人有权要求承包人将其为实施合同而签订的材料和设备的采购合同的权益转让给发包人，承包人应在收到解除合同通知后 14 天内，协助发包人与采购合同的供应商达成相关的转让协议。

(3) 因承包人违约解除合同后的处理。因承包人原因导致合同解除的，则合同当事人应在合同解除后约定期限（如 28 天）内完成估价、付款和清算，并按以下约定执行。

1) 合同解除后，商定或确定承包人实际完成工作对应的合同价款，以及承包人已提供的材料、工程设备、施工设备和临时工程等的价值。

2) 合同解除后，承包人应支付的违约金。

3) 合同解除后，赔偿因解除合同给发包人造成的损失。

4) 合同解除后，承包人应按照发包人要求和监理人的指示完成现场的清理和撤离。

3. 当事人的法定合同解除权与合同解除后的法律后果

最高人民法院《关于审理建设工程施工合同纠纷案件适用法律问题的解释》对建设工程合同的法定解除作了更加明确的规定，也是对《合同法》的细化，更便于操作。

(1) 发包人的法定解除权。

1）承包人明确表示或者以行为表明不履行合同主要义务（预期违约）。

2）承包人在合同约定的期限内没有完工，且在发包人催告的合理期限内仍未完工的（迟延履行）。

3）承包人已完工程质量不合格，并拒绝修复（根本违约）。

4）承包人非法转包、违法分包（违反法律法规）。

（2）承包人的法定解除权。

1）发包人未按约定支付工程款，致使承包人无法施工，且在催告的合理期限内仍未履行相应义务（迟延履行）。

2）发包人提供的主要建筑材料、建筑构配件和设备不符合强制性标准，致使承包人无法施工，且在催告的合理期限内仍未履行相应义务（迟延履行）。

3）发包人不履行合同约定的协助义务，如提供施工场地、施工图纸等，致使承包人无法施工，且在催告的合理期限内仍未履行相应义务（迟延履行）。

（3）合同解除后的法律后果。最高人民法院《关于审理建设工程施工合同纠纷案件适用法律问题的解释》第 10 条对建设工程解除后的法律后果明确规定如下。

1）合同解除后，如果已经完成的工程质量合格的，发包人应当按照合同的约定支付相应的工程款。

2）如果已经完成的工程质量不合格的，但经承包人修复使得建设工程验收合格，发包人应支付工程款，并由承包人承担修复费用；如果是发包人自行修复的，则修复费用由承包人承担。

3）因一方违约导致合同解除的，违约方应当赔偿因此给对方造成的损失。

4. 工程的移交与接收

（1）拒绝接收全部或部分工程。对于竣工验收不合格的工程，承包人完成整改后，应当重新进行竣工验收，经重新组织验收仍不合格的且无法采取措施补救的，则发包人可以拒绝接收不合格工程，因不合格工程导致其他工程不能正常使用的，承包人应采取措施确保相关工程的正常使用，由此增加的费用和（或）延误的工期由承包人承担。

（2）移交与接收全部或部分工程。除专用合同条款另有约定外，合同当事人应当在颁发工程接收证书后的约定期限内完成工程的移交。

（3）发包人无正当理由不接收工程的，发包人自应当接收工程之日起，承担工程照管、成品保护、保管等与工程有关的各项费用，合同当事人可以在专用合同条款中另行约定发包人逾期接收工程的违约责任。

（4）承包人无正当理由不移交工程的，承包人应承担工程照管、成品保护、保管等与工程有关的各项费用，合同当事人可以在专用合同条款中另行约定承包人无正当理由不移交工程的违约责任。

5. 质量纠纷

最高人民法院《关于审理建设工程施工合同纠纷案件适用法律问题的解释》对工程质量问题做了 3 个方面的规定。

（1）因承包人的过错造成工程质量不符合约定，承包人拒绝修理、返工或者改建，发包人请求减少支付工程款的，应予支持。

（2）因发包人提供的设计有缺陷、提供或者指定购买的建筑材料、建筑构配件、设备不符合强制性标准、直接指定分包人分包专业工程，造成工程质量缺陷的，应承担过错责任。

（3）工程未经竣工验收，发包人擅自使用，又以使用部分质量不符合约定为由主张权利的，不予支持；但承包人应在工程合理寿命内对地基基础工程和主体结构质量承担责任。

需要说明的是，发包人擅自使用和工程保修无关，即使出现发包人在工程未经竣工验收或者验收不合格的情况下擅自使用或者强行使用，也不能免除承包人的保修义务，承包人仍然应当按照合同的约定和法律的规定承担工程质量保修的责任。

▶▶ 案例5-5　2007 年 12 月，A 公司以某电力建设公司欠其工程款 165 万元，B 公司是涉案工程的发包人（授权某热电厂、某发电厂与某电力建设公司签订《工程施工承包合同》）且欠某电力建设公司工程款为由，根据最高人民法院《关于审理建设工程施工合同纠纷案件适用法律问题的解释》第二十六条之规定，以本案工程实际施工人名义，将 B 公司列为第一被告，将某电力建设公司列为第二被告，某热电厂列为第三被告，某发电厂列为第四被告，诉至某市中级人民法院，请求四被告给付工程款 165 万元，给付逾期利息 27526 元。

审理查明，2000 年 12 月 25 日某热电厂与某电力建设公司签订建设工程施工合同，将某热电厂 3 号炉扩建工程发包给某电力建设公司；2002 年 8 月 1 日某热电厂又与某电力建设公司签订建设工程施工合同，将某热电厂南郊热力分厂 2×29MW 热水炉新建工程承包给某电力建设公司；2003 年某发电厂又将部分供热改造工程承包给某电力建设公司。某电力建设公司将上述 3 项工程部分分包给了 A 公司。

法院认为，从本案的发包与承包关系图（见图 5-2）中看出，原告 A 公司不具备最高人民法院《关于审理建设工程施工合同纠纷案件适用法律问题的解释》第二十六条规定中所指的"实际施工人"的身份。其原因如下。

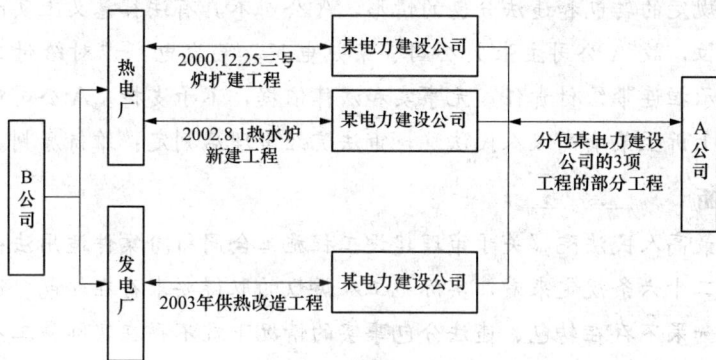

图 5-2　发包与承包关系图

（1）最高人民法院《关于审理建设工程施工合同纠纷案件适用法律问题的解释》第二十六条规定："实际施工人以转包人、违法分包人为被告起诉的，人民法院应当依法受理。实际施工人以发包人为被告主张权利的人民法院可以追加转包人或者违法分包人为本案当事人，发包人只在欠付工程价款范围内对实际施工人承担责任。"在这里，实际施工人是相对于非实际施工人（名义上的施工人）而提出的一个概念只有存在非实际施工人（名义上的施工人）的情况下，才存在实际施工人，本案没有非实际施工人（名义上的施工人）也就不存在实际施工人的概念。

（2）根据合同的相对性，债权是一种严格的相对权，要求只能在特定当事人之间行使。最高人民法院《关于审理建设工程施工合同纠纷案件适用法律问题的解释》之所以突破债权相对性的限制，允许债权人向债务人以外的第三人主张债权就是因为在建设工程施工合同履行过程中存在大量的名义上的施工人与实际施工人不一致的情况，实际施工人履行了名义施工人的义务，但却不能得到名义施工人的权利（尤其是向发包方主张债权的权利），所以《关于审理建设工程施工合同纠纷案件适用法律问题的解释》才做出突破相对性的规定。而本案 A 公司是合法的分包工程承包人，其实际履行了合同。本案并不存在名义上的施工人，所以，A 公司不能以实际施工人的身份对 B 公司及 B 公司下属分支机构某热电厂、某发电厂提期起诉。即 A 公司对 B 公司及 B 公司下属分支机构某热电厂、某发电厂不享有诉权。

综上，某市中级人民法院一审判决认定：因本案中涉及建设工程项目不存在最高人民法院《关于审理建设工程施工合同纠纷案件适用法律问题解释》第二十六条规定的转包和违法分包的情形，A 公司不具有法律意义上实际施工人的法律地位，故 A 公司主张 B 公司、某热电厂、某发电厂应对给付工程款及利息损失承担连带给付责任，无事实和法律依据，不予支持。A 公司对一审判决不服，上诉至某省高级人民法院，审法院经审理后判定：维持原判。

评　析

根据最高人民法院《关于审理建设工程施工合同纠纷案件适用法律问题的解释》第二十六条规定来看，实际施工人诉权的取得要求存在转包、违法分包的事实。如果不存在转包、违法分包事实的情况下就不存在实际施工人对发包人的诉权，而本案不存在转包和违法分包的情况，因此，本案 A 公司对 B 公司及 B 公司下属分支机构某热电厂、某发电厂无诉权。根据本案关系图可以看出，A 公司只与某电力建设公司有发、承包关系，在依法合规的发、承包情形下无权直接越过某电力建设公司把 B 及其下属单位列为被告。

电力建设工程项目招投标与施工

本章将论及电力建设工程的招投标、工程发包分包的操作和风险防范；电力建设工程施工管理，包括施工许可的取得、施工合同签订、履行和电力建设工程的安全生产管理以及安全事故责任分担和风险防范。

第一节 电力建设工程招投标

电力企业作为业主在工程招投标中要注意施工主体的资质和可以承担的工程等级和范围，正确行使工程分包、转包的监督和决策权。

一、施工主体的条件和资质

1. 从事建筑活动应具备的条件

根据《建筑法》第十二条~第十四条，从事建筑活动的建筑施工企业、勘察单位、设计单位和工程监理单位，应当具备下列条件。

（1）有符合国家规定的注册资本。

（2）有与其从事的建筑活动相适应的具有法定执业资格的专业技术人员。

（3）有从事相关建筑活动所应有的技术装备。

（4）法律、行政法规规定的其他条件。

（5）从事建筑活动的建筑施工企业、勘察单位、设计单位和工程监理单位，按照其拥有的注册资本、专业技术人员、技术装备和已完成的建筑工程业绩等资质条件，划分为不同的资质等级，经资质审查合格，取得相应等级的资质证书后，方可在其资质等级许可的范围内从事建筑活动。

（6）从事建筑活动的专业技术人员，应当依法取得相应的执业资格证书，并在执业资格证书许可的范围内从事建筑活动。

2. 电力工程投标人应具备的相应资质

根据《工程建设项目施工招标投标办法》第二十条，工程建设项目施工单位应具备下列资质。

(1) 具有独立订立合同的权利。

(2) 具有履行合同的能力，包括专业、技术资格和能力，资金、设备和其他物质设施状况，管理能力，经验、信誉和相应的从业人员。

(3) 没有处于被责令停业，投标资格被取消，财产被接管、冻结，破产状态。

(4) 在最近三年内没有骗取中标和严重违约及重大工程质量问题。

(5) 法律、行政法规规定的其他资格条件。

二、电力工程施工企业可以承担的工程范围和相应资质条件

《承装（修、试）电力设施许可证等级标准》对电力承装、承修、承试 3 类企业各级资质等级的电力工程施工企业可以承担的工程范围和相应资质条件都做了详细的规定。

1. 承装类

(1) 取得一级承装类承装（修、试）电力工程施工企业　取得一级承装类承装（修、试）电力设施许可证的，可以承担所有电压等级输电、供电、受电电力设施的安装。

(2) 取得二级承装类承装（修、试）电力设施许可证的，可以承担 220kV 以下输电、供电、受电电力设施的安装。

(3) 取得三级承装类承装（修、试）电力设施许可证的，可以承担 110kV 以下输电、供电、受电电力设施的安装。

(4) 取得四级承装类承装（修、试）电力设施许可证的，可以承担 35kV 以下输电、供电、受电电力设施的安装。

(5) 取得五级承装类承装（修、试）电力设施许可证的，可以承担 10kV 以下输电、供电、受电电力设施的安装。

2. 承修类

(1) 取得一级承修类承装（修、试）电力设施许可证的，可以承担所有电压等级输电、供电、受电电力设施的维修。

(2) 取得二级承修类承装（修、试）电力设施许可证的，可以承担 220kV

以下输电、供电、受电电力设施的维修。

（3）取得三级承修类承装（修、试）电力设施许可证的，可以承担 110kV 以下输电、供电、受电电力设施的维修。

（4）取得四级承修类承装（修、试）电力设施许可证的，可以承担 35kV 以下输电、供电、受电电力设施的维修。

（5）取得五级承修类承装（修、试）电力设施许可证的，可以承担 10kV 以下输电、供电、受电电力设施的维修。

3. 承试类

（1）取得一级承试类承装（修、试）电力设施许可证的，可以承担所有电压等级输电、供电、受电电力设施的试验。

（2）取得二级承试类承装（修、试）电力设施许可证的，可以承担 220kV 以下输电、供电、受电电力设施的试验。

（3）取得三级承试类承装（修、试）电力设施许可证的，可以承担 110kV 以下输电、供电、受电电力设施的试验。

（4）取得四级承试类承装（修、试）电力设施许可证的，可以承担 35kV 以下电压等级输电、供电、受电电力设施的试验。

（5）取得五级承试类承装（修、试）电力设施许可证的，可以承担 10kV 以下电压等级输电、供电、受电电力设施的试验。

三、工程招投标

招标投标，是在市场经济条件下进行大宗货物的买卖、工程建设项目的发包与承包，以及服务项目的采购与提供时，所采用的一种交易方式。在这种交易方式下，通常是由项目采购（包括货物的购买、工程的发包和服务的采购）的采购方作为招标方，通过发布招标公告或者向一定数量的特定供应商、承包商发出招标邀请等方式发出招标采购的信息，提出所需采购的项目的性质及其数量、质量、技术要求，交货期、竣工期或提供服务的时间，以及其他供应商、承包商的资格要求等招标采购条件，表明将选择最能够满足采购要求的供应商、承包商与之签订采购合同的意向，由各有意提供采购所需货物、工程或服务的供应商、承包商报价及响应其他招标方要求的条件，参加投标竞争。经招标方对各投标者的报价及其他的条件进行审查比较后，从中择优选定中标者，并与其签订采购合同。招投标流程如图 6-1 所示。

招	1. 组建招标机构		1. 收集招标信息	投
标	2. 编制招标文件		2. 前期接触客户	标
方	3. 发布招标公告	← →	3. 索购资审文件	方
	4. 进行资格预审	←	4. 填报资审文件	
	5. 发售招标文件	←	5. 购买招标文件	
			6. 研究招标文件	
	6. 组织现场踏勘	←	7. 参加现场考察	
			8. 准备质疑问题	
	7. 解答标书质疑	←	9. 参加投标预备会	
			10. 编制投标文件	
	8. 接受投标文件	←	11. 递交投标文件	
	9. 组建评标委员会			
	10. 开标	←	12. 参加招标会议	
	11. 评标	←	13. 澄清有关问题	
	12. 定标	→	14. 准备履约保证	
	13. 商签合同	← →	15. 商签合同	

图 6-1　招投标流程

1. 确定招标方案的内容和步骤

（1）工程建设项目背景情况。

（2）工程招标范围标段划分。

（3）投标资格（资格审查标准）。

（4）工程招标顺序：①相关服务招标在施工招标之前；②准备工程在主体工程之前；③制约工程在辅助工程之前；④土建工程在设备安装之前；⑤结构工程在装饰工程之前；⑥制约后续工程在紧前工程之前；⑦工程施工在设备采购之前；⑧部分影响工程设计或施工技术参数的主要设备采购在前。

（5）工程质量、造价、需求目标：①工程质量需求目标；②工程造价控制目标；③工程进度需求目标。

（6）工程招标方式、方法。

（7）工程发包模式与合同类型。

（8）工程招标工作目标和计划。

（9）工程招标工作分解。

（10）工程招标方案实施的措施。

2. 工程招标与发包

（1）招标应具备的条件。《工程建设项目施工招标投标办法》（七部委30

号令）第八条规定，依法必须招标的工程建设项目，应当具备下列条件才能进行施工招标：①招标人已经依法成立；②初步设计及概算应当履行审批手续的，已经批准；③有相应资金或资金来源已经落实；④有招标所需的设计图纸及技术资料。

（2）工程发包的规定。《建筑法》第十九条～第二十六条，对工程发包做了如下规定。

1）建筑工程依法实行招标发包，对不适于招标发包的可以直接发包。

2）建筑工程实行招标发包的，发包单位应当将建筑工程发包给依法中标的承包单位。建筑工程实行直接发包的，发包单位应当将建筑工程发包给具有相应资质条件的承包单位。

3）提倡对建筑工程实行总承包，禁止将建筑工程肢解发包。建筑工程的发包单位可以将建筑工程的勘察、设计、施工、设备采购一并发包给一个工程总承包单位，也可以将建筑工程勘察、设计、施工、设备采购的一项或者多项发包给一个工程总承包单位；但是，不得将应当由一个承包单位完成的建筑工程肢解成若干部分发包给几个承包单位。

4）承包建筑工程的单位应当持有依法取得的资质证书，并在其资质等级许可的业务范围内承揽工程。禁止建筑施工企业超越本企业资质等级许可的业务范围或者以任何形式用其他建筑施工企业的名义承揽工程。禁止建筑施工企业以任何形式允许其他单位或者个人使用本企业的资质证书、营业执照，以本企业的名义承揽工程。

3. 涉及电力工程建设招标范围规定

国务院关于《必须招标的工程项目规定》的批复（国函〔2018〕56号）有如下规定：

（1）全部或者部分使用国有资金投资或者国家融资的项目包括：①使用预算资金200万元人民币以上，并且该资金占投资额10%以上的项目；②使用国有企业事业单位资金，并且该资金占控股或者主导地位的项目。

（2）使用国际组织或者外国政府贷款、援助资金的项目包括：①使用世界银行、亚洲开发银行等国际组织贷款、援助资金的项目；②使用外国政府及其机构贷款、援助资金的项目。

（3）不属于本规定第（1）条、第（2）条规定情形的大型基础设施、公用事业等关系社会公共利益、公众安全的项目，必须招标的具体范围由国务院发展改革部门会同国务院有关部门按照确有必要、严格限定的原则制订，报国务院批准。

(4) 第(1)条至第(3)条规定范围内的项目，其勘察、设计、施工、监理以及与工程建设有关的重要设备、材料等的采购达到下列标准之一的，必须招标：①施工单项合同估算价在 400 万元人民币以上；②重要设备、材料等货物的采购，单项合同估算价在 200 万元人民币以上；③勘察、设计、监理等服务的采购，单项合同估算价在 100 万元人民币以上。同一项目中可以合并进行的勘察、设计、施工、监理以及与工程建设有关的重要设备、材料等的采购，合同估算价合计达到前款规定标准的，必须招标。

4. 可以邀请招标和免于招标的情形

(1) 邀请招标。

1)《中华人民共和国招标投标法实施条例》第八条规定，国有资金占控股或者主导地位的依法必须进行招标的项目，应当公开招标；但有下列情形之一的，可以邀请招标：①技术复杂、有特殊要求或者受自然环境限制，只有少量潜在投标人可供选择；②采用公开招标方式的费用占项目合同金额的比例过大。如有前述第②项所列情形，属于《中华人民共和国招标投标法实施条例》规定的情形，由项目审批、核准部门在审批、核准项目时做出认定；其他项目由招标人申请有关行政监督部门做出认定。

2)《工程建设项目施工招标投标办法》（七部委 30 号令）第十一条规定，依法必须进行公开招标的项目，有下列情形之一的，可以邀请招标：①项目技术复杂或有特殊要求，或者受自然地域环境限制，只有少量潜在投标人可供选择；②涉及国家安全、国家秘密或者抢险救灾，适宜招标但不宜公开招标；③采用公开招标方式的费用占项目合同金额的比例过大。有前述第②项所列情形，由项目审批、核准部门在审批、核准项目时作出认定；其他项目由招标人申请有关行政监督部门做出认定。

3) 全部使用国有资金投资或者国有资金投资占控股或者主导地位的并需要审批的工程建设项目的邀请招标，应当经项目审批部门批准，但项目审批部门只审批立项的，由有关行政监督部门批准。

(2) 免于招标。

1)《中华人民共和国招标投标法实施条例》第九条规定，除招标投标法第六十六条规定的可以不进行招标的特殊情况外，有下列情形之一的，可以不进行招标：①需要采用不可替代的专利或者专有技术；②采购人依法能够自行建设、生产或者提供；③已通过招标方式选定的特许经营项目投资人依法能够自行建设、生产或者提供；④需要向原中标人采购工程、货物或者服务，否则将影响施工或者功能配套要求；⑤国家规定的其他特殊情形。

2)《工程建设项目施工招标投标办法》（七部委30号令）第十二条规定，依法必须进行施工招标的工程建设项目有下列情形之一的，可以不进行施工招标：①涉及国家安全、国家秘密、抢险救灾或者属于利用扶贫资金实行以工代赈需要使用农民工等特殊情况，不适宜进行招标；②施工主要技术采用不可替代的专利或者专有技术；③已通过招标方式选定的特许经营项目投资人依法能够自行建设；④采购人依法能够自行建设；⑤在建工程追加的附属小型工程或者主体加层工程，原中标人仍具备承包能力，并且其他人承担将影响施工或者功能配套要求；⑥国家规定的其他情形。

5. 招标文件与投标审查

（1）招标公告或者投标邀请书内容。《工程建设项目施工招标投标办法》（七部委30号令）第十四条、二十四条规定，招标公告或者投标邀请书应当至少载明下列内容：①招标人的名称和地址；②招标项目的内容、规模、资金来源；③招标项目的实施地点和工期；④获取招标文件或者资格预审文件的地点和时间；⑤对招标文件或者资格预审文件收取的费用；⑥对招标人的资质等级的要求。

（2）招标文件内容。招标人根据施工招标项目的特点和需要编制招标文件。招标文件一般包括下列内容：①招标公告或投标邀请书；②投标人须知；③合同主要条款；④投标文件格式；⑤采用工程量清单招标的，应当提供工程量清单；⑥技术条款；⑦设计图纸；⑧评标标准和方法；⑨投标辅助材料。招标人应当在招标文件中规定实质性要求和条件，并用醒目的方式标明。

（3）潜在投标人或者投标人的条件。《工程建设项目施工招标投标办法》（七部委30号令）第二十条规定，资格审查应主要审查潜在投标人或者投标人是否符合下列条件：①具有独立订立合同的权利；②具有履行合同的能力，包括专业、技术资格和能力，资金、设备和其他物质设施状况，管理能力，经验、信誉和相应的从业人员；③没有处于被责令停业，投标资格被取消，财产被接管、冻结，破产状态；④在最近三年内没有骗取中标和严重违约及重大工程质量问题；⑤国家规定的其他资格条件。资格审查时，招标人不得以不合理的条件限制、排斥潜在投标人或者投标人，不得对潜在投标人或者投标人实行歧视待遇。任何单位和个人不得以行政手段或者其他不合理方式限制投标人的数量。

>> 案例6-1 某建设集团（承包商，原告）通过招投标承建了某韩资企业（业主，被告）厂房工程，双方签订了工程总价为 6000 余万元的固定总价合同。在履行合同过程中，由于工程量错算、漏算、材料涨价等因素，导致工程实际成本大大超过预算，建设集团因此要求增加支付 1000 余万元。而业主则以合同是"固定总价"为由不同意。承包商遂将业主告上法庭。原告诉称如下。

（1）该工程投标截止日为 2013 年 6 月，在此之后，工程所在地长沙的钢材上涨幅度达 30％～50％，本案工程用钢量为 7000 多吨，因钢材大幅度涨价造成的损失高达 400 多万元。此种涨价是投标人投标时所无法预见的，发包商应当按实补偿。

（2）在施工中发现工程量漏算、错算比较多，涉及工程造价近 300 万元。业主在招标时只给了投标人 7 天的编标时间，在这 7 天时间内投标人客观上无法精确计算工程量，因此要求业主予以补偿。

（3）业主招标时既提供了由某电子工程设计院设计的施工图（蓝图），又提供了其委托韩方设计的白图。招标文件规定投标文件的编制依据是"设计图纸"，但未具体明确是哪一种"设计图纸"。承包商报价时依据的是蓝图，而实际施工过程，业主却要求以白图为依据，导致工程量差异，涉及工程价款 100 多万元。承包商认为凡是超出"蓝图"的工程量，均不属于施工承包范围，不在包干造价范围内，因蓝白图纸差异而增加的工程量业主应追加合同价款。

业主辩称：①合同为"固定总价"，材料涨价是承包商应当承担的商业风险；②本工程为"固定总价"，所有工程量计算疏漏均应由承包商自己承担后果；③蓝、白图差异不大，不会产生承包方所说的工程款。

法院认为，工程期间工程材料涨价高达 50％ 应属不可预见，应属于情势变更的情形，编标时间过于仓促也是事实，蓝、白图纸的工程量有所不同也是客观存在。基于公平合理原则，法院主持下，承包商与业主进行了多次谈判，最终双方达成了一致意见，业主同意补偿承包商 480 万元。

评析 ----------->

情势变更与商业风险有哪些不同呢？

（1）两者性质不同。情势变更属于作为合同成立的基础环境发生了异常变动，所造成的风险属于意外的风险；而商业风险属于从事商业活动所固有的风险，作为合同基础的客观情况的变化未达到异常的程度，一般的市场供求变化、价格涨落等属于此类。

（2）情势变更的发生，当事人签约时无法预见，而且根据实际能力和当时的具体条件，根本不可能预见，即情势的变更超出了正常的范围，使合同当事人在当时情况下无以推测其可能发生。而商业风险则是行为人能够预见或应当预见客观情况的变化可能发生，并尽量加以避免的一种可能性。当事人的预见能力如何判断，应坚持客观标准，即合同当事人在订立合同时所处的客观环境下，作为一个普通的从事经营活动的人员应当具有的认识能力和所发生事件的性质。

（3）情势变更是不可预见的，所以双方当事人在主观上都没有过错，当事人尽了最大注意义务仍不可避免，因此不可归责于双方当事人。而商业风险由于具有可预见性，故此可以说当事人对此存有过失，当事人能够或者应当预见到将会发生商业风险，应当承担风险损失。

（4）两者的后果不同。情势变更的发生在客观上会使合同的基础和预期的目的发生根本性的动摇，如继续履行原合同，将对一方当事人明显不利而一方当事人明显有利或者不能实现合同目的，会产生显失公平的效果，与诚实信用原则和公平原则相违背。而在商业风险中，合同的基础没有发生根本变化，继续履行合同不会对一方当事人明显不公平或者不能实现合同目的，只是造成一定条件下的履行困难及履行合同费用的增加，利润的减少或并非重大的一般性亏损。

由于情势变更和商业风险很难把握，我国《合同法》中对"情势变更"只有散见在条文中的原则性规定，回避了明确的界定。因此，认定情势变更都是很谨慎的，对本案所述工程合同的固定价格约定的情况一般不予调整。但本案法官用自由裁量权认定，价格暴涨属于情势变更。又按照"公平原则"对当事人之间的利益做适当调整。因此，主持达成了如上调解结果。

6. 建设工程招标投诉

（1）招标投标投诉。招标投标投诉是指投标人和其他利害关系人认为招标投标活动不符合法律、法规和规章规定，依法向有关行政监督部门提出意见并要求相关主体改正的行为。

（2）投诉与受理。有权提出投诉的是投标人和其他利害关系人，投诉受理人是招标投标的行政监督部门。对国家重大建设项目（含工业项目）招标投标活动的投诉，由国家发展改革委受理并依法做出处理决定。各级发展改革、建设、水利、交通、铁道、民航、工业与信息产业（通信、电子）等招标投标活动行政监督部门，依照国务院和地方各级人民政府规定的职责分工，受理投诉并依法做出处理决定。投诉人应当在知道或者应当知道其权益受到侵害之日起10日内提出书面投诉。行政监督部门在5日内审查，做出是否受理投诉的决定。

（3）工程建设项目招标投标投诉不予受理的情形。下列情况的招标投标投诉不予受理：①投诉人不是所投诉招标投标活动的参与者，或者与投诉项目无任何利害关系；②投诉事项不具体，且未提供有效线索，难以查证的；③投诉书未署具投诉人真实姓名、签字和有效联系方式；④投诉书未经法定代表人签字并加盖公章的；⑤超过投诉时效的；⑥已经做出处理决定，并且投诉人没有提出新的证据的；⑦投诉事项已进入行政复议或者行政诉讼程序的。

7. 投标人被处罚的原因

投标人被处罚的原因有如下几种：①与招标人相互串通搞虚假招投标；②以不正当手段干扰招标投标和评标；③评标结果生效前与招标人非法签约；④投标文件及澄清资料与事实不符；⑤在质疑过程中提供虚假证明材料；⑥投标人互相串通，哄抬标价，暗中确定中标人；⑦中标人不按投标文件与招标人签约或提供的产品或工程不符合投标文件；⑧其他违反《招投标法》的行为。

8. 建设单位违法被处罚的风险

建设单位有下列情形将面临违法被处罚的风险：①必须招标的工程拒绝招标或化整为零规避招标；②应当公开招标而不公开招标；③与投标单位或招标代理串通，泄露应守秘密进行虚假招标；④不具备招标条件而进行招标；⑤不按照项目审批部门核准内容进行招标；⑥非法限制或排斥潜在投标人；⑦非因不可抗力原因，在发出招标广告或售出招标书后终止招标；⑧拒不接受已经生效的评标结果；⑨不履行与中标人签订的供货/施工合同；⑩有商业贿赂行为；⑪没有施工许可证擅自开工；⑫不依法办理施工图文件审查；⑬不按规定进行设计变更，擅改设计图；⑭将建筑工程非法支解发包；⑮自行招标中有失公正或因失误、失职造成严重后果或恶劣影响；⑯强迫勘察、设计、监理、施工企业低于成本竞标或强迫垫资投标；⑰骗取、伪造或涂改施工许可证；⑱必须实行监理的工程不委托监理；⑲将工程发包给不具备资质或无安全生产许可证的企业施工；⑳明示或暗示勘察、设计和施工单位违反强制性标准，降低工程质量；㉑不按照合同约定支付施工工程款；㉒中止或恢复施工时不依法报告或申请核验施工许可证；㉓不办理竣工验收备案手续擅自投入使用；㉔其他法律法规规定的违法行为。

四、工程分包与转包

1. 发包人与承包人的义务

（1）发包人义务。

1）提供施工条件除专用合同条款另有约定外，发包人应负责提供施工所需要的条件，包括：①将工程施工所必需的用水、电力、通信线路等接至施工现场内；②保证向承包人提供正常施工所需要的进入施工现场的交通条件；③协调处理施工现场周围地下管线和邻近建筑物、构筑物、古树名木的保护工作，并承担相关费用；④按照专用合同条款约定应提供的其他设施和条件。

2）提供基础资料。发包人应当在移交施工现场前向承包人提供施工现场及工程施工所必需的毗邻区域内供水、排水、供电、供气、供热、通信、广播电视等地下管线资料，气象和水文观测资料，地质勘察资料，相邻建筑物、构筑物和地下工程等有关基础资料，并对所提供资料的真实性、准确性和完整性负责。按照法律规定确需在开工后方能提供的基础资料，发包人应尽其努力及时地在相应工程施工前的合理期限内提供，合理期限应以不影响承包人的正常施工为限。

（2）承包人义务。承包人在履行合同过程中应遵守法律和工程建设标准规范，并履行以下义务：①办理法律规定应由承包人办理的许可和批准，并将办理结果书面报送发包人留存；②按法律规定和合同约定完成工程，并在保修期内承担保修义务；③按法律规定和合同约定采取施工安全和环境保护措施，办理工伤保险，确保工程及人员、材料、设备和设施的安全；④按合同约定的工作内容和施工进度要求，编制施工组织设计和施工措施计划，并对所有施工作业和施工方法的完备性和安全可靠性负责；⑤在进行合同约定的各项工作时，不得侵害发包人与他人使用公用道路、水源、市政管网等公共设施的权利，避免对邻近的公共设施产生干扰。承包人占用或使用他人的施工场地，影响他人作业或生活的，应承担相应责任；⑥按照约定做好施工场地及其周边环境与生态的保护工作；⑦按约定采取施工安全措施，确保工程及其人员、材料、设备和设施的安全，防止因工程施工造成的人身伤害和财产损失；⑧将发包人按合同约定支付的各项价款专用于合同工程，且应及时支付其雇用人员工资，并及时向分包人支付合同价款；⑨按照法律规定和合同约定编制竣工资料，完成竣工资料立卷及归档，并按专用合同条款约定的竣工资料的套数、内容、时间等要求移交发包人；⑩应履行的其他义务。对于大型建筑工程或者结构复杂的建筑工程，根据《中华人民共和国建筑法》第二十七条，可以由两个以上的承包单位联合共同承包。共同承包的各方对承包合同的履行承担连带责任。两个以上不同资质等级的单位实行联合共同承包的，应当按照资质等级低的单位的业务许可范围承揽工程。《建筑法》第五十五条规定："建筑工程实行总承包的，工程质量由工程总承包单位负责，总承包单位将建筑工程分包给其他单位的，应当对分包工程的质量与分包单位承担连带责任。分包单位应当接受总承包单位的质量管理。"

2. 分包与转包

（1）分包。分包是总承包人或分项承包人，经过发包人依法将其所承包的建设工程的部分工作交由第三人完成。

1）分包的确定。按照合同约定进行分包的，承包人应确保分包人具有相应的资质和能力。工程分包不减轻或免除承包人的责任和义务，承包人和分包人就分包工程向发包人承担连带责任。除合同另有约定外，承包人应在分包合同签订后约定期限内向发包人和监理人提交分包合同副本。

2）分包管理。承包人应向监理人提交分包人的主要施工管理人员表，并对分包人的施工人员进行实名制管理，包括但不限于进出场管理、登记造册以及各种证照的办理。

3）分包合同价款与结算。分包合同价款由承包人与分包人结算，未经承包人同意，发包人不得向分包人支付分包工程价款；生效法律文书要求发包人向分包人支付分包合同价款的，发包人有权从应付承包人工程款中扣除该部分款项。

4）分包合同权益的转让。分包人在分包合同项下的义务持续到缺陷责任期届满以后的，发包人有权在缺陷责任期届满前，要求承包人将其在分包合同项下的权益转让给发包人，承包人应当转让。除转让合同另有约定外，转让合同生效后，由分包人向发包人履行义务。

（2）转包。转包是指承包人在承包建设工程以后，又将其建设任务部分或全部转让给第三人。承包人不得将其承包的全部工程转包给第三人，或将其承包的全部工程肢解后以分包的名义转包给第三人。承包人不得将工程主体结构、关键性工作及专用合同条款中禁止分包的专业工程分包给第三人，主体结构、关键性工作的范围由合同当事人按照法律规定在专用合同条款中予以明确。承包人不得以劳务分包的名义转包或违法分包工程。

3.分包与转包的法律规定

(1)《建筑法》第二十八条、第二十九条;《工程建设项目施工招标投标办法》(七部委 30 号令)第六十六条～第六十九条、第八十二条对分包做了如下规定。

1)禁止承包单位将其承包的全部建筑工程转包给他人,禁止承包单位将其承包的全部建筑工程肢解以后以分包的名义分别转包给他人。

2)建筑工程总承包单位可以将承包工程中的部分工程发包给具有相应资质条件的分包单位;但是,除总承包合同中约定的分包外,必须经建设单位认可。施工总承包的,建筑工程主体结构的施工必须由总承包单位自行完成。建筑工程总承包单位按照总承包合同的约定对建设单位负责;分包单位按照分包合同的约定对总承包单位负责。总承包单位和分包单位就分包工程对建设单位承担连带责任。禁止总承包单位将工程分包给不具备相应资质条件的单位。禁止分包单位将其承包的工程再分包。

3)招标人不得直接指定分包人。

4)对于不具备分包条件或者不符合分包规定的,招标人有权在签订合同或者中标人提出分包要求时予以拒绝。发现中标人转包或违法分包时,可要求其改正;拒不改正的,可终止合同,并报请有关行政监督部门查处。监理人员和有关行政部门发现中标人违反合同约定进行转包或违法分包的,应当要求中标人改正,或者告知招标人要求其改正;对于拒不改正的,应当报请有关行政监督部门查处。

5)中标人将中标项目转让给他人的,将中标项目肢解后分别转让给他人的,违法将中标项目的部分主体、关键性工作分包给他人的,或者分包人再次分包的,转让、分包无效,有关行政监督部门处转让、分包项目金额 5‰以上 5‰以下的罚款;有违法所得的,并处没收违法所得;可以责令停业整顿;情节严重的,由工商行政管理机关吊销营业执照。

(2)《建设工程质量管理条例》第二十五条第二、三款规定:"禁止施工单位超越本单位资质等级许可的业务范围或者以其他施工单位的名义承揽工程。禁止施工单位允许其他单位或个人以本单位的名义承揽工程。施工单位不得转包或者违法分包。"

(3)《建设工程质量管理条例》第七十八条第二款规定:"本条例所称违法分包,是指下列行为:①总承包单位将建设工程分包给不具备相应资质条件的单位的；②建设工程总承包合同中未约定，又未经建设单位认可，承包单位将其承包的部分建设工程交由其他单位完成的；③施工总承包单位将建设工程主体结构的施工分包给其他单位的；④分包单位将其承包的工程再分包的。"

（4）《中华人民共和国建筑法》第六十七条规定："承包单位将承包工程转包的，或者违反本法规定进行分包的，责令改正，没收非法所得，并处罚款，可以责令停业整顿，降低资质等级；情节严重的，吊销在职证书。"

（5）《关于审理建设工程施工合同纠纷案件适用法律的问题的解释》第四条规定："承包人非法转包、违法分包建设工程或者没有资质的实际施工人借用有资质的建筑施工企业名义与他人签订建设工程施工合同无效。人民法院可以根据民法通则第一百三十四条规定，收缴当事人依据取得的非法所得。"这里的非法所得是指转包费、管理费、联营费、管考费等。

（6）《工程建设项目施工招标办法》第六十六条规定："招标人不得直接指定分包人。"

（7）《房屋建设和市政基础设施工程施工分包管理办法》第七条规定："施工单位不得直接指定分包工程承包人，任何单位和个人不得对依法实施的分包活动进行干预。"但这是规章规定，法律位阶低，不属于"违反法律法规强制性规定"导致合同无效的情形。第九条规定："专业工程分包除在施工总承包合同中有约定外，必须经建设单位认可。专业分包工程必须自行完成所承包的工程。"

4. 规避指定分包会给业主带来的风险

规避指定分包会给业主带来下列风险：①不管是业主还是指定分包人绕过总承包人与业主直接结算工程款的，一旦发生纠纷将导致法院认定为业主直接发包和另行发包的风险（成为总承包人对分包工程的进度和质量推卸的理由）；②指定分包工程与其他专业分包工程的脱节，使得业主对工程项目难以进行有效的控制；③业主对质量问题承担过错责任。

最高院《关于审理建设工程施工合同纠纷案件适用法律问题的解释》第十二条规定："发包人提供或者指定购买的建筑材料建筑构配件、设备不符合强制性标准，或者直接指定分包人分包专业工程，造成质量缺陷，发包人应当承担过错责任。承包人有过错的，也应承担相应的过错责任。"这对业主而言存在较大的法律风险。因此，业主应在招标文件及总承包合同中列明"推荐"而非"指定"。推荐不符合条件，总承包人可以拒绝使用；总承包人选用分包人的，经过业主行使最终批准权——互相制约，以期选优。重要的是业主与总承包人的合同约定清楚明白。

但是，并不是说对于指定分包，总承包单位就对可以分包工程质量缺陷不承担责任。《建设工程质量管理条例》第二十六条第三款规定："建设工程实行总承包的，总承包单位应当对全部建设工程质量负责。"

《建筑法》第五十五条规定："建筑工程实行总承包的，工程质量有总承包单位负责，总承包单位将建筑工程分包给其他单位的，应当对分包工程的质量与分包单位承担连带责任。分包单位应当接受总承包单位的质量管理。"

5. 分包质量管理

《建筑法》第五十五条、第五十六条规定，建筑工程实行总承包的，工程质量由工程总承包单位负责，总承包单位将建筑工程分包给其他单位的，应当对分包工程的质量与分包单位承担连带责任。分包单位应当接受总承包单位的质量管理。

建筑工程的勘察、设计单位必须对其勘察、设计的质量负责。勘察、设计文件应当符合有关法律、行政法规的规定和建筑工程质量、安全标准、建筑工程勘察、设计技术规范以及合同的约定。设计文件选用的建筑材料、建筑构配件和设备，应当注明其规格、型号、性能等技术指标，其质量要求必须符合国家规定的标准。

《工程建设项目施工招标投标办法》第八十二条规定："中标人将中标项目转让给他人的，将中标项目肢解后分别转让给他人的，违法将中标项目的部分主体、关键性工作分包给他人的，或者分包人再次分包的，转让、分包无效，有关行政监督部门处转让、分包项目金额千分之五以上千分之十以下的罚款；有违法所得的，并处没收违法所得；可以责令停业整顿；情节严重的，由工商行政管理机关吊销营业执照。"

承包人按照约定向发包人和监理人提交工程质量保证体系及措施文件，建立完善的质量检查制度，并提交相应的工程质量文件。对于发包人和监理人违反法律规定和合同约定的错误指示，承包人有权拒绝实施。

承包人应对施工人员进行质量教育和技术培训，定期考核施工人员的劳动技能，严格执行施工规范和操作规程。

承包人应按照法律规定和发包人的要求，对材料、工程设备以及工程的所有部位及其施工工艺进行全过程的质量检查和检验，并做详细记录，编制工程质量报表，报送监理人审查。此外，承包人还应按照法律规定和发包人的要求，进行施工现场取样试验、工程复核测量和设备性能检测，提供试验样品、提交试验报告和测量成果以及其他工作。

6. 分包、转包工程质量纠纷处理

根据最高人民法院《关于审理建设工程施工合同纠纷案件适用法律问题的解释》第二十六条，在非法转包、违法分包的情形下，一般会出现发包人、非法转包人（分包人），以及实际施工人，而发包人与实际施工人之间无合同关系。由于三者均围绕同一个建设项目，其利益紧密相连，如何处理其利益冲突，解决在施工合同履行中出现的矛盾和纠纷，是建设工程施工纠纷案件所面临的问题。特别是在发包人与实际施工人之间无合同关系的情况下如何处理，显得尤为突出。

为解决司法实践中长期出现的困扰，妥善处理纠纷，最高人民法院《关于审理建设工程施工合同纠纷案件适用法律问题的解释》做出了突破性的规定。其第二十五条规定："因建设工程质量发生争议的，发包人可以以总承包人、分包人和实际施工人为共同被告提起诉讼。"其第二十六条第一款规定："实际施工人以转包人、违法分包人为被告起诉的，人民法院应当受理。"第二款规定："实际施工人以发包人为被告主张权利的，人民法院可以追加转包人或者违法分包人为本案当事人。发包人只在欠付工程价款范围内对实际施工人承担责任。"

按上述第一款的规定：实际施工人以转包人、违法分包人为被告起诉的，人民法院应当受理。在此类案件中，转包人、违法分包人与实际施工人之间一般会订立工程转包、分包合同。尽管该转包、分包合同最终会被人民法院确认为无效合同，但是转包人、违法分包人与实际施工人之间就纠纷如何解决而订立的管辖约定并不当然无效。双方当事人只要订立的协议管辖不违反《民事诉讼法》第二十五条的规定，就应当认定为有效，双方所约定的受诉法院应当有管辖权。按上述第二款的规定，实际施工人可以以发包人为被告主张权利，且发包人只在欠付工程价款范围内对实际施工人承担责任。同时，人民法院可以追加转包人或者违法分包人为案件的当事人。

由此可见，虽然实际施工人与发包人之间无合同关系，依据合同相对性的原则，实际施工人无权起诉发包人，但为了解决司法实践中出现的转包人、违法分包人无力给付工程款，或者转包人、违法分包人在收取工程款或一定的管理费用之后或解散、或注销、或消失等现象，从维护实际施工人的合法权益出发，最高人民法院在司法解释中对原有的立法予以了突破，规定了实际施工人可以对与自己没有合同关系的发包人在欠付工程价款范围内主张权利。

第二节　电力建设工程施工

为控制固定资产投资规模过快增长，国家严格控制电网发展，提高电网的安全性，科学合理安排年开工规模，国家发改委、国家能源局明文规定，未取齐开工必要的支持性文件前，严禁开工建设；已开工建设的，要立即停止建设。电力建设单位要熟稔工程施工的法律法规，签订好施工合同，维护合同当事人的合法权益，全过程管理电建工程施工，确保工程质量和安全生产。

一、施工许可

1. 申领施工许可证及其条件

《建筑法》第七条规定："规定建筑工程开工前，建设单位应当按照国家有关规定向工程所在地县级以上人民政府建设行政主管部门申请领取施工许可证；但是，国务院建设行政主管部门确定的限额以下的小型工程除外。按照国务院规定的权限和程序批准开工报告的建筑工程，不再领取施工许可证。不需申领施工许可证的建设工程还包括：①抢险救灾工程；②临时性工程；③农民自建住宅工程；④军事用房建筑；⑤其他法律法规规定不需要办证的。"

《建筑法》第八条规定："申请领取施工许可证，应当具备下列条件：①已经办理该建筑工程用地批准手续；②在城市规划区的建筑工程，已经取得规划许可证；③需要拆迁的，其拆迁进度符合施工要求；④已经确定建筑施工企业；⑤有满足施工需要的施工图纸及技术资料；⑥有保证工程质量和安全的具体措施；⑦建设资金已经落实；⑧法律、行政法规规定的其他条件。建设行政主管部门应当自收到申请之日起 15 日内，对符合条件的申请颁发施工许可证。"

2. 电力建设工程备案

(1) 电力建设工程备案的主要内容。根据《电力建设工程备案管理规定》第五条，电力建设工程备案主要内容如下。

1) 项目基本情况，包括项目名称、地点、审批或者核准情况、开工报告批准情况、主要建设内容、施工工期及进度安排、招标时间及招标文件编号、项目是否符合环境保护、安全有关规定和要求等。

2) 电力工程建设（管理）单位基本情况，包括单位名称、地址，取得电力业务许可证情况，项目负责人和安全管理机构负责人姓名及联系方式。

3）参建单位（含设计、施工、监理单位等）基本情况，包括参建单位名称、项目负责人姓名及联系方式、取得承装（修、试）电力设施许可证及其他资质证书情况，主要工作内容等。

4）安全管理措施，包括安全生产组织体系、安全投入计划、施工组织方案、安全保障和应急处置措施等内容。

5）当地电力监管机构要求备案的其他材料。

对于 110kV 及以下电网建设工程，以及 50MW（不含 50MW）以下范围的发电建设工程（不含小水电工程）等建设工期短、投资规模小的电力建设工程，可以仅备案 1）、2）、5）所列内容或项目建设计划。

（2）电力建设工程备案程序《电力建设工程备案管理规定》第六条规定，电力建设工程备案程序如下。

1）电力工程建设（管理）单位在电力建设工程开工报告批准之日起 15 个工作日内向所在地电力监管机构提交备案材料。

2）电力监管机构对收到电力工程建设（管理）单位提交的备案材料，在 15 个工作日内，将满足备案要求的电力建设工程项目在 12398 信息公开网、各派出机构网站等进行公告。

3. 工程项目开工建设的 8 项条件

为控制固定资产投资规模过快增长，国家严格控制电网发展，提高电网的安全性，科学合理安排年开工规模，进而有效控制固定资产投资规模，防止经济发展由偏快转为过热，国务院办公厅于 2007 年 11 月 17 日印发了《关于加强和规范新开工项目管理的通知》（国办发〔2007〕64 号文），要求各类投资项目开工建设必须符合的 8 项条件。具体内容如下。

（1）符合国家产业政策、发展建设规划、土地供应政策和市场准入标准。

（2）已经完成审批、核准或备案手续。实行审批制的政府投资项目已经批准可行性研究报告，其中需审批初步设计及概算的项目已经批准初步设计及概算；实行核准制的企业投资项目，已核准项目申请报告；实行备案制的企业投资项目，已经完成手续。

（3）规划区内的项目选址和布局必须符合城乡规划，并依照城乡规划法的有关规定办理相关手续。

（4）需要申请使用土地的项目必要依法取得用地批准手续，并已经签订国有土地部门有偿使用合同或取得国有土地划拨决定书。其中，工业、商业、旅游、娱乐和商品房住宅等经营性投资项目，应当以招标、挂牌或出让方式取得土地。

（5）已经按照建设项目环境评价分类管理、分级审批的规定完成环境影响评价审批。

（6）已经按照规定完成固定资产项目节能评估和审查。

（7）建筑工程开工以前，建设单位依照建筑法的有关规定，已经取得施工许可证或开工报告，并采取保证建设项目工程质量安全的具体措施。

（8）符合国家法律法规规定的其他相关要求。

4. 电力工程项目建设管理

为贯彻落实国务院《清理规范投资项目报建审批事项实施方案》（国发〔2016〕29号），国家发改委、国家能源局2016年8月发放通知，要求进一步清理、规范已核准电力项目（本通知指火电、电网项目，下同）的报建审批工作，推进简政放权，切实维护电力项目建设秩序。通知对电力工程项目建设的各个环节做出了明确的规定。

（1）清理规范报建审批事项。《清理规范投资项目报建审批事项实施方案》对国务院有关部门设立的投资项目报建审批事项进行了清理规范。要求各相关单位支持电力项目的报建审批事项清理规范工作，凡是不符合《清理规范投资项目报建审批事项实施方案》相关要求的，一律不再作为开工前置条件。

（2）明确电力项目开工标志。考虑工程建设实际，火电项目开工标志明确为：主厂房基础垫层浇筑第一方混凝土；电网项目中变电工程和线路工程的开工标志分别明确为：主体工程基础开挖和线路基础开挖。各省（区、市）发展改革委（能源局）和国家能源局派出机构在开展相关工作时，要以此作为判断标准。

（3）切实维护电力建设秩序。对确需开展的报建审批事项和强制性评估工作，电力项目单位要逐一落实，严格按程序办理。未取齐开工必要的支持性文件前，严禁开工建设；已开工建设的，要立即停止建设。

（4）协调指导煤电开工建设。发展改革、国土、环保、水利等部门在为煤电项目（含燃煤自备电站）办理报建审批事项时，要结合《关于促进我国煤电有序发展的通知》（发改能源〔2016〕565号）相关要求，以及国家定期发布的煤电规划建设风险预警等，制定有针对性的政策或采取相应措施。国家发展改革委、国家能源局将会同相关部门建立协调联动机制，切实促进煤电有序发展。

（5）规范煤电有序开工建设。地方政府和发电企业要高度重视国家定期发布的煤电规划建设风险预警提示，对预警结果为红色的省（区、市），慎重决策开工建设煤电项目；认真落实《关于促进我国煤电有序发展的通知》（发改能源〔2016〕565号）有关内容，对于明确要求缓建的已核准未开工煤电项目，暂缓开工建设。

（6）加强开工建设专项检查。各省（区、市）发展改革委（能源局）、国家能源局派出机构要会同有关部门，加大对电力项目特别是火电项目未达开工条件建设等违规问题的监督检查力度。一经发现，省级发展改革委（能源局）要责令其立即停止建设，相关部门要依法依规予以严肃处理。对未取齐开工必要支持性文件的在建火电项目，除执行上述措施外，凡属于发改能源〔2016〕565号文明确要求缓建省份的暂缓建设；对其他火电项目，在取齐必要支持性文件后，需经相应省级发展改革委（能源局）核实，方可恢复建设。

（7）严肃处理违规建设行为。对于存在违规开工建设且拒不停工、不接受相关部门处理等违规行为的电力项目，相应省（区、市）发展改革委（能源局）可视情况对项目单位及其所属集团公司实行限批新建电力项目、开展自用及外送煤电项目优选工作时不予考虑等措施。且国家能源局要通报全国银行及金融机构要依据法律、法规和国家有关规定停止对其发放贷款。对于违规建设的火电项目，国家能源局及其派出机构将不予办理业务许可证，电网企业不予并网。

▶▶ **案例6-2** 某建筑公司与某房地产开发公司于2010年8月18日签订施工合同一份。合同签订后，建筑公司依约进场施工，履行相应义务，但业主尚未取得施工许可证。2011年2月15日，市住房和城乡规划建设局以某房产开发公司未依法取得施工许可证为由，要求解除合同并向建筑公司下达《暂时停止施工通知书》建筑公司被迫停工并及时通知某房地产开发公司。后经某建筑公司多次催告，某房产公司仍未办理施工许可证。建筑公司遂起诉房地产开发公司，赔偿误工损失。法院判令房地产公司赔偿建筑公司误工损失。

评 析 ----------▶

（1）本案建筑公司没有解除合同的诉求，市住房和城乡规划建设局无权要求建筑公司解除合同。根据《最高人民法院关于审理建设工程施工合同纠纷案件适用法律问题的解释》第九条规定可以见出，发包人具有下列情形之一，致使承包人无法施工，且在催告的合理期限内仍未履行相应义务，如果是承包人请求解除建设工程施工合同的，应予支持：①未按约定支付工程价款的；②提供的主要建筑材料、建筑构配件和设备不符合强制性标准的；③不履行合同约定的协助义务的。本案应属房地产公司不履行合同约定的协助义务。如果原告诉求解除合同，应当受理并支持。

（2）根据国务院《清理规范投资项目报建审批事项实施方案》文件精神，未取齐开工必要的支持性文件前，严禁开工建设；已开工建设的，要立即停止建设。施工许可证当然是重要的开工支持性文件。市住房和城乡规划建设局有权下令停止施工。

二、施工合同

建设工程施工合同是指承包人进行工程施工，发包人支付相应工程价款的协议。也就是说，承包人按照发包人的要求完成施工任务并交付给发包人，发包人向承包人支付工程价款并接收承包人完成的工作成果。

签订建设工程施工合同依据《合同法》《建筑法》《招标投标法》以及相关法律法规，旨在指导建设工程施工合同当事人的签约行为，维护合同当事人的合法权益。

1. 建设工程施工合同的组成部分

建设工程施工合同组成部分，是个框架，是通用形式。对房屋建筑工程、土木工程、线路管道和设备安装工程、装修工程等建设工程的施工承发包活动，合同当事人可结合各类建设工程的具体情况，订立合同，并按照法律法规规定和合同约定承担相应的法律责任及合同权利义务。建设工程施工合同由合同协议书、通用合同条款和专用合同条款三大部分组成。

（1）合同协议书。合同协议书主要包括：①工程概况；②合同工期；③质量标准；④签约合同价和合同价格形式；⑤项目经理；⑥合同文件构成；⑦承诺；⑧语词含义；⑨签订时间；⑩签订地点；⑪补充协议；⑫合同生效条件；⑬合同份数；⑭发包人与承包人具体信息。合同协议书集中约定了合同当事人基本的合同权利义务。

（2）通用合同条款。通用合同条款是合同当事人根据《建筑法》《合同法》等法律法规的规定，就工程建设的实施及相关事项，对合同当事人的权利义务做出的原则性约定。通用合同条款包含的内容分别为：一般约定、发包人、承包人、监理人、工程质量、安全文明施工与环境保护、工期和进度、材料与设备、试验与检验、变更、价格调整、合同价格、计量与支付、验收和工程试车、竣工结算、缺陷责任与保修、违约、不可抗力、保险、索赔、争议解决。

(3) 专用合同条款。专用合同条款与通用条款款项是相同的，其内容是对通用合同条款原则性约定的细化、完善、补充、修改或另行约定的条款。合同当事人可以根据不同建设工程的特点及具体情况，通过双方的谈判、协商对相应的专用合同条款进行修改补充。在使用专用合同条款时，应注意以下事项。

1) 专用合同条款的编号应与相应的通用合同条款的编号一致。

2) 合同当事人可以通过对专用合同条款的修改，满足具体建设工程的特殊要求，避免直接修改通用合同条款。

3) 在专用合同条款中有横道线的地方，合同当事人可针对相应的通用合同条款进行细化、完善、补充、修改或另行约定；如无细化、完善、补充、修改或另行约定，则填写"无"或划"/"。

2. 合同效力的认定与合同解除

建设工程施工合同的法律效力问题，是合同双方当事人首先要注意和解决的问题。只有合同有效，才能得到法律的保护。如果合同无效，则应当按照无效合同的法律规定去处理。

对合同效力的认定应该综合与建设工程施工合同相关的所有合同文件进行认定。如按下列次序认定的合同文件应当能相互解释，相互说明：①本合同协议书；②中标通知书；③投标书及其附件；④合同专用条款；⑤合同通用条款；⑥标准、规范及有关技术文件；⑦图纸；⑧工程量清单；⑨工程报价单或预算书。

(1) 建设工程施工合同无效。根据最高人民法院《关于审理建设工程施工合同纠纷案件适用法律问题的解释》第一条、第四条的规定，下列合同应认定为无效合同：①承包人未取得建筑施工企业资质或者超越资质等级的；②没有资质的实际施工人借用有资质的建筑施工企业名义的；③建设工程必须进行招标而未招标或者中标无效的；④承包人非法转包、违法分包建设工程的。

(2) 建设工程施工合同无效的处理。因为合同被认定无效，当事人之间就合同价款的约定未必然无效，当事人之间对合同价款的约定符合其真实意思表示，只要工程质量合格，该约定的价款符合双方当事人的预期，因此，应当按照合同的约定结算工程价款。如果按实结算，往往会造成工程价款高于双方约定的工程价款，使得无效合同的工程价款高于有效合同的工程价款。除非在实际施工过程中确实发生了工程量的增加，可按实结算。对于无效的建设工程施工合同，应当按照最高人民法院《关于审理建设工程施工合同纠纷案件适用法律问题的解释》第二条、第三条的规定处理。

1）建设工程施工合同无效，但建设工程经竣工验收合格，承包人请求参照合同约定支付工程款的，应予支持。

2）建设工程施工合同无效，且建设工程经竣工验收不合格，但经承包人修复使得建设工程验收合格，发包人应支付工程款，并由承包人承担修复费用；如果是发包人自行修复的，则修复费用由承包人承担。

3）建设工程施工合同无效，且建设工程经竣工验收不合格，经承包人修复后仍然不合格，承包人请求支付工程款的，不予支持。

（3）工程合同的解除。根据《合同法》，工程合同的解除分为协议解除、约定解除和法定解除3种解除方式。最高人民法院《关于审理建设工程施工合同纠纷案件适用法律问题的解释》对建设工程合同的法定解除作了更加明确的规定，更便于操作。

1）发包人的法定解除权。

a. 预期违约：承包人明确表示或者以行为表明不履行合同主要义务。

b. 迟延履行：承包人在合同约定的期限内没有完工，且在发包人催告的合理期限内仍未完工的。

c. 根本违约：承包人已完工程质量不合格，并拒绝修复。

d. 违反法律法规：承包人非法转包、违法分包。

2）承包人的法定解除权（迟延履行）。

a. 发包人未按约定支付工程款，致使承包人无法施工，且在催告的合理期限内仍未履行相应义务。

b. 发包人提供的主要建筑材料、建筑构配件和设备不符合强制性标准，致使承包人无法施工，且在催告的合理期限内仍未履行相应义务。

c. 发包人不履行合同约定的协助义务，如提供施工场地、施工图纸等，致使承包人无法施工，且在催告的合理期限内仍未履行相应义务。

3）合同解除后的法律后果。最高人民法院《关于审理建设工程施工合同纠纷案件适用法律问题的解释》第十条对建设工程解除后的法律后果明确规定如下。

a. 合同解除后，如果已经完成的工程质量合格的，发包人应当按照合同的约定支付相应的工程款。

b. 如果已经完成的工程质量不合格的，但经承包人修复使得建设工程验收合格，发包人应支付工程款，并由承包人承担修复费用；如果是发包人自行修复的，则修复费用由承包人承担。

c. 因一方违约导致合同解除的，违约方应当赔偿因此给对方造成的损失。

3. 工程价款

工程价款一般有约定固定价（闭口价、不变价、不调整价）和约定暂定价（开口价、通过审计确定价、按实际结算价）两种约定方式。两种约定价格必须在合同中约定清楚、明白、确定。

（1）约定固定价。对合同约定范围内的工程量确定固定价格，在约定的风险范围内合同价款不做调整；若发生工程量的增、减的情况，则只对增、减部分进行相应调整或者按实结算。双方当事人约定固定价结算的，一方当事人请求对工程造价进行调整的，不予支持。因此，发承包双方应根据《建筑工程施工发包与承包计价管理办法》（住建部〔2014〕16号令）第十四条规定，在合同中约定，发生下列情形时合同价款的调整方法：①法律、法规、规章或者国家有关政策变化影响合同价款的；②工程造价管理机构发布价格调整信息的；③经批准变更设计的；④发包方更改经审定批准的施工组织设计造成费用增加的；⑤双方约定的其他因素。

（2）约定暂定价。对合同约定范围内的工程量不约定固定价格，而是约定暂定价或者最终通审计确定工程造价。双方约定开口价的，一般通过协商或者审计鉴定来最终确认工程价款。分以下几种情况。

1）合同范围内的工程量的认定。如果双方在合同和施工图中约定了工程内容且实际竣工验收，应当认定承包人完成了工程量，应当按此结算工程款；但是，发包人有证据证明（如施工合同、付款凭证、施工资料等）该工程量系自行完成或者委托他人完成，则承包人无权取得该工程款。

2）合同范围外的工程量的认定。合同和施工图中没有约定此项工程，承包人已实际施工，并有签证单、会议记录、往来信函以及其他技术资料等，则应认定承包人的实际施工量并以此结算工程价款；如果发包人有相反证据证明该项工程量是其自行或者委托他人完成的，则承包人无权取得该工程价款。

3）对合同履行中往来文书的效力认定。在合同履行过程中双方往来的文书一般包括工程签证单、技术核定书、会议记录、往来信函等。对上述文书的法律效力的认定，只要一方当事人有证据证明该文件是另一方当事人的施工负责人、工程监理、现场代表、项目经理、项目负责人等的签字，就可以认定其法律效力。

4. 围绕工程款的纠纷处理

建设工程竣工后验收前后，围绕工程款这个核心问题，经常存在工期认定、工程款计算时间、欠付工程款责任、工程款垫付以及索赔和工程款优先受偿等问题，以下分述。

（1）工期的确认。工期一般包括开、竣工日期以及工期顺延。工程逾期竣工、工期顺延往往导致的损失，如何分担责任？必须对工期进行认定，以判定承、发包人应担的责任。

1）开工日期的认定。开工日期一般是指承包人进场施工的日期。如果合同约定的开工日期与承包人实际进场施工日期不一致，分如下几种情形认定开工日期。

a. 承包人有证据证明实际开工日期的，如发包人的开工指令、工程监理的记录、有关实际开工的会议记录等，则应当认定该日期即为开工日期。

b. 承包人无证据证明实际开工日期，但有开工报告的，则认定该开工报告所记载的日期为开工日期。

c. 承包人没有证据的，则认定施工合同中约定的开工日期即为实际开工日期。

2）竣工日期的认定。竣工日期对确认承包人预期竣工与否、发包人支付工程款的时间以及工程风险的转移等至关重要，往往成为双方当事人争执的焦点，也是人民法院审理案件的重点。竣工日期是指承包人实际完成施工任务的日期。如果双方对实际竣工日期产生争议，经协商无法达成一致意见，根据最高人民法院《关于审理建设工程施工合同纠纷案件适用法律问题的解释》第十四条的规定，可按照下列情形处理。

a. 工程经验收合格的，以竣工验收合格之日为竣工日期。

b. 承包人已经提交竣工验收报告，发包人拖延验收的，以承包人提交验收报告之日为竣工日期。

c. 工程未经竣工验收，发包人擅自使用的，以转移占有建设工程之日为竣工日期。

3）工期顺延的认定。工期顺延，一般是指是由于发包人的原因或不可抗力因素导致承包人无法在合同约定的期限内完成施工任务的事实，若是前者原因，承包人虽逾期竣工不仅可免责，还可以向发包人主张工期顺延、停工、窝工等损失赔偿。如果承包人由于自身的原因导致逾期竣工，则不认定为工期顺延，承包人应承担相应的违约责任。谁主张，谁举证。承包人应当在施工合同履行的过程中，注意收集工期可以合理顺延的相关书面材料，以维护自身的利益。从司法实践来看，合理的工期顺延有如下几种情形。

a. 工程量的增加。发包人在施工过程中增加工程量，导致承包人无法完成预定的工程量。承包人应当与发包人协商工期合理顺延的时间，并取得发包人或者工程监理确认的工期顺延的书面证据。当然，如果没有书面证据，也可以通过将来的审计鉴定等手段来确认合理的工期顺延时间。

b. 工程设计变更。由于发包人变更设计，导致工期顺延。承包人也应当按照工程量增加的原则合理取得工期顺延的书面证据材料。

c. 发包人违约。一般是指发包人未提供设计图纸、施工许可证、施工场地等必备条件和资料，造成承包人无法施工。当然，也包括发包人未按合同约定支付相应的工程进度款，造成承包人无法正常施工。由于发包人违约造成的工期顺延，其法律后果应当由发包人自行承担。

d. 分包人与承包人施工过程衔接不当。发包人直接将部分工程分包给第三人施工或者要求承包人分包给其指定的施工单位。在施工过程中，由于分包人与承包人衔接不当造成工期延误，发包人应承担相应的延误责任。

e. 工程质量鉴定。工程在竣工前，当事人对工程质量发生争议，工程质量经鉴定合格的，鉴定时间为顺延工期时间。如果工程质量经鉴定不合格，则工期不顺延，承包人逾期竣工的，应承担违约责任。

f. 不可抗力等其他因素。承包人在施工过程中发生不可抗力的因素或者其他意外事件，如台风、地震、洪水等，或者高考期间的政府管制等。

（2）工程价款结算日期的认定。在建设工程施工合同纠纷中，若承包人向发包人提交工程结算文件和资料，发包人不予答复，也不支付工程款。对于这种情况，《建筑工程施工发包与承包计价管理办法》（住建部〔2014〕16号令）第十六条～第十九条做了如下规定。

1）承包方应当按照合同约定向发包方提交已完成工程量报告。发包方收到工程量报告后，应当按照合同约定及时核对并确认。

2）发承包双方应当按照合同约定，定期或者按照工程进度分段进行工程款结算和支付。

3）工程完工后，应当按照下列规定进行竣工结算。

a. 承包方应当在工程完工后的约定期限内提交竣工结算文件。

b. 国有资金投资建筑工程的发包方，应当委托具有相应资质的工程造价咨询企业对竣工结算文件进行审核，并在收到竣工结算文件后的约定期限内向承包方提出由工程造价咨询企业出具的竣工结算文件审核意见；逾期未答复的，按照合同约定处理，合同没有约定的，竣工结算文件视为已被认可。非国有资金投资的建筑工程发包方，应当在收到竣工结算文件后的约定期限内予以答复，逾期未答复的，按照合同约定处理，合同没有约定的，竣工结算文件视为已被认可；发包方对竣工结算文件有异议的，应当在答复期内向承包方提出，并可以在提出异议之日起的约定期限内与承包方协商；发包方在协商期内未与承包方协商或者经协商未能与承包方达成协议的，应当委托工程造价咨询企业进行竣工结算审核，并在协商期满后的约定期限内向承包方提出由工程造价咨询企业出具的竣工结算文件审核意见。

c. 承包方对发包方提出的工程造价咨询企业竣工结算审核意见有异议的，在接到该审核意见后一个月内，可以向有关工程造价管理机构或者有关行业组织申请调解，调解不成的，可以依法申请仲裁或者向人民法院提起诉讼。

d. 发承包双方在合同中对上述第 a 项、第 b 项的期限没有明确约定的，应当按照国家有关规定执行；国家没有规定的，可认为其约定期限均为 28 天。

4）工程竣工结算文件经发承包双方签字确认的，应当作为工程决算的依据，未经对方同意，另一方不得就已生效的竣工结算文件委托工程造价咨询企业重复审核。发包方应当按照竣工结算文件及时支付竣工结算款。竣工结算文件应当由发包方报工程所在地县级以上地方人民政府住房城乡建设主管部门备案。

5）住建部和国家工商总局制定的《建设工程施工合同（示范文本）》（GF—2017—0201）14.2 竣工结算审核第（1）项第二款规定："发包人在收到承包人提交竣工结算申请书后 28 天内未完成审批且未提出异议的，视为发包人认可承包人提交的竣工结算申请单，并自发包人收到承包人提交的竣工结算申请单后第 29 天起视为已签发竣工付款证书。"第（2）项规定："除专用合同条款另有约定外，发包人应在签发竣工付款证书后的 14 天内，完成对承包人的竣工付款。发包人逾期支付的，按照中国人民银行发布的同期同类贷款基准利率支付违约金；逾期支付超过 56 天的，按照中国人民银行发布的同期同类贷款基准利率的两倍支付违约金。"

6）最高人民法院《关于审理建设工程施工合同纠纷案件适用法律问题的解释》第二十条规定："当事人约定，发包人收到竣工结算文件后，在约定的期限内不予答复，视为认可竣工结算文件的，按照约定处理；承包人请求按照竣工结算文件结算工程价款的，应予支持。"

综上可见，首先发承包双方应在施工合同中约定，发包人在收到承包人竣工结算文件后，应当在一定期限内给予答复；如在约定的期限内不予答复，则视为发包人认可承包人所提交的竣工结算价款。其次没有约定期限的，应当按照国家有关规定执行；国家没有规定的，可认为其约定期限均为 28 日。

（3）工程款的欠付与工程款优先受偿。

1）工程款的欠付。如果有证据证明，发包人违约欠付工程款，承包人可以主张哪些权利？当然这里的欠付是工程款额度及付款时间都是可以确定的。发包人除支付外工程款外，还要支付工程款的利息。对拖延支付工程款的利息标准及其计算方法双方应该有明确的约定。利息适用最高人民法院《关于审理建设工程施工合同纠纷案件适用法律问题的解释》（法释〔2004〕14 号）第十七条规定："当事人对欠付工程价款利息计付标准有约定的，按照约定处理；没有约定的，按照中国人民银行发布的同期同类贷款利率计息。"计息时间适用最高人民法院《关于审理建设工程施工合同纠纷案件适用法律问题的解释》第十八条规定："利息从应付工程价款之日计付。"当事人对付款时间没有约定或者约定不明的，下列时间视为应付款时间：①建设工程已实际交付的，为交付之日；②建设工程没有交付的，为提交竣工结算文件之日；③建设工程未交付，工程价款也未结算的，为当事人起诉之日。

2）工程款的优先受偿。如果发包人未在合同约定时间内向承包人支付工程结算价款，经承包人催告，发包人在合理期限内仍未支付结算价款，且又未达成延期支付协议的，便可适用优先受偿。工程款的优先受偿，是一种基于法律规定的优先受偿的权利。优先权是指特定的债权人基于法律的规定而享有的就债务人的特定财产的价值优先受偿的权利。尽管事先没有设置担保，有时法律也会赋予一些特殊的债权人享有优先受偿权。《合同法》第二百八十六条规定："发包人未按照合同约定支付价款的，承包人可以催告发包人在合理期限内支付价款。发包人逾期不支付的，除按照建设工程的性质不宜折价、拍卖的以外，承包人可以与发包人协议将该工程折价，也可以申请人民法院将该工程依法拍卖。建设工程的价款就该工程折价或者拍卖的价款优先受偿。"《建设工程工程量清单计价规范》（GB 50500—2013）11.4.5 规定："发包人未按照本规范规定支付竣工结算款的，承包人可催告发包人支付，并有权获得延迟支付的利息。发包人在竣工结算支付证书签发后或者在收到承包人提交的竣工结算款支付申请 7 天后的 56 天内仍未支付的，除法律另有规定外，承包人可与发包人协商将该工程折价，也可直接向人民法院申请将该工程依法拍卖。承包人应就该工程折价或拍卖的价款优先受偿。"

a. 关于如何适用工程价款的优先受偿权，2002 年 6 月 11 日最高人民法院在《关于建设工程价款优先受偿权的批复》（法释〔2002〕16 号）中有如下规定：①人民法院在审理房地产纠纷案件和办理执行案件中，应当依照《合同法》第二百八十六条的规定，认定建筑工程的承包人的优先受偿权优于抵押权和其他债权；②消费者交付购买商品房的全部或者大部分款项后，承包人就该商品房享有的工程价款优先受偿权不得对抗买受人；③建筑工程价款包括承包人为建设工程应当支付的工作人员报酬、材料款等实际支出的费用，不包括承包人因发包人违约所造成的损失；④建设工程承包人行使优先权的期限为六个月，自建设工程竣工之日或者建设工程合同约定的竣工之日起计算。

b. 关于工程价款的优先受偿权适用的工程范围，2004 年 12 月 8 日，最高法院《关于装修装饰工程款是否享有合同法第 286 条规定的优先受偿权的函复》中规定，装修装饰工程属于建设工程，可以适用《合同法》第二百八十六条关于优先受偿权的规定。优先受偿权的范围为建筑物因装修装饰而增加的价值。但是，装修装饰工程的发包人不是该建筑物的所有权人；或者承包人与该建筑物的所有权人之间没有合同关系的，承包人不享有优先受偿权。

>> 案例6-3　某年 11 月 9 日，某开发区管委会与某建筑公司签订工程合同及补充协议，约定由该建筑公司承担主楼和二号库的建筑安装任务。12 月 28 日工程正式开工。翌年 4 月 13 日，工程主楼竣工验收合格。市质检站于后年 9 月 16 日证明工程大楼主体结构质量优良。

第四年 3 月 13 日，管委会以二号库工程进度严重拖延为由通知建筑公司终止合同，要求其在 10 天内退场。建筑公司认为工程进度拖延系管委会拖欠工程款所致，明确表示不同意终止合同，要求管委会继续履行义务，但管委会未予理睬。

第四年 3 月 24 日，管委会强行打开建筑公司库房，将存放于其中的工具和用于工程的材料等搬出，堆放于院中，造成部分工具和材料丢失及损坏。后建筑公司被强制退场。

退场之后，建筑公司多次与管委会协商材料工具损失赔偿问题，但管委会都不予理会。建筑公司遂提起诉讼，要求法院判令管委会赔偿工具材料损失。

法院经审理后，判决管委会赔偿建筑公司材料工具损失费。

评 析

在建设工程施工中，强制退场是没有法律依据的。强制退场是一种暴力行为，会引发严重冲突。

如果施工方严重违约，考虑到工期紧等情况，可以向法院申请先予执行程序，请法院下达裁定，通过法律途径让施工人先退场。

本案发包人强制施工方退场，并强行打开库房的行为导致材料设备损毁丢失，应当承担违约责任，赔偿施工方损失。承包人可以侵权为由，要求发包方赔偿损失。

三、施工管理

建设工程施工管理主要包括质量、进度、安全生产和环境保护等方面。

1. 工程质量管理

（1）工程质量管控。保证工程质量符合合同的约定和国家法律的规定，是承包人应当履行的法定义务。造成工程质量存在问题，既有可能是承包人的问题，也有可能是发包人的问题，当然还有可能是勘察、设计的问题。因此，当工程质量出现问题时，首先应当查明造成工程质量缺陷的原因，以便分清责任。必要时，应当委托工程质量鉴定机构进行鉴定。质量管控是为了达到质量要求所采取的作业技术和活动。工程项目质量控制是依据国家现行的有关法律、法规、技术标准、设计文件及工程合同中对包含工序质量、分项工程质量、分部工程质量和单位工程质量进行管控。

（2）工程质量责任和保证措施。以下是住建部、工商管理总局制颁的《建设工程施工合同（示范文本）》的规定。

1）质量责任。

a. 工程质量标准必须符合现行国家有关工程施工质量验收规范和标准的要求。有关工程质量的特殊标准或要求由合同当事人在专用合同条款中约定。

b. 因发包人原因造成工程质量未达到合同约定标准的，由发包人承担由此增加的费用和（或）延误的工期，并支付承包人合理的利润。

c. 因承包人原因造成工程质量未达到合同约定标准的，发包人有权要求承包人返工直至工程质量达到合同约定的标准，并由承包人承担由此增加的费用和（或）延误的工期。

2）质量保证措施。

a. 发包人的质量管理，发包人应按照法律规定及合同约定完成与工程质量有关的各项工作。

b. 承包人的质量管理，承包人施工组织设计约定向发包人和监理人提交工程质量保证体系及措施文件，建立完善的质量检查制度，并提交相应的工程质量文件。对于发包人和监理人违反法律规定和合同约定的错误指示，承包人有权拒绝实施。承包人应对施工人员进行质量教育和技术培训，定期考核施工人员的劳动技能，严格执行施工规范和操作规程。承包人应按照法律规定和发包人的要求，对材料、工程设备以及工程的所有部位及其施工工艺进行全过程的质量检查和检验，并做详细记录，编制工程质量报表，报送监理人审查。此外，承包人还应按照法律规定和发包人的要求，进行施工现场取样试验、工程复核测量和设备性能检测，提供试验样品、提交试验报告和测量成果以及其他工作。

c. 监理人的质量检查和检验，监理人按照法律规定和发包人授权对工程的所有部位及其施工工艺、材料和工程设备进行检查和检验。承包人应为监理人的检查和检验提供方便，包括监理人到施工现场，或制造、加工地点，或合同约定的其他地方进行察看和查阅施工原始记录。监理人为此进行的检查和检验，不免除或减轻承包人按照合同约定应当承担的责任。监理人的检查和检验不应影响施工正常进行。监理人的检查和检验影响施工正常进行的，且经检查检验不合格的，影响正常施工的费用由承包人承担，工期不予顺延；经检查检验合格的，由此增加的费用和（或）延误的工期由发包人承担。

（3）工程质量纠纷处理。

1）最高人民法院《关于审理建设工程施工合同纠纷案件适用法律问题的解释》第十一条、第十二条对工程质量问题做了如下新规定。

a. 因承包人的过错造成工程质量不符合约定，承包人拒绝修理、返工或者改建，发包人请求减少支付工程款的，应予支持。

b. 因发包人提供的设计有缺陷、提供或者指定购买的建筑材料、建筑构配件、设备不符合强制性标准、直接指定分包人分包专业工程，造成工程质量缺陷的，应承担过错责任。

c. 工程未经竣工验收，发包人擅自使用，又以使用部分质量不符合约定为由主张权利的，不予支持；但承包人应在工程合理寿命内对地基基础工程和主体结构质量承担责任。

d. 由于发包人擅自使用和工程保修无关，即使出现发包人在工程未经竣工验收或者验收不合格的情况下擅自使用或者强行使用，也不能免除承包人的保修义务，承包人仍然应当按照合同的约定和法律的规定承担工程质量保修的责任。

2) 住建部、工商管理总局制颁的《建设工程施工合同（示范文本）》对不合格工程处理规定如下。

a. 因承包人原因造成工程不合格的，发包人有权随时要求承包人采取补救措施，直至达到合同要求的质量标准，由此增加的费用和（或）延误的工期由承包人承担。无法补救的，按照拒绝接收全部或部分工程约定执行。

b. 因发包人原因造成工程不合格的，由此增加的费用和（或）延误的工期由发包人承担，并支付承包人合理的利润。

2. 工程施工进度管理

(1) 施工进度管理内容。

1) 施工进度控制总体目标确定。主要从项目总进度计划对施工工期的要求、已建成项目的实际进度、资金条件、物资条件等因素来综合确定。

2) 施工进度控制总体目标分解。按施工阶段分解、按施工单位分解、按专业工种分解、按建设工期及进度目标分解。

3) 施工阶段进度控制的内容。主要包括：事前、事中和事后进度控制，以及施工总进度计划的编制、单位工程施工进度计划的编制、施工阶段群体多级网络计划的编制。

4) 施工阶段计划进度的检查、监督。检查工程的实际进度是否按照计划进度实施，如果出现偏离，原因是什么，是否采取有力措施。

(2) 工程施工进度管理措施。根据住建部、工商管理总局制颁的《建设工程施工合同（示范文本）》的规定，施工进度的管控是根据施工组织计划编写施工进度计划，在实际施工中可以修订。

1) 施工组织设计应包含以下内容：①施工方案；②施工现场平面布置图；③施工进度计划和保证措施；④劳动力及材料供应计划；⑤施工机械设备的选用；⑥质量保证体系及措施；⑦安全生产、文明施工措施；⑧环境保护、成本控制措施；⑨合同当事人约定的其他内容。

2) 施工进度计划的编制承包人应按照施工组织设计约定提交详细的施工进度计划，施工进度计划的编制应当符合国家法律规定和一般工程实践惯例，施工进度计划经发包人批准后实施。施工进度计划是控制工程进度的依据，发包人和监理人有权按照施工进度计划检查工程进度情况。

3) 施工进度计划的修订施工进度计划不符合合同要求或与工程的实际进度不一致的，承包人应向监理人提交修订的施工进度计划，并附具有关措施和相关资料，由监理人报送发包人。除专用合同条款另有约定外，发包人和监理人应在收到修订的施工进度计划后7天内完成审核和批准或提出修改意见。发包人和监理人对承包人提交的施工进度计划的确认，不能减轻或免除承包人根据法律规定和合同约定应承担的任何责任或义务。

（3）工程延期。

1）因发包人原因导致工期延误。在合同履行过程中，因下列情况导致工期延误和（或）费用增加的，由发包人承担由此延误的工期和（或）增加的费用，且发包人应支付承包人合理的利润：①发包人未能按合同约定提供图纸或所提供图纸不符合合同约定的；②发包人未能按合同约定提供施工现场、施工条件、基础资料、许可、批准等开工条件的；③发包人提供的测量基准点、基准线和水准点及其书面资料存在错误或疏漏的；④发包人未能在计划开工日期之日起7天内同意下达开工通知的；⑤发包人未能按合同约定日期支付工程预付款、进度款或竣工结算款的；⑥监理人未按合同约定发出指示、批准等文件的；⑦专用合同条款中约定的其他情形。因发包人原因未按计划开工日期开工的，发包人应按实际开工日期顺延竣工日期，确保实际工期不低于合同约定的工期总日历天数。因发包人原因导致工期延误需要修订施工进度计划的，按照施工进度计划的修订执行。

2）因承包人原因导致工期延误。因承包人原因造成工期延误的，可以在专用合同条款中约定逾期竣工违约金的计算方法和逾期竣工违约金的上限。承包人支付逾期竣工违约金后，不免除承包人继续完成工程及修补缺陷的义务。

第三节　电力建设施工的安全生产

人类的生产活动一日不停，安全生产管理一日不止，安全与生产如影相随，须臾不可分离。现代安全生产概念涵盖安全、整洁、卫生、文明等几个方面。因此，广义上的电建安全施工应当包括安全生产和环保两个方面。

电力建设施工存在诸如以下安全施工问题：安全管理制度不健全；资质审查不严，存在无资质和超资质范围施工、违法分包、以包代管问题；施工现场安全管理混乱，事故隐患多，尤其是现场脚手架管理不规范，安全风险大；对现场特种设备进场及使用和特种设备操作人员疏于监管，把关不严；施工用电安全隐患多；现场监理过程走过场；应急预案不完整，管理不到位；再就是施工安全教育培训走形式，以致施工人员安全意识淡薄，安全知识技能匮乏，

"三违"行为不绝等。

一、安全施工

《电力建设工程施工安全监督管理办法》（发改委令第 28 号）和住建部、工商管理总局制颁的《建设工程施工合同（示范文本）》都对建设施工安全生产提出了具体的要求。

1. 施工合同安全生产要求

《建设工程施工合同（示范文本）》规定，合同履行期间，合同当事人均应当遵守国家和工程所在地有关安全生产的要求，合同当事人有特别要求的，应在专用合同条款中明确施工项目安全生产标准化达标目标及相应事项。承包人有权拒绝发包人及监理人强令承包人违章作业、冒险施工的任何指示。

在施工过程中，如遇到突发的地质变动、事先未知的地下施工障碍等影响施工安全的紧急情况，承包人应及时报告监理人和发包人，发包人应当及时下令停工并报政府有关行政管理部门采取应急措施。

因安全生产需要暂停施工的，按照暂停施工的约定执行。

2. 安全生产保证措施

承包人应当按照有关规定编制安全技术措施或者专项施工方案，建立安全生产责任制度、治安保卫制度及安全生产教育培训制度，并按安全生产法律规定及合同约定履行安全职责，如实编制工程安全生产的有关记录，接受发包人、监理人及政府安全监督部门的检查与监督。

3. 特别安全生产事项

承包人应按照法律规定进行施工，开工前做好安全技术交底工作，施工过程中做好各项安全防护措施。承包人为实施合同而雇用的特殊工种的人员应受过专门的培训并已取得政府有关管理机构颁发的上岗证书。

承包人在动力设备、输电线路、地下管道、密封防震车间、易燃易爆地段以及临街交通要道附近施工时，施工开始前应向发包人和监理人提出安全防护措施，经发包人认可后实施。

实施爆破作业，在放射、毒害性环境中施工（含储存、运输、使用）及使用毒害性、腐蚀性物品施工时，承包人应在施工前 7 天以书面通知发包人和监理人，并报送相应的安全防护措施，经发包人认可后实施。

需单独编制危险性较大分部分项专项工程施工方案的，以及要求进行专家论证的超过一定规模的危险性较大的分部分项工程，承包人应及时编制和组织论证。

>> 案例6-4　　　原告潘某诉称，被告水利电力建设公司承建某水库工程后，又将该工程附属项目"二号采石场"分包给没有相关资质的自然人刘某，刘某又转包给蒋某。2004年5月23日，蒋某组织技术员工潘某（即原告）等4人进场做爆破开采片石石料的准备工作。2004年5月25日，刘某与蒋某签订《内部承包合同》。从此，蒋某、潘某等4人便在二号采石场进行正常的片石石料爆破开采。其中，蒋某、潘某二人持有经公安机关培训、核发的爆破证书。2004年6月28日下午19时许，原告在被告所经营的某水库工程工地上进行放炮作业中，虽在50m外躲避仍不幸被飞来的石块击中左上肢成开放性粉碎性骨折，被一起做工的蒋某等组织车辆送到医院治疗。

法院经审理后认定了上述事实。遂判决如下。

（1）被告蒋某在本判决发生法律效力之日起十日内赔偿原告潘某因伤致残后的残疾赔偿金4430元，医疗费5497元，住院期间的伙食补助费375元，误工费3000元，护理费500元，交通费40元，共计13842元。

（2）被告水利电力建设公司、刘某对上述债务负连带责任。

评　析

（1）被告蒋某作为雇主，理应对员工的人身安全负责，并提供相应的安全防范措施，但未能提供，导致本案原告受伤，应当承担赔偿责任。

（2）被告水利电力建设公司在知道或者应当知道被告刘某接受该发包业务没有相应的资质或安全生产条件而擅自将工程发包，违反了相关的法律法规，按照最高人民法院《关于审理人身损害赔偿案件适用法律若干问题的解释》第十一条第二款规定："雇员在从事雇佣活动中因安全生产事故遭受人身损害，发包人、分包人知道或者应当知道接受发包或者分包业务的雇主没有相应资质或者安全生产条件的，应当与雇主承担赔偿责任"，应当依法对原告潘中仁所受损害承担连带赔偿责任。

（3）被告刘某把承包过来的工程又擅自转包给也没有相应资质或安全生产条件的被告蒋某，也违反了相关的法律法规，并从中受益，按照权责相一致原则，也应当对原告潘某所受损害承担赔偿责任。

（4）原告潘某持有公安机关培训、核发的爆破证书，具有爆破资格，且在实施放炮作业过程中，已经尽了基本的安全注意义务，本身不存在重大过失，对损害的发生不应承担赔偿责任。原告在跑出50m远后停下来躲避，但还是被放炮飞来的石子打伤，这是原告本人完全无法预料的。

二、施工合同当事人的安全生产义务

1. 建设单位（发包方）安全责任

《电力建设工程施工安全监督管理办法》对建设单位（发包方）、承包方和监理方的安全生产义务做了如下规定。

（1）建设单位对电力建设工程施工安全负全面管理责任，具体内容包括：①建立健全安全生产组织和管理机制，负责电力建设工程安全生产组织、协调、监督职责；②建立健全安全生产监督检查和隐患排查治理机制，实施施工现场全过程安全生产管理；③建立健全安全生产应急响应和事故处置机制，实施突发事件应急抢险和事故救援；④建立电力建设工程项目应急管理体系，编制应急综合预案，组织勘察设计、施工、监理等单位制定各类安全事故应急预案，落实应急组织、程序、资源及措施，定期组织演练，建立与国家有关部门、地方政府应急体系的协调联动机制，确保应急工作有效实施；⑤及时协调和解决影响安全生产重大问题。建设工程实行工程总承包的，总承包单位应当按照合同约定，履行建设单位对工程的安全生产责任；建设单位应当监督工程总承包单位履行对工程的安全生产责任。

（2）建设单位应当按照国家有关规定实施电力建设工程招投标管理，具体包括：①应当将电力建设工程发包给具有相应资质等级的单位，禁止中标单位将中标项目的主体和关键性工作分包给他人完成；②应当在电力建设工程招标文件中对投标单位的资质、安全生产条件、安全生产费用使用、安全生产保障措施等提出明确要求；③应当审查投标单位主要负责人、项目负责人、专职安全生产管理人员是否满足国家规定的资格要求；④应当与勘察设计、施工、监理等中标单位签订安全生产协议。

（3）按照国家有关安全生产费用投入和使用管理规定，电力建设工程概算应当单独计列安全生产费用，不得在电力建设工程投标中列入竞争性报价。根据电力建设工程进展情况，及时、足额向参建单位支付安全生产费用。

（4）建设单位应当向参建单位提供满足安全生产的要求施工现场及毗邻区域内各种地下管线、气象、水文、地质等相关资料，提供相邻建筑物和构筑物、地下工程等有关资料。

（5）建设单位应当组织参建单位落实防灾减灾责任，建立健全自然灾害预测预警和应急响应机制，对重点区域、重要部位地质灾害情况进行评估检查。应当对施工营地选址布置方案进行风险分析和评估，合理选址。组织施工单位对易发生泥石流、山体滑坡等地质灾害工程项目的生活办公营地、生产设备设施、施工现场及周边环境开展地质灾害隐患排查，制定和落实防范措施。

（6）建设单位应当执行定额工期，不得压缩合同约定的工期。如工期确需调整，应当对安全影响进行论证和评估。论证和评估应当提出相应的施工组织措施和安全保障措施。

（7）建设单位应当履行工程分包管理责任，严禁施工单位转包和违法分包，将分包单位纳入工程安全管理体系，严禁以包代管。

（8）建设单位应在电力建设工程开工报告批准之日起 15 日内，将保证安全施工的措施，包括电力建设工程基本情况、参建单位基本情况、安全组织及管理措施、安全投入计划、施工组织方案、应急预案等内容向建设工程所在地国家能源局派出机构备案。

2. 施工单位（承包方）安全责任

（1）施工单位应当具备相应的资质等级，具备国家规定的安全生产条件，取得安全生产许可证，在许可的范围内从事电力建设工程施工活动。

（2）施工单位应当按照国家法律法规和标准规范组织施工，对其施工现场的安全生产负责。应当设立安全生产管理机构，按规定配备专（兼）职安全生产管理人员，制定安全管理制度和操作规程。

（3）施工单位应当按照国家有关规定计列和使用安全生产费用。应当编制安全生产费用使用计划，专款专用。

（4）电力建设工程实行施工总承包的，由施工总承包单位对施工现场的安全生产负总责，具体内容如下。

1）施工单位或施工总承包单位应当自行完成主体工程的施工，除可依法对劳务作业进行劳务分包外，不得对主体工程进行其他形式的施工分包；禁止任何形式的转包和违法分包。

2）施工单位或施工总承包单位依法将主体工程以外项目进行专业分包的，分包单位必须具有相应资质和安全生产许可证，合同中应当明确双方在安全生产方面的权利和义务。施工单位或施工总承包单位履行电力建设工程安全生产监督管理职责，承担工程安全生产连带管理责任，分包单位对其承包的施工现场安全生产负责。

3）施工单位或施工总承包单位和专业承包单位实行劳务分包的，应当分包给具有相应资质的单位，并对施工现场的安全生产承担主体责任。

（5）施工单位应当履行劳务分包安全管理责任，将劳务派遣人员、临时用工人员纳入其安全管理体系，落实安全措施，加强作业现场管理和控制。

（6）电力建设工程开工前，施工单位应当开展现场查勘，编制施工组织设计、施工方案和安全技术措施并按技术管理相关规定报建设单位、监理单位同意。分部分项工程施工前，施工单位负责项目管理的技术人员应当向作业人员进行安全技术交底，如实告知作业场所和工作岗位可能存在的风险因素、防范措施以及现场应急处置方案，并由双方签字确认；对复杂自然条件、复杂结构、技术难度大及危险性较大的分部分项工程需编制专项施工方案并附安全验算结果，必要时召开专家会议论证确认。

（7）施工单位应当定期组织施工现场安全检查和隐患排查治理，严格落实施工现场安全措施，杜绝违章指挥、违章作业、违反劳动纪律行为发生。

（8）施工单位应当对因电力建设工程施工可能造成损害和影响的毗邻建筑物、构筑物、地下管线、架空线缆、设施及周边环境采取专项防护措施。对施工现场出入口、通道口、孔洞口、邻近带电区、易燃易爆及危险化学品存放处等危险区域和部位采取防护措施并设置明显的安全警示标志。

（9）施工单位应当制定用火、用电、易燃易爆材料使用等消防安全管理制度，确定消防安全责任人，按规定设置消防通道、消防水源，配备消防设施和灭火器材。

（10）施工单位应当按照国家有关规定采购、租赁、验收、检测、发放、使用、维护和管理施工机械、特种设备，建立施工设备安全管理制度、安全操作规程及相应的管理台账和维保记录档案。施工单位使用的特种设备应当是取得许可生产并经检验合格的特种设备。特种设备的登记标志、检测合格标志应当置于该特种设备的显著位置。安装、改造、修理特种设备的单位，应当具有国家规定的相应资质，在施工前按规定履行告知手续，施工过程按照相关规定接受监督检验。

（11）施工单位应当按照相关规定组织开展安全生产教育培训工作。企业主要负责人、项目负责人、专职安全生产管理人员、特种作业人员需经培训合格后持证上岗，新入场人员应当按规定经过三级安全教育。

（12）施工单位对电力建设工程进行调试、试运行前，应当按照法律法规和工程建设强制性标准，编制调试大纲、试验方案，对各项试验方案制定安全技术措施并严格实施。

（13）施工单位应当根据电力建设工程施工特点、范围，制定应急救援预案、现场处置方案，对施工现场易发生事故的部位、环节进行监控。实行施工总承包的，由施工总承包单位组织分包单位开展应急管理工作。

3. 监理单位安全生产责任

（1）监理单位应当按照法律法规和工程建设强制性标准实施监理，履行电力建设工程安全生产管理的监理职责。监理单位资源配置应当满足工程监理要求，依据合同约定履行电力建设工程施工安全监理职责，确保安全生产监理与工程质量控制、工期控制、投资控制的同步实施。

（2）监理单位应当建立健全安全监理工作制度，编制含有安全监理内容的监理规划和监理实施细则，明确监理人员安全职责以及相关工作安全监理措施和目标。

（3）监理单位应当组织或参加各类安全检查活动，掌握现场安全生产动态，建立安全管理台账。重点审查、监督下列工作。

1）按照工程建设强制性标准和安全生产标准及时审查施工组织设计中的安全技术措施和专项施工方案。

2）审查和验证分包单位的资质文件和拟签订的分包合同、人员资质、安全协议。

3）审查安全管理人员、特种作业人员、特种设备操作人员资格证明文件和主要施工机械、工器具、安全用具的安全性能证明文件是否符合国家有关标准；检查现场作业人员及设备配置是否满足安全施工的要求。

4）对大中型起重机械、脚手架、跨越架、施工用电、危险品库房等重要施工设施投入使用前进行安全检查签证。土建交付安装、安装交付调试及整套启动等重大工序交接前进行安全检查签证。

5）对工程关键部位、关键工序、特殊作业和危险作业进行旁站监理；对复杂自然条件、复杂结构、技术难度大及危险性较大分部分项工程专项施工方案的实施进行现场监理；监督交叉作业和工序交接中的安全施工措施的落实。

6）监督施工单位安全生产费的使用、安全教育培训情况。

（4）在实施监理过程中，发现存在生产安全事故隐患的，应当要求施工单位及时整改；情节严重的，应当要求施工单位暂时或部分停止施工，并及时报告建设单位。施工单位拒不整改或者不停止施工的，监理单位应当及时向国家能源局派出机构和政府有关部门报告。

三、安全生产责任承担

电力建设工程施工各方主体必须坚持"安全第一、预防为主、综合治理"的方针，必须遵守安全生产法律法规和标准规范，必须确定对建设过程中的安全职责和相应的法律责任进行详细的规定，坚持电力建设工程施工安全监督管理工作规范化、法制化。

住建部、工商管理总局制颁的《建设工程施工合同（示范文本）》对安全生产责任承担做了如下规定。

1. 发包人的安全责任

发包人应负责赔偿以下各种情况造成的损失：①工程或工程的任何部分对土地的占用所造成的第三者财产损失；②由于发包人原因在施工场地及其毗邻地带造成的第三者人身伤亡和财产损失；③由于发包人原因对承包人、监理人造成的人员人身伤亡和财产损失；④由于发包人原因造成的发包人自身人员的人身伤害以及财产损失。

根据《电力建设工程施工安全监督管理办法》，建设单位有下列行为之一的，责令限期改正，并处 20 万元以上 50 万元以下的罚款；造成重大安全事故，构成犯罪的，对直接责任人员，依照刑法有关规定追究刑事责任；造成损失的，依法承担赔偿责任：①对电力勘察、设计、施工、调试、监理等单位提出不符合安全生产法律、法规和强制性标准规定的要求的；②违规压缩合同约定工期的；③将工程发包给不具有相应资质等级的施工单位的。

2. 承包人的安全责任

由于承包人原因在施工场地内及其毗邻地带造成的发包人、监理人以及第三者人员伤亡和财产损失，由承包人负责赔偿。

根据《电力建设工程施工安全监督管理办法》，施工单位（承包方）有下列行为之一的，责令限期改正；逾期未改正的，责令停业整顿，并处 10 万元以上 30 万元以下的罚款；情节严重的，提请相关部门降低资质等级，直至吊销资质证书；造成重大安全事故，构成犯罪的，对直接责任人员，依照刑法有关规定追究刑事责任；造成损失的，依法承担赔偿责任。

（1）未按本办法设立安全生产管理机构、配备专（兼）职安全生产管理人员或者分部分项工程施工时无专（兼）职安全生产管理人员现场监督的。

（2）主要负责人、项目负责人、专职安全生产管理人员、特种（殊）作业人员未持证上岗的。

（3）使用国家明令淘汰、禁止使用的危及电力施工安全的工艺、设备、材料的。

（4）未按照规定在施工起重机械和整体提升脚手架、模板等自升式架设设施验收合格后取得使用登记证书的。

（5）未向作业人员提供安全防护用品、用具的。

（6）未在施工现场的危险部位设置明显的安全警示标志，或者未按照国家有关规定在施工现场设置消防通道、消防水源、配备消防设施和灭火器材的。

3. 监理单位的安全责任

根据《电力建设工程施工安全监督管理办法》，监理单位有下列行为之一的，责令限期改正；逾期未改正的，责令停业整顿，并处 10 万元以上 30 万元以下的罚款；情节严重的，提请相关部门降低资质等级，直至吊销资质证书；造成重大安全事故，构成犯罪的，对直接责任人员，依照刑法有关规定追究刑事责任；造成损失的，依法承担赔偿责任。

（1）未对重大安全技术措施或者专项施工方案进行审查的。

（2）发现安全事故隐患未及时要求施工单位整改或者暂时停止施工的。

（3）施工单位拒不整改或者不停止施工，未及时向有关主管部门报告的。

（4）未依照法律、法规和工程建设强制性标准实施监理的。

4. 劳动保护的内容

（1）承包人应按照法律规定安排现场施工人员的劳动和休息时间，保障劳动者的休息时间，并支付合理的报酬和费用。

（2）承包人应按照法律规定安排现场施工人员的劳动和休息时间，保障劳动者的休息时间，并支付合理的报酬和费用。

（3）承包人应依法为其履行合同所雇用的人员办理必要的证件、许可、保险和注册等，承包人应督促其分包人为分包人所雇用的人员办理必要的证件、许可、保险和注册等。

（4）承包人应按照法律规定保障现场施工人员的劳动安全，并提供劳动保护，并应按国家有关劳动保护的规定，采取有效的防止粉尘、降低噪声、控制有害气体和保障高温、高寒、高空作业安全等劳动保护措施。承包人雇佣人员在施工中受到伤害的，承包人应立即采取有效措施进行抢救和治疗。

（5）承包人应按法律规定安排工作时间，保证其雇佣人员享有休息和休假的权利。因工程施工的特殊需要占用休假日或延长工作时间的，应不超过法律规定的限度，并按法律规定给予补休或付酬。

我不同意你说的话，但是我愿意誓死捍卫你说话的权利。

——法国作家 伏尔泰

第三篇
电力建设热点纠纷处理

本篇介绍电力建设过程中相邻关系和相处的原则、关于土地的各种权利对电力建设的影响以及电力设施保护区的概念；重点介绍电力建设中的线、屋，线、树，线、线，线、路四大相邻关系。论述四大关系的概念、相处原则和法律法规、纠纷处理与风险防范。

电力建设相邻关系纠纷处理

本章内容为电力建设相邻关系，介绍了土地的各种权利对电力设施的影响，以及电力建设过程中的各类阻工和互妨纠纷的原因分析和处理措施。其目的在于帮助电力建设单位与相邻关系人和谐相处，确保电力建设工程顺利施工。

第一节 相 邻 关 系

电力建设过程中，相邻的对象可能是工、农业企业、农田承包人、科教文卫党政机关、学校和广大的房产所有人城乡居民，电力建设是固定资产投资，电力设施的建设和建成可能会影响相邻关系人的物权行使，以致发生大量的财产纠纷。

一、相邻关系概念

1. 相邻关系

两个或两个以上相互毗邻财产所有人，在行使占有、使用、收益、处分权利时发生的权利义务关系。

2. 相邻关系的特征

（1）相邻关系发生在两个或两个以上财产相互毗邻的所有人之间。

（2）相邻关系的客体不是财产本身，而是相邻的两个或者多个不动产所有人或使用人因行使权利而发生的经济利益或其他利益（如噪声影响休息等）关系，对财产本身并不发生争议。

（3）相邻关系的产生常与不动产的自然条件有关，即财产相互毗邻。

二、相邻关系原则

《民法通则》第八十三条规定："不动产的相邻各方，应当按照有利生产、方便生活、团结互助、公平合理的精神，正确处理截水、排水、通行、通风、采光等方面的相邻关系。给相邻方造成妨碍或者损失的，应当停止侵害，排除妨碍，赔偿损失。"《物权法》第八十四条规定："不动产的相邻权利人应当按照有利生产、方便生活、团结互助、公平合理的原则，正确处理相邻关系。"

三、相邻关系的有关法律规定

《物权法》第八十七条规定，不动产权利人对相邻权利人因通行等必须利用其土地的，应当提供必要的便利。第八十八条规定，不动产权利人因建造、修缮建筑物以及铺设电线、电缆、水管、暖气和燃气管线等必须利用相邻土地、建筑物的，该土地、建筑物的权利人应当提供必要的便利。第九十条规定，不动产权利人不得违反国家规定弃置固体废物，排放大气污染物、水污染物、噪声、光、电磁波辐射等有害物质。第九十一条规定，不动产权利人挖掘土地、建造建筑物、铺设管线以及安装设备等，不得危及相邻不动产的安全。第九十二条规定，不动产权利人因用水、排水、通行、铺设管线等利用相邻不动产的，应当尽量避免对相邻的不动产权利人造成损害；造成损害的，应当给予赔偿。

四、电力设施相邻关系

电力设施相邻关系涉及人身安全、财产安全和国家的经济安全，国家对此制定一套调整其相邻关系的法律规范，用来调整的不是人与物或物与物的有形关系，而是调整人们之间基于财产、生命、健康所产生的权利义务关系，调整行为人的行为，控制行为人的行为后果，以达到保护相邻关系各方"有利生产、方便生活、团结互助、公平合理"的目的。电力设施保护区相邻关系是一种依附于物权所产生的物权法律关系，但其不同于一般的相邻关系，即在处理这类相邻关系纠纷时要受到电力法律法规规范和约束。

就电力设施保护区整体而言，其对于外界有相邻关系；就电力设施保护区内部也存在着与他人不动产之间的相邻关系。对于电力企业，具体到不动产这个"物"，不妨从以下几个方面来分类。

1. 相邻土地关系

电杆、铁塔与周围土地相邻关系，土地使用权人负有保护电杆、铁塔不受破坏的义务，供电公司员工也负有爱护土地上的种植物和其他合法附着物的责任。最重要的是电力设施与地上附着物的相邻关系，如与航道、铁路、公路、建筑物、构筑物、竹木等高秆植物的相邻关系。

2. 相邻防险、排污关系

电力企业与相邻他方均应自我约束，为另一方利用其不动产提供便利，如电力企业铺设电线、电缆或检修电力设施需要利用或通过相邻土地、建筑物的，相邻权利人应提供便利。电力企业与相邻他方利用其不动产时不得妨碍他人，如输变电工程建设必须遵守环境保护法规，其电磁环境的电场强度和磁场强度不得违反国家规定的限值；铺设管线、安装设备时不得危及另一方人身与财产安全，他人在挖沙取土、植树、盖房时均不得危害电力设施安全，电力企业因通行、铺设管线等利用相邻不动产的，应当尽量避免相邻不动产损害；如果造成损害的，应当给予赔偿。

3. 相邻流水、用水、截水、排水的关系

电力企业在这种相邻关系上的冲突不明显，少有电力设施妨碍相邻人用水、排水的纠纷。倒是相邻人截断电力工程施工水源居多。

4. 相邻管线关系

电力线路与广播电视和通信线路的关系。主要是防止电力线路与广播电视和通信线路"三线合一"的混乱架设，互相干扰，遗留串电触电隐患。《物权法》第八十八条规定："不动产权利人因建造、修缮建筑物及铺设电线、电缆、水管、暖气管线等必须利用相邻土地、建筑物的，该土地、建筑物的权利人应当提供必要的便利。"第九十一条规定："不动产权利人挖掘土地、建造建筑物、铺设管线以及安装设备等，不得危及相邻不动产。"《电力设施保护条例》第八条也规定："禁止在电力电缆沟内同时埋设其他管道。未经电力企业同意，不准在地下电力电缆沟内埋设输油、输气等易燃易爆管道。管道交叉通过时，有关单位应当协商，并采取安全措施，达成协议后方可施工。"不过注意这一条前后两款是矛盾的。前款是禁止，而后款又有经过协商并采取安全措施可以施工。

5. 相邻光照、通风、噪声、震动、电磁环境关系

《物权法》第九十条规定："不动产权利人不得违反国家规定弃置固体废物，排放大气污染物、水污染物、噪声、光、电磁波辐射等有害物质。"电磁环境影响是电网建设的另一突出问题，居民用户对电磁"污染"心有余悸，给电网建设时的征地、拆迁和平时的电力设施保护带来了一定的困难。因此，电力企业启动电力工程项目应当主动及时进行相关的电磁环境影响评价工作。

案例7-1 高某向法院诉称，某市电力公司进行农村电网改造，在其楼房的西南角仅离建筑物1.5m处架设电线杆及裸露的供电线路，且设立的电线杆不规范，对他一家的人身安全构成严重威胁，他多次阻止未果。因此，请求法院判令电力公司迁移电线杆及供电线路，以消除危险。

电力公司辩称，在农村电网改造工程建设中，其电线杆和供电线路均根据国家有关设计技术规程进行勘测、设计、施工和验收，原告诉称的电线杆及供电线路与楼房之间的距离符合有关安全技术规程的要求，不可能对其一家的人身安全构成危险，因此请求判令驳回原告的诉讼请求。

法院认为这是相邻关系，不构成特殊侵权。判决驳回了原告的诉求。

评析

1. 是否构成侵权

侵权行为的构成要件要求必须有损害后果发生，而本案并未实际发生损害后果，只是可能存在某种危险，因此不符合侵权构成要件。

2. 是否构成相邻关系

相邻防险是相邻关系中一个常见的类型，它指的是相邻一方在开挖土地（如打水井、挖地、筑水渠、修粪池等），建筑施工（如盖高楼、修围墙）时不得使邻地的地基发生动摇，不得使邻地的建筑物受到危害；相邻一方的建筑物有倾倒的危险，威胁邻人的生命、财产安全，相邻一方应当采取预防措施；相邻一方堆放易燃、易爆、剧毒、放射、恶臭物时，应当与邻地建筑物保持一定距离，或者采取预防措施和安全装置。相邻他方在对方未尽此义务的情况下，有权要求排除妨害、赔偿损失。

本案电力公司在合法取得在集体土地上架设电线杆的权利后，架设电线杆与原告的楼房构成了相邻关系。原告认为被告架设电线杆及供电线路对其生命和财产安全构成威胁，有权利提起排除妨害诉讼。

第二节 关于土地权

民以食为天。食物从哪里来？来自承载人类的土地。土地对人类之重要性，就是人类的命根子。如今，随着城市化的加剧，有限的土地在不断地惨遭蚕食。

因此，珍惜、依法合理利用土地和切实保护土地特别是耕地，是我国的基本国策。合理开发土地，保护土地资源是促进社会经济可持续发展的基本要求。强化土地等资源的保护，保证对土地等资源的永续利用，是资源利用中一个特别重要的问题。

一、用益物权

用益物权法律制度，可以在不能取得土地等资源的所有权或不必取得他人之物的所有权时，使得用益物权人可以通过对他人所有之物的占有、使用而获得收益，同时为社会提供财富。而对于所有人，也可以通过设定用益物权，将其所有的土地等资源交由他人使用收益，由此所有人可以不必直接使用其所有物也能获得收益。

1. 用益物权

《物权法》第一百一十七条规定："用益物权人对他人所有的不动产或者动产，依法享有占有、使用和收益的权利。"

（1）占有的权利。"占有"是对物的实际控制。用益物权作为以使用收益为目的的物权，当以权利人对物的实际占有为必要。利用他人之物为使用收益，必然要对物予以实际支配。没有占有就不可能实现对物的直接利用。

（2）使用、收益的权利。"使用"是依物的自然属性、法定用途或者约定的方式，对物进行实际上的利用。"收益"是通过对物的利用而获取经济上的收入或者其他利益。用益物权设立目的是对物的使用和收益。比如在他人的土地上自建房屋以供居住；在他人的土地上耕种、畜牧以供自用或出售而获得收益；在他人土地上建造楼宇用以出售、出租以取得收益等。

2. 用益物权的特征

作为物权体系的重要组成部分，用益物权具有物权的一般特征，同时还具有自身的特性，除了以对物的实际占有为前提，以使用收益为目的以外，还有以下几个方面的特征。

（1）用益物权是由所有权派生的物权。所有权是权利人对自己的不动产或者动产，依法享有占有、使用、收益和处分的权利，包括在自己的财产上设立用益物权或担保物权的权利。用益物权则是在他人所有的财产上设立的权利，即对他人的财产享有占有、使用和收益的权利。因此，用益物权被作为"他物权"，以相对于所有权的"自物权"。

（2）用益物权是受限制的物权。相对于所有权而言，用益物权是不全面的、受一定限制的物权。因此，用益物权属于"定限物权"，以区别于所有权的"完全物权"。

1）所有权是物权权利种类中最完全，也是最充分的权利。所有权的权利人对自己的财产，依法享有完全的直接支配力，包括占有、使用、收益和处分。而用益物权只具有所有权权能的一部分，其权利人享有的是对财产占有、使用和收益的权利。虽然权利人依法可以将其享有的用益物权予以转让、抵押等，但不具有对财产的所有权进行处分的权利。

2）所有权具有恒久性，只要所有物存在，所有权人对所有物便享有永久的权利。而用益物权则具有期限性。虽然设定的期限往往较长，但不是永久期限，期限届满时，用益物权人应将占有、使用之物返还于所有权人。

3）用益物权人必须根据法律的规定及合同的约定正确行使权利。用益物权人应当保护和合理利用所有权人的不动产或者动产，按照设定权利时约定的用途和使用方法利用所有权人的财产，不得损害所有权人的权益。

（3）用益物权是一项独立的物权。用益物权是对所有权有所限制的物权。用益物权虽由所有权派生，以所有权为权源，并属于"他物权""定限物权"，但用益物权一经设立，便具有独立于所有权而存在的特性。所有权对物的支配力受到约束，对物占有、使用和收益的权能由用益物权人行使，所有权人不得干涉。所有权人不得随意收回其财产，不得妨碍用益物权人依法行使权利。用益物权具有对物的直接支配性和排他性，可以对抗所有权人的干涉。同时，用益物权可以对抗所有第三人的侵害，包括干预、占有和使用客体物等行为。因此，用益物权是一项独立的物权。

（4）用益物权一般以不动产为客体。用益物权多以不动产尤其是土地为使用收益的对象。由于不动产特别是土地的稀缺性、不可替代性且价值较高，以及土地所有权依法不可移转性，使在土地等不动产上设立用益物权成为经济、社会发展的必然要求。而动产的特性决定了通常可以采用购买、租用等方式获得其所有权和使用权。《物权法》第一百一十八条规定："国家所有或者国家所有由集体使用以及法律规定属于集体所有的自然资源，单位、个人依法可以占有、使用和收益。"

二、土地承包经营权

对土地而言，随着社会、经济的发展，人们对物质尤其是对土地等资源的需求不断扩大，而土地等资源相对稀缺、不可替代。为了社会和经济的持续发展，必然要提高对土地等资源的有效利用，充分发挥其效用。在对资源的利用过程中，通过建立对物的利用予以保障的机制，以实现资源有效、充分利用的目的，便成为物权尤其是用益物权法律制度的任务之一。土地使用权就是用益物权的一种。

1. 土地承包经营权

《物权法》第一百二十四条规定："农村集体经济组织实行家庭承包经营为基础、统分结合的双层经营体制。农民集体所有和国家所有由农民集体使用的耕地、林地、草地以及其他用于农业的土地，依法实行土地承包经营制度。"《物权法》第一百二十七条规定："土地承包经营权自土地承包经营权合同生效时设立。县级以上地方人民政府应当向土地承包经营权人发放土地承包经营权证、林权证、草原使用权证，并登记造册，确认土地承包经营权。"

2. 承包经营权人的权利

根据《中华人民共和国土地承包法》第十六条，承包方享有下列权利：①依法享有承包地使用、收益和土地承包经营流转的权利，有权自主组织生产经营和处置产品；②承包地被依法征用、占用的，有权依法获得相应补偿；③法律、行政法规规定的其他权利。

承包人依法享有对承包地占有的权利。占有的权利是土地承包经营权人对集体所有的土地直接支配和排他的权利。土地承包经营权是在集体或国家所有由集体使用的土地上使用、收益的权利，为实现其使用、收益的目的，必然以对土地占有为前提。

承包人依法享有对承包地使用、收益的权利。农村土地承包经营权设立的目的，就在于由承包人在集体的土地上从事种植业、林业、畜牧业等农业生产并获得收益。因此，承包人对其承包的土地进行合理且有效的使用是其重要权能之一。

土地承包经营权中的各项权利为法定权利，不得随意变更。承包人可以以用益物权人的地位直接对抗第三人的侵害，包括政府的违法干预。在征地补偿时，承包人可以作为独立的权利主体，土地承包经营权可以作为独立的财产权利获得相应的补偿。

三、地表权、地上权、地下权

现代社会人们不断开发和利用空间，使空间具有了独立的经济价值，成为一项独立的财产权利。对空间的开发、利用通常称为对土地的立体利用，包括对地表上空的利用和对地下空间的利用两个方面。

（1）对地表上空的利用，如通过架设高架桥而形成连接两栋大楼的走廊，在楼顶平台上设置建筑物的附属物，甚至建造建筑物，利用楼顶上空设置广告塔牌等，电力架空高压线路就属地上空间的利用。

（2）对地下空间的利用，如开设地下商店，地下停车场，铺设地下管道、电线、电话线等，因此空间具有一定的经济价值，而且因离开地表，权利人可以在地上空中或地下之空间里具有独立的支配力，因而与传统土地所有权之以地表为中心而有上下垂直支配力不同，可以作为一项独立的财产权属与通常意义的土地所有权、使用权发生分离，如土地使用权人可允许他人在自己土地上架设高压电线，或在土地之下建造地下电缆，因而空间利用权作为一项独立的权利的价值日益突出。

《物权法》适应社会发展的需要，重新审视了建设用地单位与相邻人的关系中用益物权中的权利，并且还做了扩张性规定，对于建设用地的概念创设了三维立体、分层利用的方式，从而派生出了空间权的概念，这对于电力企业的电力建设和设施保护提出了新的挑战。《物权法》第一百三十六条规定："建设用地使用权可以在土地的地表、地上或者地下分别设立。新设立的建设用地使用权，不得损害已设立的用益物权。"本书从学理角度来讨论分层设立的建设用地使用权。不妨称之为地表权、地上权和地下权。

1. 地表权

地表权，狭义上是几何意义上的表面，这种理解没有实际使用价值。因此，传统意义上的地表权就是土地的所有权人或者使用权人在土地的表面上建筑、构筑、种植；在其下挖沟渠、打井等权利。就说是浅层次的利用。而现在则在地下建地铁、地下商场、车库等。仔细想来，仅仅取得几何意义上的地表权，没有任何使用价值。因为建筑、种植、地下建筑都需要一定的空间。因此，《物权法》切合实际地创设了地上权和地下权。

2. 地上权

这里的地上权实际上就是地上空间权。物权法没有界定地上空间权的范围，通常理解为地表以上的空间权。至于多高？目前没有具体的规定。一般说应该取决于建筑物、构筑物和植物的高度。因为超过这个高度，地上空间的物就不会受到影响和破坏。

（1）地上权的特征。

1）地上权是存在于国家或集体所有的土地上的物权。

2）地上权是以保存建筑物或其他土地附着物为目的的权利。

3）地上权是使用他人土地的权利。

4）地上权的取得一般是有偿的。特别是对农村集体土地地上权的取得，应该是有偿的。

（2）地上权人享有的权利。

1）用益物权。准许地上权人直接占有使用土地，并排除他人妨害，如架空电力线路塔基占地。

2）地上设置物的所有权。如塔身、线材等物料。此种财产所有，与一般的财产所有权相同，享有一切权能。

3）相邻权。地上权人对于地上标的物依附的土地，享有相邻权。同理，空间权人对于架空电力线路依附的空间，享有相关相邻权。如后架线路的交叉与跨越不得危害在先线路的安全运行。

4）地上财产及地上权的处分权。地上权为财产权，故除合同约定或固有习惯外，可以转让，地上权也可以作为债权的担保。如架空电力线路作为电力企业的财产，可以与其占用的空间一并进行买卖、担保等交易行为。

5）取回权的补偿请求权。地上权期限届满或因其他原因而消灭，地上权人有在归还地上权时，请求取回地上设置之物的权利。如架空电力线路因合同期限届满或因迁移、改造等原因停止使用，若土地所有权人或使用权人愿意以时价购买时，电力企业可就其空间物的价值，请求予以适当补偿。

（3）地上权人承担的义务。

1）支付地上权的对价。如为使用土地表面的，支付法定的补偿金或者约定租金；如为使用空间或地表的，支付相应合理费用。无偿地上权，无须交纳租金，我国《电力设施保护条例》中规定："一次性补偿可视为包括空间利用权对价。从此土地使用者不得妨碍，侵害电力架空线路，其空间范围为电力线路保护区范围。"以此类推，可理解地下线缆的保护区。

2）恢复原状义务。地上权消灭时，土地所有人恢复其对于土地的支配权，地上权人应负恢复原状的义务。地上权人处分其地上物，土地所有人有先买权，地上权人负有准予其先买的义务。

3. 地下权

这里的地下权是指地表以下的空间权。其深度物权法也没有具体规定，也应该取决于地下建筑所占据的最深处。比如，同一块土地地下30m至地上50m的建设用地使用权出让给甲公司建停车场；地下80～100m的建设用地使用权出让给乙公司建一地下商场。古语云，皮之不存，毛将焉附？这里地表就是"皮"，地上空间和地下空间就是"毛"。地上权和地下权依附于地表权而存在的。传统意义上取得了地表权就同时取得了地上权和地下权。但是，《物权法》关于地上、地下空间权的创设之后，就不能一概而论了。有可能地下已拍卖给开发商建设地下商场，地上已出让给学校建设空中廊道。

四、地上权、地下权与电力建设和设施保护

1. 地上权与电力建设和设施保护

电力架空线路保护区中的电杆和铁塔占用了地表、地上和地下空间。对此，电力建设部门支付了征地补偿。那么，对于电力线路走廊，电力建设部门取得了这部分空间权了吗？从现阶段的电力线路建设来看，电力企业只是取得对塔基部分的土地使用权，并没有取得线路走廊的地上空间使用权。《物权法》第一百三十六条规定："建设用地使用权可以在土地的地表、地上或者地下分别设立。新设立的建设用地使用权，不得损害已设立的用益物权。"一般来说，土地承包经营在先，电力建设工程在后，也就是说，电力企业在土地承包人使用的土地上进行建设。根据《电力法》第五十三条第二、三款的规定，任何单位和个人不得在依法划定的电力设施保护区内修建可能危及电力设施安全的建筑物、构筑物，不得种植可能危及电力设施安全的植物，不得堆放可能危及电力设施安全的物品。在依法划定电力设施保护区前已经种植的植物妨碍电力设施安全的，应当修剪或者砍伐。《电力设施保护条例》第十五条规定，任何单位或个人在架空电力线路保护区内，必须遵守下列规定：①不得堆放谷物、草料、垃圾、矿渣、易燃物、易爆物及其他影响安全供电的物品；②不得烧窑、烧荒；③不得兴建建筑物、构筑物；④不得种植可能危及电力设施安全的植物。按照上述规定，土地承包人的经营权就受到了限制，实际上就是电力建设用地损害了农民已经设立用益物权。如从事种植的经营人，种植什么，生长多高都要受到限制；建设建筑物和建筑物之上的附属建筑的高度够受到了限制；在经营过程的操作也要受到妨害和限制，如人在田里劳作也需要一定的空间来施展自己的劳作行为，但是该行为空间也受到了限制，如挥动劳动工具的高度，要付出特别的注意。否则就可能引来触电杀身之祸。显而易见，农民的用益物权受到了电力建设部门的侵害，自然降低了效率，减少了收益，甚至招致对自身生命健康的损害。这违反了国有、私有合法权益平等保护的原则。土地承包人如果提出"停止侵害，排除妨害，赔偿损失"怎么办？电力企业依法取得的建设用地使用权和土地承包人依法取得的土地承包经营权都是用益物权，而且是平等的权利，依法受到法律的保护。显然，《电力设施保护条例》与《物权法》相抵触，从法律层级效力上讲，《物权法》的效力高于《电力设施保护条例》，那么，电力企业将如何应对"电力线路保护区"在没有取得线路走廊地上空间使用权的情况？在今后的电力建设中，电力企业是否需要取得线路走廊的地上空间使用权,如果需要,怎样取得?我国《电力设施保护条例》中规定的"一次性补偿"可视为空间利用权对价,不要仅仅理解为杆塔占地的补偿。从此土地使用者不得妨碍,侵害电力架空线路,其空间范围为电力线路保护区范围。今后签订合同时不仅要说明是一次补偿,还要说明这是利用地上空间权的对价,甚至还包括地役权对价。否则就会生成其他纠纷。

2. 地下权与地下电力电缆

当代建设工程如地下通道、防空设施、地铁等,地下商场、车库等都需要地下空间。这样建设主体就要取得土地的地下权。地表上下皆有空间有利用价值,甚至是独立的使用价值。因为地下建筑需要掏空地下空间,可能危及地表的附着物。《物权法》提出的土地分层利用的概念说明,今后取得了土地使用权,并非一定同时取得了该宗土地的地下空间权。目前,电力部门显然没有取得土地承包人承包土地的地下权和地上权,安装地下电缆妨害了农民已经取得的土地使用权。如在地下电缆保护区内打井、建房、种植等都要受到限制,影响了土地使用权人的使用权和经济收益。试问,地下电缆保护区依据什么存在?仅仅依据《电力设施保护条例》要求土地使用权人履行"不得在地下电缆保护区内堆放垃圾、矿渣、易燃物、易爆物,倾倒酸、碱、盐及其他有害化学物品,兴建建筑物、构筑物或种植树木、竹子"之义务,在法律上站得住脚跟吗?

3.《物权法》与《电力法》

就以上问题的提出,针对《物权法》的规定,还要依据《电力法》来应对。

(1)我国法律的法律层阶分为宪法、法律、行政法规、地方性法规、部门规章、地方政府规章。《物权法》和《电力法》同属于法律层阶,基本法律和特别法律没有位阶高低之分,而且在涉及专业领域案件时,根据特别法优于普通法的原则,应当首先适用特别法。关于这个问题,参考《最高院关于从事高空高压等对周围环境有高度危险作业造成他人损害的适应民法通则还是电力法的复函》中指出:"……根据特别法优于普通法,后法优于前法的原则,你院所请示的案件应适用电力法。"根据这个复函,至少可以肯定,最高院将《电力法》和《民法通则》置于同一个层级。

(2)在专业领域,适用特别法优于普通法的原则。对于电力建设和设施保护问题,《电力法》第五十三条规定:"任何单位和个人不得在依法划定的电力设施保护区内修建可能危及电力设施安全的建筑物、构筑物,不得种植可能危及电力设施安全的植物，不得堆放可能危及电力设施安全的物品。在依法划定电力设施保护区前已经种植的植物妨碍电力设施安全的，应当修剪或者砍伐。"第五十四条规定："任何单位和个人需要在依法划定的电力设施保护区内进行可能危及电力设施安全的作业时，应当经电力管理部门批准并采取安全措施后，方可进行作业。"尽管当时还没有地上权、地下权的概念，今天我们来理解"电力设施保护区"仍然应该从"保护"的角度去理解为一个包含地表、地上和地下的三维空间。否则，电力设施保护区就不存在，电力设施就无法得到保护。不过适用《电力法》的另一个忧虑就是《物权法》后于《电力法》，后法优于前法的原则又如何解决？

（3）电力部门已经饱受折磨的问题是法院在审理案件适用法律时并不按照特别法优于普通法原则，如在触电人身伤亡赔偿案件的审理中，很少根据《电力法》第六十条，对于由用户自身过错引起的电力运行事故，判定电力企业不承担责任。

》》案例7-2　　因供电公司的新建架空线路穿越了王某依法取得探矿权的区域，王某遂致函供电公司要求给予因线路工程直接影响带来的损失补偿，遭供电公司拒绝。于是，王某将供电公司告上法庭。请求判决供电公司恢复原状，如果不能恢复，按原告预期可得利益赔偿（以鉴定为准），同时赔偿原告先期投入500万元。诉讼费用由被告承担。

原告诉称，原告探矿权利是合法取得的，被告的线路工程直接影响了原告探矿权的行使。根据《中华人民共和国矿产资源法》（以下简称《矿产资源法》）的相关规定，建设项目是不得压覆矿床的，如有特殊需要也须经国务院授权的部门批准。而被告没有任何相关手续，占用矿山建设电塔，属于违法建设。依据《物权法》第一百二十三条的规定，原告从政府手中合法竞拍所得的探矿权应当受到保护。其次，供电公司建设输电线路没有办理征占用地手续，违反《土地管理法》规定，属于违法用地行为。

供电公司辩称：①本公司没有影响原告行使探矿权的事实行为，不承担赔偿义务；②根据《矿产资源法》第三十五条第一款规定判断原告的探矿区域不属于重要矿产，是零星资源，"国家对集体矿山企业和个体采矿实行积极扶持、合理规划、正确引导、加强管理的方针，鼓励集体矿山企业开采国家指定范围内的矿产资源，允许个人采挖零星分散资源和只能用作普通建筑材料的砂、石、黏土以及为生活自用采挖少量矿产"；③本公司征地手续合法，不存在违法情形；④本公司通过合法审批建设输变电工程，按照审批办理补偿事宜，既无过错和违法行为，也无损害后果及侵权因果关系，对原告不构成侵权。不承担对原告的赔偿责任。

法院经审理后认为，原告提出的某供电公司建设输电工程穿越其合法取得的探矿区行为对其构成侵权的主张，不能成立。原告的起诉理由和请求，本院不予支持。判决驳回起诉。

评 析

本案虽然原告先于供电公司取得探矿权，被告的输电架空线路穿越了且原告探矿权区域，但这并不必然对原告的探矿权构成侵权。

（1）电网线路路径经政府批准，征地依法办理手续，架设涉案输电线路穿越原告探矿权区域的行为没有违法、也没有过错，不符合侵权行为要件，不构成侵权，因此无须进行赔偿。

（2）土地用益物权，存在地表权、地上权和地下权等形式。电网建设用地主要是地上权，也就是空中权，探矿权和其后的采矿权主要是地下权，因此地上权对地下权没有影响，不构成侵权。

（3）探矿权属用益物权，电网建设用地使用权也属用益物权，两者同处农村集体土地所有权之上，属相邻关系。按《民法通则》《物权法》相关规定，相邻各方在享有妨害排除权利同时，也有提供便利以及必要互相容忍义务。

启 示

（1）电力企业在建设线路前要充分考虑线路经过地区地下矿产分布情况，规划线路时要避开重要矿床，尽可能避开已经发现的矿产地区。

（2）电力建设工程涉及面广，电力企业要积极取得政府部门的支持。电力建设工程在各级政府和有关部门对电网建设项目的核准和审批顺利通过，将大大加快电网建设项目的施工进度。

五、新一轮土地改革对电力建设的影响

1. "三块地""三条线""三种权"

2015年年初，中央一号文件精神提出了"三块地""三条线""三种权"的概念。

（1）"三块地"。农村"三块地"，就是村集体建设用地、农民的承包地以及宅基地。

（2）"三条线"。整个农村土地制度的改革，中央确立了"三条底线"，就

是公有制性质不能改变、耕地红线不能破、农民权益不能受损。

（3）"三种权"。在落实土地集体所有权的基础上，需要稳定农民对土地的承包权。在这个基础上，要放活农村土地的经营权。要在坚持农村土地集体所有的前提下，将农村土地流转起来，流转的是农村土地的经营权，促使承包权和经营权分离，实行所有权、承包权、经营权三权分置，保证获取更好的土地综合效益。

2. 我国目前在征地方面存在的问题

征地制度改革方面，我国现行征地制度存在征地权行使范围过宽、征地补偿标准低、征地程序不合理、征地安置途径单一等多重缺陷。因征地引发的矛盾纠纷日益突出，一些地方在土地流转过程中还出现"名为流转、实为强征"的做法，严重侵犯了农民权益。在遇到征收时，在一级级政府压力下，农民个体或农民集体根本就没有对抗征收力量和手段。在土地征收补偿中，农民彻底丧失了不可再生的永久性土地资源，农民所获得一次性补偿不能充分反映被征土地市场价值，不能解决丧地农民的生存问题。

3. 新一轮土地改革大方向

农村土地征收、集体经营性建设用地入市、宅基地制度的改革试点将紧扣十八届三中全会提出的农村土地制度改革的任务。大方向是在坚持农村土地集体所有制的前提下，强化土地用途管制，明晰土地所有权；完善建设用地使用权，保障和丰富宅基地用益物权，构建完整的农村集体土地产权制度；充分发挥集体土地的资源和资产的双重作用，最终形成产权明晰，权能明确，权益保障，流转畅顺，分配合理的城乡统一建设用地市场。

4. 对"三块地"的改革

（1）将按照集体土地所有权的主体类型，将集体土地明确归属为乡、村、小组三类集体产权主体，探索所有权的多种实现方式和经济组织形态。

（2）按照土地使用方式和市场需要，建立与国有土地同等的划拨，出让，出租土地使用权类型，赋予农村集体经营性建设用地与国有经营性建设用地同等的权利，在符合规划用途管制和依法取得的前提下，允许农村集体经营性建设用地出让、租赁、入股，真正实现与国有土地同等入市，同权同价。同地同权正确含义是相同用途和相同性质的土地具有相同的法律地位或法律能力，不因主体不同而不同而。过去，不允许农民集体的建设用地使用权入市，而集体土地必须先征为国有再用于建设，用于商业开发，显然剥夺农民集体土地所有权应有的权能，而使国家对土地的所有权优越于集体所有权。在农村与城市土地的同地同权方面，同国有土地所有权最具有可比性的是农民集体建设用地，一旦承认其可以直接入市，那么就意味着承认农民集体所有权与国有土地所有权具有相同的法律地位和权能。在某种意义上可以说，农村集体经营性建设用地入市意味着农民集体土地所有权与国有所有权物权法平等保护目的的实现。

（3）按照所有权产权关系，在集体经济组织内部探索宅基地的有条件有偿使用和自愿有偿退出的机制，同时还要稳妥审慎地推进农民住房财产权抵押担保，以扩宽农民增加财产性收入的渠道。私人所有的用于居住目的的房屋占用的宅基地，无论是属于国家，还是属于集体土地，房屋所有者对宅基地享有相同的权能。这样才符合同地同权。假如宅基地取得方式不再具有身份且农民也不再因为身份可以继续取得宅基地，那么，宅基地也可以满足入市的条件，而取得与城市私房的"宅基地"具有相同的权利。

（4）在征地改革中，要缩小征地范围，规范征地程序，规范制定征收目录，完善补偿标准，建立完善对被征地农民合理、规范、多元保障机制等；健全矛盾纠纷调处机制，全面公开土地征收信息。除此之外，还将在集体经营性建设用地入市中，建立兼顾国家、集体、个人的土地增值收益分配机制。

5. 新一轮土地改革对电力建设用地的影响

（1）在符合规划用途管制和依法取得的前提下，允许农村集体经营性建设用地出让、出租、入股，真正实现与国有土地同等入市，同权同价。既然允许入市，那就是市场价，虽然会导致地价上升，电力建设成本增加，但有利的一面是自愿交易土地，并可以减少各级政府贪官盘剥农民征地补偿费的机会，会腾地顺利，减少阻工。

（2）如果私人所有的用于居住目的的房屋占用的宅基地，无论是属于国家，还是属于集体土地，房屋所有者对宅基地享有相同的权能，而取得与城市私房的"宅基地"具有相同的权利的话，毫无疑问将大大提高房屋拆迁费用，增加电力建设成本。

（3）缩小征地范围，规范征地程序，规范制定征收目录，完善补偿标准，建立完善对被征地农民合理、规范、多元保障机制等新政将使电力建设单位取得建设用地使用权的程序更加严格，成本增加。

总之，土地改革新政将使电力建设单位取得建设用地使用权的程序严格，成本增加，施工纠纷减少。

第三节　电力建设工程施工保障

电力建设遭遇阻工，除了个别相邻关系人确实为了多要补偿而实施阻工行为之外，大多还是事出有因。因此，电建单位也该检查自身哪些环节工作不到位。大多阻工事件是电力建设影响相邻关系人耕作、经营、居住环境引起的。总结起来不外如下原因。

一、阻工处理

1. 阻工原因

（1）没有得到应该获得补偿。在补偿数额实际上没有跟具体的相邻关系人达成一致意见，往往是由村委会和居委会越俎代庖签订协议，甚至代领补偿款。后边发生的就是补偿不到位，截留私分等贪腐行为。这就导致相邻关系人因没有得到应该获得的补偿而阻工。

（2）跨越房屋，不予补偿或不予搬迁。电建工程一般不得跨越房屋。确需跨越的，要与房屋产权人协商并采取安全措施，亦即加高加固缩小挡距。协商通常有两种结果：①同意跨越，不要补偿；②同意跨越但要给予补偿。但实际上或许还会存在第三种情况，即不同意跨越，给予补偿也不同意跨越。第一种情形自然是皆大欢喜，只是非常少见，第二种情况属于大多数，这就需要电力建设单位付出建设成本了。尽管《电力设施保护条例》《电力设施保护条例实施细则》只说要协商，没有明确要给予补偿，但既然要协商，其结果也就可想而知了。近几年，各个地方的法规和规章也就陆续的有了给予补偿的规定，这是法律的进步，保护物权意识的增强。

（3）跨越经济作物或者经济林，对砍伐林木补偿数额协商不成或不予补偿的。

1）电力设施跨越高秆植物，需要砍伐的，产权人对给予的经济补偿数额不满意。

2）跨越林木上空很高的高度，如两山头上的铁塔之间的架空线路与低洼地带的林木的垂直距离几十米之间，不需要砍伐，补偿无从谈起。不明事理的产权人也会要求补偿。

3）跨越价值高的经济作物和林木，其高度即使不需要砍伐，产权人也以影响生长、影响价值为由要求补偿。

（4）电磁环境等其他原因。近些年随着国民维权意识的不断增强，遇到事情首先想到自己的权利是否被侵害了。如对于临近的高压架空线路，由于电磁辐射概念的盛行和误导，很多人视高电压设施为洪水猛兽，列举了骇人听闻的几大罪状：导致孕妇胎儿畸形、白血病、癌症、影响植物生长、引导雷电等。另外的原因就是，高压电力设施影响土地经营、耕作，影响房屋居住和市场价值等。

2. 防范措施

（1）监督补偿到位。不管林木还是房屋补偿，只要达成协议的，电建单位都是足额补偿的。不过为了省事便捷，往往委托基层群众组织负责补偿到户。但这种委托往往存在隐患，经常是经过"层层剥皮"，最终到户数额不足。这就要求建设单位要积极主动，监督补偿款如数补偿到户。否则，真的出现了村民或居民运用《中华人民共和国物权法》第六十三条第二款规定："集体经济组织、村民委员会或者其负责人做出的决定侵害集体成员合法权益的，受侵害的集体成员可以请求人民法院予以撤销。"便可推翻了补偿协议，补偿工作那就要推倒重来，阻力重重，代价更高。不仅省不了事，会麻烦更多。

（2）尽量不跨越房屋。必须跨越房屋的，除了采取安全措施外并给予补偿。如《山东省电力设施和电能保护条例》第二十六条规定："确需跨越的，电力设施建设单位应当与房屋所有人达成补偿协议，并采取安全措施。"《海南省电力建设与保护条例》第十二条第二款规定："新建架空电力线路一般不得跨越房屋。因地理条件和出线限制等特殊情况，确需跨越房屋的，电力设施建设单位应当与被跨越房屋所有者签订迁移或者防护补偿协议，制定科学、安全、合理的处置方案，按照国家有关技术规程采取增加杆塔高度、缩短挡距等安全措施后方可施工。"当补偿达不成协议时，可申请政府依法征收。如《海南省电力建设与保护条例》第十一条第五款规定："电力设施建设单位未能与植物、建筑物、构筑物的所有权人就一次性经济补偿达成协议的，可向所在地市、县级人民政府申请依法征收。"本人认为这种处理方法只能适用大型电力建设工程。对于小型工程，还是依据土地他项权利和房屋上空权的法律规定进行处理。该补偿的给予补偿。就房屋而言，具体补偿数额可参考广州市《南沙区 220 千伏、110 千伏架空输电线路工程建设涉及房屋征收补偿处理办法（试行）》第五条的内容："在满足国家规定的安全距离和环保要求的情况下，经房屋征收部门与涉及房屋的权利人协商，相关权利人同意进行跨越的房屋，按照相关电力线路跨越处理方式由供电部门委托区房屋征收部门，按房屋价值的30％给予补偿，……"

（3）尽量避开敏感地带。

1）居民密集集中生活区。

2）避开经济价值高的经济作物和林木、花木区。

3）避开名胜古迹和自然风景区。

4）避开生态保护区和饮用水源。

5）避开大型矿区。

（4）做好电建项目宣贯工作。与相邻关系人做好前期沟通工作，大力宣传电建工程项目的目的：为发展经济和提高人民群众生活质量提供充足的动力；宣传电力建设的法律法规和现行政策，让民众遵纪守法，支持电力工程建设；宣传民事法律和物权法的相邻关系"有利生产，方便生活，团结互助，公平合理"的相处原则和双方应尽的义务；宣传电力设施占用土地、房屋及其相邻空间的他项权利的法律规定；及时公告占地补偿、跨越补偿和搬迁补偿的法规规章规定。对于反响强烈的要及时申请人民政府召集组织听证会，三方同面，各方相邻关系人代表充分反映诉求，政府和建设单位要给予依法合规，合情合理的答复，并付诸实施。将阻工的矛盾化解在开工之前。

（5）充分做好电力建设项目的开工准备工作。

1）选址和建设。以城市变电所规划选址应符合的要求为例。城市变电站规划选址应符合下列要求：①与城市总体规划用地布局相协调；②靠近负荷中心；③便于进出线；④应方便交通运输；⑤应减少对军事设施、通信设施、飞机场、领（导）航台、国家重点风景名胜区等设施的影响；⑥应避开易燃、易爆区和大气严重污秽区及严重盐雾区；⑦220～500kV 变电所的地面标高，宜高于百年一遇的洪水位；35～110kV 变电所的地面标高，宜高于 50 年一遇的洪水位；⑧应选择良好的地质条件的地段。［见《城市电力规划规范》（GB/T 50293—2014）第 7.2.4 条］

但上述内容只是从规划、专业、方便、不影响其他行业方面做了规定，没有关于居民区电磁环境评价和噪声污染的规定。这也是今后选址工作应努力填写的空白。在建设工程中也可采用全封闭设备或者采取地下半地下建筑模式以及融入环境的建筑风格来消除城市民众对电力建设工程的反感和阻工行为。

2）开工的准备工作。《关于加强和规范新开工项目管理的通知》（国办发〔2007〕64 号文），要求各类投资项目开工建设必须符合的 8 项条件。具体内容为：①符合国家产业政策、发展建设规划、土地供应政策和市场准入标准；

②已经完成审批、核准或备案手续，实行审批制的政府投资项目已经批准可行性研究报告，其中需审批初步设计及概算的项目已经批准初步设计及概算，实行核准制的企业投资项目，已核准项目申请报告；实行备案制的企业投资项目，已经完成手续；③规划区内的项目选址和布局必须符合城乡规划，并依照城乡规划法的有关规定办理相关手续；④需要申请使用土地的项目必要依法取得用地批准手续，并已经签订国有土地部门有偿使用合同或取得国有土地划拨决定书，其中工业、商业、旅游、娱乐和商品房住宅等经营性投资项目，应当以招标、挂牌或挂牌出让方式取得土地；⑤已经按照建设项目环境评价分类管理、分级审批的规定完成环境影响评价审批；⑥已经按照规定完成固定资产项目节能评估和审查；⑦建筑工程开工以前，建设单位依照建筑法的有关规定，已经取得施工许可证或开工报告，并采取保证建设项目工程质量安全的具体措施；⑧符合国家法律法规规定的其他相关要求。国家发改委、国家能源局贯彻落实国务院《清理规范投资项目报建审批事项实施方案》（国发〔2016〕29号）规定：未取齐开工必要的支持性文件前，严禁开工建设；已开工建设的，要立即停止建设。尤其是环评未完成，更是受到阻工软肋。虽然电建单位没有侵害相邻关系人的事实和行为，但相邻关系人可以以此为由提起行政诉讼，达到阻工的目的。

二、工程互妨处理

本部分从电建工程与其他工程、电力设施保护区违法施工或穿越、破坏电力设施运行环境和危及电力设施的其他禁止性行为等方面论述解决纠纷的法律依据，结合案例解析讨论解决纠纷的途径和方法。

《电力设施保护条例》第二十二条规定："公用工程、城市绿化和其他工程在新建、改建或扩建中妨碍电力设施时，或电力设施在新建、改建或扩建中妨碍公用工程、城市绿化和其他工程时，双方有关单位必须按照本条例和国家有关规定协商，就迁移、采取必要的防护措施和补偿等问题达成协议后方可施工。"由本条可以解读出，当电力工程与公用工程、城市绿化和其他工程互相妨害时，有如下几条处理原则。

（1）协商原则。各方应就迁移，包括哪方迁移、如何迁移、迁移投资问题和施工安全生产以及补偿问题经过协商达成一致意见，方可开始施工，不得各自为政，一意孤行。如果违反电力法律、法规的规定，就不存在协商问题，电力企业应当及时报告地方政府或电力管理部门依法处罚或采取法律、法规赋予电力企业的权力予以制止。

（2）优先原则。不管是哪方的建筑物、构筑物或其他设施需要迁移，都涉及投资问题。如果各方的建筑物、构筑物或其他设施都是合法的建造的，应该按照优先原则予以保护。即后来工程建造者应该承担迁移费用。

（3）安全措施原则。各方在互涉工程施工之前，应就安全措施问题协商一致，达成协议。这与安全生产法的规定是一致的。即多方共同施工时，各方均是安全责任人，应互相协调，互相配合，做好安全生产工作。

>> 案例7-3　2008年10月7日晚约9时30分，李某骑自行车外出就餐归来途中，自南向北行至某交叉路口处跌入东南角箱式变压器的电缆坑中，致使头部、腰部受伤。遂将市政公司和某城供电分局告上法庭，请求赔偿。

法院审理查明，该事故发生时，电缆沟没有电缆坑盖，电缆沟周围没有设置护栏或警示标志。该电缆沟位于某交叉路口东南角，事故发生时，由市政公司负责施工的仲景北路已通车；电力部门是电力设施的管理人，某城供电分局应为肇事电力设施的管理人；两被告对原告所受伤害的事实均不持异议。于是法院认定：

（1）市政公司在道路施工时，由于道路拓宽将原本设置在人行道上的电缆箱的位置改为行车道的一部分，某城供电分局未及时迁移电缆箱造成此处无法施工，但因电缆箱地处道路交叉口，人车流量大，极易发生事故，为了公共安全，市政公司在该段道路通车时应及时在电缆箱附近设置安全标志或采取其他安全措施，确保行人和车辆的安全，此是其作为道路施工人的必要义务，但市政公司未及时采取安全保障措施，而是听之任之，放任可能发生的损害，其对损害的发生应承担主要责任，原审认定其与李某受伤发生具有因果关系，应承担主要责任。

（2）某供电分局对事发地点的电力设施负有管理、维护的职责，在道路开通前就应及时迁移电缆箱，但其在道路开通10日后仍未能及时进行迁移也未设置警示标志，疏于履行职责，致使李某跌入电缆箱沟，受伤致残。某供电分局客观上的不作为与李某的受伤具有因果关系，而且某供电分局未能证明其对电缆箱及时采取安全措施主观上无过错，应对李某赔偿承担次要责任。某供电分局提供的照片不能证明电缆箱沟（系李某某跌入受伤的）上的盖板系被市政公司移走，所以对照片的证明效力不予采信。某供电分局称其不承担责任的理由不能成立。

（3）按市政公司、宛城供电分局、李某某 5：3：2 划分责任。宛城供电分局和市政公司作为共同侵权人应对李某的损害承担连带赔偿责任。

综上所述，法院判决如下：限本判决生效后十日内由市政工程总公司赔偿李某 60855.47 元，某供电分局赔偿李某 36513.28 元；市政工程总公司和某供电分局互负连带责任，驳回李某的其他诉讼请求。

评 析

本案是市政工程妨害了电力设施案件。市政工程施工一方违反了上述协商原则和采取安全措施原则。本案中市政一方应该主动与供电分局协商工程施工计划和安全措施，不应该一意孤行。而供电分局也应承担不主动，不作为的责任。特别在电力工程与其他一家或多家其他工程互相妨害时，互相配合，协调一致，经济施工，安全施工显得异常重要。本案由于市政和供电分公司违背了协商原则和采取安全措施原则，以致两败俱伤。

（4）一次性补偿原则。《电力设施保护条例实施细则》第十六条，架空电力线路建设项目和公用工程、城市绿化及其他工程之间发生妨碍时，按下述原则处理。

1）新建架空电力线路建设工程、项目需穿过林区时，应当按国家有关电力设计的规程砍伐出通道，通道内不得再种植树木；对需砍伐的树木由架空电力线路建设单位按国家的规定办理手续和付给树木所有者一次性补偿费用，并与其签订不再在通道内种植树木的协议。

2）架空电力线路建设项目、计划已经当地城市建设规划主管部门批准的，园林部门对影响架空电力线路安全运行的树木，应当负责修剪，并保持今后树木自然生长最终高度和架空电力线路导线之间的距离符合安全距离的要求。

3）根据城市绿化规划的要求，必须在已建架空电力线路保护区内种植树木时，园林部门需与电力管理部门协商，征得同意后，可种植低矮树种，并由园林部门负责修剪以保持树木自然生长最终高度和架空电力线路导线之间的距离符合安全距离的要求。

4）架空电力线路导线在最大弧垂或最大风偏后与树木之间的安全距离见表 7-1。

表 7-1 　　　　　　　　架空电力线路导线与树木之间的安全距离

电压等级/kV	最大风偏向水平距离/m	最大弧下垂直距离/m
35～110	3.5	4.0
154～220	4.0	4.5
330	5.0	5.5
500	7.0	7.0
±660	8.0	8.0
750	8.5	8.5
±800	13.5	13.5
1000	14.0	16.0

以上数据参照《电力设施保护条例实施细则》第十六条第四项及一些新的地方立法。对不符合上述要求的树木应当依法进行修剪或砍伐，所需费用由树木所有者负担。《电力设施保护条例实施细则》第十六条第一项规定："对于树前线后的树木所有权人应给予一次性补偿。"《电力设施保护条例》第二十四条中也有一次性补偿规定："新建、改建或扩建电力设施，需要损害农作物，砍伐树木、竹子，或拆迁建筑物及其他设施的，电力建设企业应按照国家有关规定给予一次性补偿。"

（5）签订后续管理责任协议原则。《电力设施保护条例实施细则》第十六条还明确了架空电力线路穿越林木和城市园林时，要签订后续管理协议，包括不得再种植树木协议和树木修剪管理使之与架空电力线路导线之间的距离符合安全距离要求的协议。

三、阻工处理的措施和途径

1. 晓以法理

阻工大多是因为补偿不满意造成的。电建单位要持有补偿协议讲明白补偿标准，并提供补偿到位的证据，如领款签字或收据存根等。如果真的没有补偿到位，就要迅速查明原因补偿到位。对于继续无理取闹，想多吃多占的阻工人员，要对其宣传本电建工程系国家核准的工程，阻工是违法行为。指出违反法律法规的内容和承担法律责任的后果。

2. 报警

对于晓以法理无果，无视法律，武力阻工的，也千万不要与其发生肢体冲突，避免对抗升级。可以选择报警。《中华人民共和国治安管理处罚法》（自2006年3月1日起施行，以下简称《治安管理处罚法》）第二十三条规定：

"有下列行为之一的，处警告或者二百元以下罚款；情节较重的，处五日以上十日以下拘留，可以并处五百元以下罚款：扰乱机关、团体、企业、事业单位秩序，致使工作、生产、营业、医疗、教学、科研不能正常进行，尚未造成严重损失的。"《电力法》第七十条规定："有下列行为之一，应当给予治安管理处罚的，由公安机关依照治安管理处罚法的有关规定予以处罚；构成犯罪的，依法追究刑事责任：阻碍电力建设或者电力设施抢修，致使电力建设或者电力设施抢修不能正常进行的。"

3. 报告电力管理部门或走司法渠道

如果不是武力阻工，只是纠缠不放，电建单位可以告诫阻工者，不要继续实施违法行为。如果继续阻工，电建单位可以报告电力管理部门查处或告知阻工者可以依法提起诉讼，维护自己的合法权益。

>> 案例 7-4　某供电公司 110kV 架空输电线路，途径张某、石某、叶某承包土地，每家土地上有一基杆塔，已依照法律规定给予补偿，三被告也在补偿协议上签了字。起初，三被告在线路施工前期阶段，多次阻挠，妨碍原告施工，造成工程无法开工，扬言上当了，补偿资金太少了。之后越发嚣张疯狂，在电网施工过程中，三被告采用站在施工车辆前面、在远处向作业现场扔石头、跳进杆洞蹲守、在杆塔基坑焚烧秸秆等手段阻挠工程施工，多方劝阻未果，致使工程停工，造成恶劣的社会影响。

供电公司为了按时竣工，向法院起诉，请求人民法院判令三被告停止侵害，排除妨害并赔偿误工损失，得到了法院的支持。

评 析

《电力法》第七十条，有下列行为之一，应当给予治安管理处罚的，由公安机关依照治安管理处罚条例的有关规定予以罚；构成犯罪的，依法追究刑事责任。

（1）阻碍电力建设或者电力设施抢修，致使电力建设或者电力设施抢修不能正常进行的。

（2）扰乱电力生产企业、变电所、电力调度机构和电力企业的秩序，致使生产、工作和营业不能正常进行的。

（3）殴打、公然侮辱履行职务的查电人员或者抄表收费人员的。

（4）拒绝、阻碍电力监督检查人员依法执行职务的。

当电建单位遭遇阻工，合法权益受到不法侵害时，晓以法理请求加害人排除妨害或请求电力管理部门强制排除，以保障施工正常进行。如果遇到无理阻挠施工无休无止，电力企业应收集相关的证据，在必要的情况下，应勇敢地拿起法律的武器，向法院提起排除妨碍的诉讼。

启 示

电力线路建设过程中常常会涉及征地、拆迁等工作，而这些工作往往牵涉面较广、涉及人数多，如处理不好可能会引发群体性事件，因此处理此类事件要十分谨慎。

（1）电网建设前期要充分考虑利益相关方，做好沿途相邻关系人的工作；要充分考虑施工过程中可能引发的阻工事件，并做好预案。

（2）施工过程中遭遇的阻工，要依法寻求行政和司法救济，避免自行采取简单粗暴的方式，导致群体性事件发生。

智者非因犯罪已然发生才去惩罚，实乃为了防止犯罪而施刑责；
其原因在于，过去无法逆转，而未来则可以预防。

——古希腊哲学家　柏拉图

电力建设四大相邻关系纠纷处理

　　本章所论述的电力建设四大相邻关系是指：线与屋、线与树、线与线、线与路的关系。本章将各种相邻关系进行法律分析、给出相应案例解读，借此提供处理案件实务方法策略，供读者参考。

第一节　电力设施保护区概述

　　电力设施建成后就形成了电力设施的保护范围，根据其建立时间先后划分为两种情形，电力设施建设在前叫第一种电力设施保护区，电力设施建设在后叫第二种电力设施保护区（安全距离）。

一、电力设施保护区

1. 发、变电设施保护区

（1）保护范围。《电力设施保护条例》第八条规定的保护范围为：①发电厂、变电站、换流站、开关站等厂、站内的设施；②发电厂、变电站外各种专用的管道（沟）、储灰场、水井、泵站、冷却水塔、油库、堤坝、铁路、道路、桥梁、码头、燃料装卸设施、避雷装置、消防设施及其有关辅助设施；③水力发电厂使用的水库、大坝、取水口、引水隧洞（含支洞口）、引水渠道、调压井（塔）、露天高压管道、厂房、尾水渠、厂房与大坝间的通信设施及其有关辅助设施。有的地方性法规有更详细的规定。

（2）保护行为规定。《电力设施保护条例》第十三条规定，任何单位或个人不得从事下列危害发电设施、变电设施的行为：①闯入发电厂、变电站内扰乱生产和工作秩序，移动、损害标志物；②危及输水、输油、供热、排灰等管道（沟）的安全运行；③影响专用铁路、公路、桥梁、码头的使用；④在用于水力发电的水库内，进入距水工建筑物300m区域内炸鱼、捕鱼、游泳、划船及其他可能危及水工建筑物安全的行为；⑤其他危害发电、变电设施的行为。有的地方性法规有更详细的规定。如《山东省电力设施和电能保护条例》第十二条规定任何单位和个人不得从事下列危害发电设施、变电设施、电力交易设施的行为：①扰乱发电、变电、电力交易场所生产和工作秩序；②利用发电、变电场所修建建筑物、构筑物，堆放易燃易爆等危险物品；③影响电力专用铁路、公路、桥梁、码头的使用；④破坏输水、输油、供热、冲灰管道（沟）、水井、电厂灰坝、水库、泵站等设施；⑤在电厂灰坝、水库大坝上挖掘、取土，修建建筑物、构筑物或者种植农作物；⑥在用于水力发电的水库、电力专用码头内，进入距水工建筑物300m区域和火力发电循环水入口和出口划定区域游泳、划船以及从事捕捞、养殖等作业；⑦其他危害发电设施、变电设施、电力交易设施及其辅助设施的行为。

2. 电力线路保护区

（1）保护范围。

1）架空电力线路，包括杆塔、基础、拉线、接地装置、导线、避雷线、金具、绝缘子、登杆塔的爬梯和脚钉，导线跨越航道的保护设施，巡（保）线站，巡视检修专用道路、船舶和桥梁，标志牌及其有关辅助设施。

2）电力电缆线路，包括架空、地下、水底电力电缆和电缆连接装置，电缆管道、电缆隧道、电缆沟、电缆桥，电缆井、盖板、人孔、标石、水线标志牌及其有关辅助设施。

3）电力线路上的变压器、电容器、电抗器、断路器、隔离开关、避雷器、互感器、熔断器、计量仪表装置、配电室、箱式变电站及其有关辅助设施。

4）电力调度设施，包括电力调度场所、电力调度通信设施、电网调度自动化设施、电网运行控制设施。

（2）保护行为规定。

1）《电力设施保护条例》第十四条规定，任何单位或个人，不得从事下列危害电力线路设施的行为：①向电力线路设施射击；②向导线抛掷物体；③在架空电力线路导线两侧各300m的区域内放风筝；④擅自在导线上接用电器设备；⑤擅自攀登杆塔或在杆塔上架设电力线、通信线、广播线，安装广播喇叭；⑥利用杆塔、拉线作起重牵引地锚；⑦在杆塔、拉线上拴牲畜、悬挂物体、攀附农作物；⑧在杆塔、拉线基础的规定范围内取土、打桩、钻探、开挖或倾倒酸、碱、盐及其他有害化学物品；⑨在杆塔内（不含杆塔与杆塔之间）或杆塔与拉线之间修筑道路；⑩拆卸杆塔或拉线上的器材，移动、损坏永久性标志或标志牌；⑪其他危害电力线路设施的行为。

2）根据《电力设施保护条例》第十五条，任何单位或个人在架空电力线路保护区内，必须遵守下列规定：①不得堆放谷物、草料、垃圾、矿渣、易燃物、易爆物及其他影响安全供电的物品；②不得烧窑、烧荒；③不得兴建建筑物、构筑物；④不得种植可能危及电力设施安全的植物。

3）根据《电力设施保护条例》第十六条，任何单位或个人在电力电缆线路保护区内，必须遵守下列规定：①不得在地下电缆保护区内堆放垃圾、矿渣、易燃物、易爆物，倾倒酸、碱、盐及其他有害化学物品，兴建建筑物、构筑物或种植树木、竹子；②不得在海底电缆保护区内抛锚、拖锚；③不得在江河电缆保护区内抛锚、拖锚、炸鱼、挖沙。

4）根据《电力设施保护条例》第十七条，任何单位或个人必须经县级以上地方电力管理部门批准，并采取安全措施后，方可进行下列作业或活动：①在架空电力线路保护区内进行农田水利基本建设工程及打桩、钻探、开挖等作业；②起重机械的任何部位进入架空电力线路保护区进行施工；③小于导线距穿越物体之间的安全距离，通过架空电力线路保护区；④在电力电缆线路保护区内进行作业。

5）地方性法规也有详尽的规定。如《山东省电力设施和电能保护条例》第十三条规定任何单位和个人不得从事下列危害电力线路设施的行为：①盗拆或者破坏杆塔、变压器材，盗割电力导线、拉线；②利用杆塔、拉线作起重牵引地锚、悬挂物体、拴牲畜、攀附农作物；③向电力导线抛掷物体；④在架空电力线路两侧各300m的区域内放风筝或者其他放飞物；⑤擅自在电力导线上接用电器设备或者在柱上变压器下堆放物品；⑥擅自攀登杆塔或者在杆塔上架设电力、通信、广播等线路，安装广播喇叭、照明灯具、广告牌等；⑦擅自开启井盖进入电力电缆沟或者在电力电缆沟内敷设其他管线；⑧在杆塔内（不含杆塔与杆塔之间）或者杆塔与拉线之间修筑道路；⑨挖掘接地极，破坏、堵塞、占压接地极检测井、渗水井、注水系统等设施；⑩其他危害电力线路设施的行为。第十四条规定任何单位和个人不得在电力线路保护区及输送管路保护区内实施下列行为：①在架空电力线路保护区内烧窑、烧荒、焚烧秸秆，修建建筑物、构筑物，种植可能危及电力设施安全的植物，堆放谷物、草料、易燃易爆物品和垃圾、矿渣及其他堆积物，垂钓、燃放烟花爆竹或者制作、存放、悬挂气球等易漂浮的物体；②在地下电缆保护区内堆放垃圾、矿渣、易燃易爆物品，倾倒酸、碱、盐及其他有害化学物品，修建建筑物、构筑物或者种植树木；③在水底电缆保护区内挖砂、钻探、打桩、抛锚、拖锚、底拖捕捞、张网、养殖；④在输送管路保护区内采石、取土、钻探、挖掘，倾倒酸、碱、盐及其他有害化学物品，堆放垃圾和矿渣，放置易燃易爆物品，修建建筑物、构筑物；在水底冲灰管道保护区抛锚、拖锚、捕捞。第十五条规定禁止在距35kV及以下架空电力线路杆塔、拉线基础、接地极外缘 5m 的区域内和距35kV以上架空电力线路杆塔、拉线基础、接地极外缘 10m 的区域内取土、打桩、钻探、挖掘或者倾倒酸、碱、盐及其他有害化学物品。第十六条规定单位和个人从事下列活动，应当制定安全措施并经县级以上人民政府电力行政管理部门批准：①在电力线路保护区内进行农田水利基本建设，从事起重、升降机械作业及打桩、钻探、挖掘等可能危及电力线路设施安全的作业；②在电力设施周围水平距离五百米范围内从事爆破作业；③与架空电力导线的垂直距离小于安全距离的运输机械及装载物通过架空电力线路保护区。

二、第一种电力线路保护区

1. 线路保护区的产生

第一种电力设施保护区是不同电压等级的电力架空线路建成投运后根据《电力设施保护条例》的规定宽度形成的，就是线路建设投运在先形成的。对于投运的电力架空线路，为了安全运行起见，规定的宽度很大。《电力设施保护条例实施细则》第五条规定，架空电力线路保护区，是为了保证已建架空电力线路的安全运行和保障人民生活的正常供电而必须设置的安全区域。

2. 保护区宽度

（1）架空电力线路保护区。架空电力线路保护区是指导线边线向外侧水平延伸并垂直于地面所形成的两平行面内的区域，在一般地区各级电压导线的边线延伸距离见表 8-1。

表 8-1　　　　　　　　各级电压导线的边线延伸距离

电压等级/kV	导线的边线延伸距离/m	电压等级/kV	导线的边线延伸距离/m
1～10	5	±660	25
35～110	10	750	25
154～330	15	±800	30
500	20	1000	30

（2）电力电缆线路保护区。地下电缆为电缆线路地面标桩两侧各 0.75m 所形成的两平行线内的区域；海底电缆一般为线路两侧各 2 海里（港内为两侧各 100m），江河电缆一般不小于线路两侧各 100m（中、小河流一般不小于各 50m）所形成的两平行线内的水域。

三、第二种线路保护区

第二种电力线路保护区是在原有建筑物的邻近建设的架空线路，根据架空线路的电压等级，规定了距离原有建筑物的安全距离。

《电力设施保护条例实施细则》第五条规定："在厂矿、城镇、集镇、村庄等人口密集地区，架空电力线路保护区为导线边线在最大计算风偏后的水平距离和风偏后距建筑物的水平安全距离之和所形成的两平行线内的区域。"各级电压导线边线在计算导线最大风偏情况下，距建筑物的水平安全距离见表 8-2。

表 8-2　　　　　　　各级电压导线距建筑物的水平安全距离

电压等级/kV	距建筑物的水平安全距离/m	电压等级/kV	距建筑物的水平安全距离/m
1 以下	1.0	500	8.5
1~10	1.5	±600	10.0
35	3.0	750	11.0
66~110	4.0	±800	17.0
154~220	5.0	1000	15.0
330	6.0		

四、两种线路保护区距离差异释疑

第一种保护区范围与第二种保护区的安全距离规定并不矛盾，二者相辅相成，为电力设施的安全运行和人的生命健康以及周围的地上附着物的安全提供了正确的空间保证。

1. 从概念区分

第一种保护区，是为了保证已建架空电力线路的安全运行和保障人民生活的正常供电而必须设置的安全区域，该区域内在线路初建成时还没有建筑物。第二种保护区是在厂矿、城镇、集镇、村庄等人口密集地区建设架空线路形成的，对线路与建筑物之间的安全距离减小。

2. 二者的区别

（1）先后之分。第一种保护区一般是线路建设在前，周边还没有建筑物。

2007年11月28日国家环境保护总局办公厅函（环办函）〔2007〕881号《关于高压输变电建设项目环评适用标准等有关问题的复函》中指出："国务院颁发的《电力设施保护条例》（国务院令第239号）定义了架空电力线路保护区，设置架空电力线路保护区的目的是为了保证已建架空电力线路的安全运行和保障人民生活正常供电。"其中强调了"已建"二字，说明有先后之分。《电力线路保护条例实施细则》第五条也提到过"已建架空线路"的意思，要充分留有后续保护余地，所以空间大；第二种保护区一般是房屋在前，线路建设在后，这是为了节约空间，减少拆迁，只要求满足最低安全距离即可，所以范围小。

（2）动静区分。第一种保护区是线路建设时划定的，线路保护区形成之初，周围没有建筑物，为了防止以后在线路周围实施建房、栽树或施工等行为时人或物体接近或者触碰线路，导致电力运行事故并损害电力设施而设置的空间，是一个动态的保护空间，所以规定比第二种保护区距离大；而如果建筑物在前线路建设在后，其一线路建设时不带电，房屋也不带电，完全没有危险。其二当线路建成后，因房屋早已存在，也不会再有建房或栽树之类的行为在线路周围发生，因此，只要满足物理和电学意义上的安全距离即可，是一个静态的保护空间，所以第二种保护区距离较小。

（3）第一种保护区是为了人的行为安全与电力设施安全运行设置的最大空间，不许再往两外侧延伸，所以大；第二种保护区的规定是为了线路与建筑物的安全而设置的最小距离，不能再往内侧缩小，所以小。

（4）保护区内对物的存在限制程度之分。根据当前的电力法律、法规和有关的电力规程、标准，应该可以明确：①在第一种保护区内可以存在不危及电力设施安全的房屋（如原存在的符合安全距离要求的房屋，但不允许新建）和矮株植物等；②在第二种保护区内是决不允许存在房屋、树木等物。通过这一分析可以看出，凡进入第二种保护区内的房屋和树木均属于电力法律、法规中规定的危及电力设施的物体，应当予以拆除、砍伐。

（5）对区域内的人的行为限制之分。在第一种保护区内，只要人能够严格遵守法规章规定的行为规范，就可以确保人的生产、生活行为不会突破安全距离造成损害。如只要人们不擅自攀登杆塔，不会因为在杆塔周围活动而受到电力的损害。在第二种保护区范围内则绝对禁止任何人和物的存在，更不用说人在这个距离范围内做出什么行为举止了。如以10kV线路为例，第一种保护区的范围是两边导线向外侧水平延伸5m并垂直于地面所形成的两个平行面所包围的空间；而第二种保护区却只有1.5m，突破这个距离就危险。

▶▶案例8-1　某年某市供电公司架设一条10kV线路，距离刘某楼房的水平距离为2.3m。第二年7月，刘某老房重建，聘请王某监工，王某请李某为瓦匠。重建中刘某为扩大楼房面积擅自向导线方向拓宽1.1m。这样导线距离楼房的水平距离只有1.2m。在拆除三楼楼板的操作中，因李某使用钢撬棍不慎，触碰高压电致伤。次年，因赔偿达不成协议，李某将雇主、监工和供电公司告上法庭。

基层法院审理后认为，雇主应当承担责任无疑。供电公司因存在下列过错应承担主要责任。

（1）建设10kV线高压线路，不满足5m的保护区宽度，只有2.3m。

（2）没有设立警示牌。

（3）在刘某长达半年的建房工期中，没有对刘某的违法建房行为予以制止，也没有下达《安全隐患整改通知》而是任其所为。据此，判决电力公司承担60％的赔偿责任。

评　析

基层法院的判决其实并不妥当。

（1）《电力设施保护条例》第十条规定的5m的保护区，适用"线前屋后"的情形。本案是"屋前线后"的情形，适用《电力设施保护条例实施细则》的规定第五条的规定，即在计算导线最大风偏情况下，1～10kV导线距建筑物的水平安全距离为1.5m。

（2）设置警示牌的职责归电力管理部门，且《电力设施保护条例实施细则》第九条规定："电力管理部门应在下列地点设置安全标志：①架空电力线路穿越的人口密集地段；②架空电力线路穿越的人员活动频繁的地区；③车辆、机械频繁穿越架空电力线路的地段；④电力线路上的变压器平台。"本案显然不符合设立警示牌的条件。

（3）供电公司在按时巡视线路，及时消除隐患方面存在过错。但不应承担主要责任。本案违章建房者刘某，没有获得电力管理部门的批准，也没有采取安全措施擅自突破保护区施工，违章建房，应当承担主要责任。

第二节　线、屋关系纠纷处理

人们对周围的建筑工程特别敏感，唯恐危及自己的私人空间。电建线路工程难免与建筑物毗邻、跨越，甚至有的房屋要搬迁。这就难免引发线、屋关系纠纷。

一、架空线路跨越房屋

《电力设施保护条例》第二十一条规定："新建架空电力线路不得跨越储存易燃、易爆物品仓库的区域；一般不得跨越房屋，特殊情况需要跨越房屋时，电力建设企业应采取安全措施，并与有关单位达成协议。"《电力设施保护条例实施细则》第十五条规定："架空电力线路一般不得跨越房屋。对架空电力线路通道内的原有房屋，架空电力线路建设单位应当与房屋产权所有者协商搬迁，拆迁费不得超出国家规定标准；特殊情况需要跨越房屋时，设计建设单位应当采取增加杆塔高度、缩短挡距等安全措施，以保证被跨越房屋的安全。被跨越房屋不得再行增加高度。超越房屋的物体高度或房屋周边延伸出的物体长度必须符合安全距离的要求。"

1. 一般不得跨越房屋

架空电力线路一般不得跨越房屋，其原因如下。

（1）房屋失火、煤气爆炸等可能毁损架空线路。

（2）架空线路跨越房屋运维不便。

（3）尽管电力建设单位采取了增加杆塔高度、缩短挡距等安全措施，来保证被跨越房屋的安全，但潜在的危险是客观存在的。如在酷暑高温、风暴冰雪、阴雨雷电等气象条件下发生雷击、火灾、杆塔倒伏，线路断裂等事故。2008年湖南冰灾给电力设施带来毁灭性的破坏，35、66、110、220、500kV的杆塔均存在弯曲扭转，甚至轰然倒地，可想而知，一旦出现灾害，被输电线路跨越的房屋便祸从天降，甚至是毁灭性的打击。虽然经过世界各国大量的试验研究，到目前为止，认为长期处于超高压线路附近的电磁场中，不会对人体产生不良影响，但考虑到还要进一步积累实践经验，仍规定500kV线路暂不考虑跨越经常住人的建筑物，并按现在已运行的500kV线路实际情况，规定边相导线地面投影外5m以内不允许有经常住人的建筑物。

2. 跨越房屋要与房屋产权人协商（保护个人物权）

《电力设施保护条例》第二十一条规定："一般不得跨越房屋，特殊情况需要跨越房屋时，电力建设企业应采取安全措施，并与有关单位达成协议。"《电力设施保护条例实施细则》第十五条规定："对架空电力线路通道内的原有房屋，架空电力线路建设单位应当与房屋产权所有者协商搬迁，拆迁费不得超出国家规定标准。"

既然法规规章都规定跨越房屋要与产权人协商，就排除了强行跨越。既然协商，双方就要平等提出双方的条件，经谈判、妥协，达成一致意见。其结果可想而知，房屋产权人会提出经济补偿。

3. 跨越房屋应采取安全措施并给予补偿

既然架空电力线路对房屋潜在危险是客观存在的，作为无辜的房屋产权人谁愿意凭空忍受这样的潜在危险？谁愿意承受不定哪一天就飞来横祸的心理压力？谁愿意平白无故的在自己的头顶上悬上一把达摩克利斯之剑？从这个意义上讲，这份补偿有着对承担潜在危险者的精神抚慰的意义。再说，因为搬迁也需要费用，而且比补偿的费用还要高得多。

除了客观存在的潜在危险还有心理压力，还有"风水"文化观念在房屋产权人的心头同样会投下阴影。天天在头顶上悬着几条灰黑的承载大电流的导线，心情压抑，在所难免。从经济价值上说，由于跨越导线的存在，房屋的价值也必定会降低。

鉴于上述种种原因，尽管法规和规章没有明确跨越房屋应采取安全措施并给予补偿，实际建设中也应该给予经济补偿。全国多个省份的法规均有明确的补偿规定。

《山东省电力设施和电能保护条例》第二十六条规定："新建、改建、扩建架空电力线路不得跨越储存易燃易爆物品仓库的区域。新建、改建、扩建架空电力线路一般不得跨越房屋；确需跨越的，电力设施建设单位应当与房屋所有人达成补偿协议，并采取安全措施。"

《海南省电力建设与保护条例》第十二条规定："新建架空电力线路不得跨越储存易燃、易爆物品仓库的区域。新建架空电力线路一般不得跨越房屋。因地理条件和出线限制等特殊情况，确需跨越房屋的，电力设施建设单位应当与被跨越房屋所有者签订迁移或者防护补偿协议，制定科学、安全、合理的处置方案，按照国家有关技术规程采取加高加固杆塔、缩短挡距等安全措施后方可施工。"

《安徽省电力设施和电能保护条例》第十八条规定："新建架空电力线路不得跨越储存易燃、易爆物品仓库的区域；一般不得跨越房屋，如遇特殊情况需要跨越时，电力建设企业应采取安全措施，并与房屋所有人达成有关安全和补偿的协议。"

至于补偿额度，可参考广州市《南沙区 220 千伏、110 千伏架空输电线路工程建设涉及房屋征收补偿处理办法（试行）》（穗南府办〔2017〕11 号）第五条规定："在满足国家规定的安全距离和环保要求的情况下，经房屋征收部门与涉及房屋的权利人协商，相关权利人同意进行跨越的房屋，按照相关电力线路跨越处理方式由供电部门委托区房屋征收部门，按房屋价值的 30% 给予补偿，其中集体土地上房屋（含国有划拨土地上房屋）按照《广州南沙集体土地房屋征收补偿安置指导意见》计价，国有出让土地上的房屋按评估价计价，其补偿费由供电部门负责，在工程预付款列支。"

二、架空线路走廊房屋搬迁

高压线路跨越房顶，即使对线路加高加固，缩小挡距，设计施工合乎规范要求，潜在的危险也是客观存在的。因此，法规规章规定，必要时线下房屋要搬迁。目前 500kV 及以上电压等级的架空线路跨越（相邻）的房屋须搬迁。在房屋搬迁问题上，到底应该适用《电力设施保护条例》《电力设施保护条例实施细则》抑或是《（110～500）kV 架空送电线路设计技术规程》（DL/T 5092—1999）的规定。

1. 目前 500kV 架空线路跨越房屋搬迁范围

在寸土寸金的今日，各地方出台的部门规章采用 DL/T 5092—1999 中的规定居多。各地方人大、政府在地方法规和政府规章中，规定了 5m 这个设计距离作为拆迁的范围。但《技术规程》参数与有关法规之间存在矛盾或不衔接之处。

2. 500kV 架空线路最小安全运行的水平距离为 8.5m

《电力设施保护条例实施细则》第五条规定："在厂矿、城镇、集镇、村庄等人口密集地区，架空电力线路保护区为导线边线在最大计算风偏后的水平距离和风偏后距建筑物的水平安全距离之和所形成的两平行线内的区域。"在计算导线最大风偏情况下，500kV 导线距建筑物的水平安全距离为 8.5m。

《电力设施保护条例实施细则》是根据《电力设施保护条例》为保障电力生产和建设的顺利进行，维护公共安全的宗旨制定的。《电力设施保护条例实施细则》第五条规定的安全距离，是关于保护电力设施安全运行的。就是说 8.5m 是架空电力线路距离建筑物最小安全运行的水平距离。

3. 相关法律和国务院行政法规规定

具体多高电压等级架空线路下多宽范围内的房屋需要搬迁，法律法规没有具体规定。在电力建设实践中，500kV 及以上架空线路下的房屋需要搬迁，宽度范围适用国家经贸委《关于建设 500kV 架空送电线路拆除建筑物有关问题的复函》（国经贸厅电力函〔2001〕842 号）规定："建设 500kV 架空送电线路时拆除建筑物的要求及范围，按照 DL/T 5092—1999 中第 16.0.4、16.0.5 条规定的标准执行。"其中 16.0.5 条是关于电磁环境的规定。这里只讨论第 16.0.4 的内容。

《(110~500)kV 架空送电线路设计技术规程》(DL/T 5092—1999)第 16.0.4 条中的边导线与建筑物之间的最小距离见表 8-3。

表 8-3　　　　　　　　　　边导线与建筑物之间的最小距离

标称电压/kV	110	220	330	500
距离/m	4.0	5.0	6.0	8.5

注　导线与城市多层建筑之间的距离，指水平距离。

在无风情况下，边导线与不在规划范围内的城市建筑物之间的水平距离不应小于表 8-3 中所列数值。

边导线与不在规划范围内城市建筑物之间的水平距离见表 8-4。

表 8-4　　　　　　边导线与不在规划范围内城市建筑物之间的水平距离

标称电压/kV	110	220	330	500
距离/m	2.0	2.5	3.0	5.0

注意这里有 8.5m 和 5m 两个数据，虽然经贸委表面上没有具体说明拆迁范围是 8.5m 还是 5m，但其实已经说得很明白了：500kV 架空送电线路边导线与建筑物之间的最小距离是 8.5m。无风情况下，且建筑物不在规划范围内的设计距离才是 5m。这个"5m"有两个限制条件：①无风，但高压线路在经年累月的运行中，无风情况是几乎不存在的；②并非所有 500kV 架空送电线路跨越的都是非规划区的城市建筑物。但是，各地方人大、政府基于节省金钱和节约土地的目的，断章取义，在地方法规和政府规章中，无视设计和运行的区别，无视限制条件，先入为主，一概而论强行规定了 5m 这个设计距离作为拆迁的范围。因此，500kV 架空送电线路以"5m"作为拆迁的范围是违反电力设施运行规章、规程的、不科学的、不负责任的，也是危及住宅产权人人身财产安全的。如《宁夏电力设施保护条例》(二十四条)、《湖南省电力设施保护条例》(第八条)、《贵州电力设施保护条例》(第十条)、《内蒙古电力设施保护条例》(第九条) 等省份地方性规定中均有提到："在厂矿、村庄、城镇人口密集地区 500kV 高压架空线路边导线，在计算风偏的情况下，距离建筑物的水平距离为 8.5m。"

4. 运行安全距离和设计距离不可同日而语

《电力设施保护条例实施细则》适用于电力设施运行，是确保在不同天气情况下安全运行的。而 DL/T 5092—1999 则适用于设计，验收，不适于运行。电力设计、建设过程是短期的，至竣工验收合格后交付使用就进入了长期运行时期。并且，DL/T 5092—1999 是约束工程技术人员的设计技术规范，仅仅用来规范技术人员的设计技术和建设施工行为，是指导检测工程设计是否合格的尺度。

5. 500kV 架空电力线路跨越房屋的搬迁范围应为 8.5m

由上述分析可见，500kV 架空电力线路跨越房屋的搬迁范围应为 8.5m，具体原因如下。

（1）对于 500kV 架空电力线路跨越房屋的搬迁范围法律法规没有具体规定。

（2）适于电力设施安全运行的《电力设施保护条例实施细则》规定是 8.5m。

（3）国经贸厅电力函〔2001〕842 号所说的适用《(110～500)kV 架空送电线路设计技术规程》(DL/T 5092—1999) 第 16.0.4 条，应该理解为是考虑风偏情况下边导线与建筑物之间的最小距离 8.5m（见表 8-3），而不是无风情况下的 5m（见表 8-4）。

（4）8.5m 是运行距离，5m 是设计距离。线路投运后处于长期运行状态，显而易见，应该取运行距离。

6. 从高处落物的坠落半径

根据高处作业分级标准可知，高处物体的坠落半径随着高度的增加而增加。如作业高度在 30m 以上的特级高处作业，其坠物的半径为 5m。实际上，倒塔断线的情况大都在恶劣暴虐的天气发生的，线路不会垂直下落，而是在重力、断裂弹力和横向风力合成力的作用下可能飘逸坠落到远超出 5m 的水平距离之外的地方。其次，仍以 500kV 架空输电线路为例，其铁塔都远高于 30m。如酒杯型铁塔为 38m、干字型铁塔为 40.5m、门型铁搭为 42.65m，其坠落半径当然均大于 5m。

以上只是考虑线路及其铁件坠落的情况，没有考虑倒塔的情形。2008 湖南冰灾的数据告诉我们，500kV 铁塔一旦倒下，破坏的半径在 40m 左右。因此，这也同样说明了，硬性规定 500kV 架空线路下搬迁范围为两边线向外 5m 距离是不够的。

三、线、屋相邻互相保护原则

除了上述跨越与搬迁之外，线、屋相互关系纠纷主要包括两种类型：①线路建设在先，之后有人在线路走廊内违章建房纠纷，即"线前屋后"；②新建、改建线路跨越、侧邻、拆迁房屋纠纷，即"屋前线后"。

1. "线前屋后"纠纷处理

"线前屋后"关系纠纷有如下几种情形：建房人无证违章建房；建房人有证违章建房等；建房人临时搭建构筑物、简易房屋等。电力线路建设在先，相邻关系人不得在已经确定的线路保护区建设建筑物和构筑物，要自觉保护电力线路的安全运行。违法建设后应主动拆除，恢复原状。

《电力法》第五十三条第二款规定："任何单位和个人不得在依法划定的电力设施保护区内修建可能危及电力设施安全的建筑物、构筑物，不得⋯⋯。"《电力法》第六十九条和《电力设施保护条例》第四条第二款均规定："电力企业应加强对电力设施的保护工作，对危害电力设施安全的行为，应采取适当措施，予以制止。"《电力设施保护条例实施细则》第四条规定："电力企业必须加强对电力设施的保护工作。对危害电力设施安全的行为，电力企业有权制止并可以劝其改正、责其恢复原状、强行排除妨害、责令赔偿损失、请求电力行政主管部门或人民政府强制拆除。"

电力设施产权人或管理人，应当保护相邻房屋产权人的合法权益。保障电力设施的噪声指标、电磁环境的电场强度和磁场强度指标符合相关法律法规的规定，以保证其安居权。

2. "屋前线后"纠纷处理

"屋前线后"除了上已述及的跨越补偿和搬迁补偿两种情形之外，还有一种情形，即基于当事人自行处理自己的民事权利的意思自治原则，电力建设单位对架空线路（500kV 以下的）采取了安全措施，但无法达到安全规定的要求。房主心甘情愿，住在原房屋，不搬迁的，电力建设单位应当以低于搬迁费的标准，给予房屋所有人经济补偿。其次，建设过程中以及在投运后，对相邻房屋造成损害应予赔偿。

另外，相邻房屋产权人，也应当遵法守纪，自觉保护电力设施的安全运行。《电力设施保护条例实施细则》第十五条规定："⋯⋯被跨越房屋不得再行增加高度。超越房屋的物体高度或房屋周边延伸出的物体长度必须符合安全距离的要求。"

因此，要签订线路、房屋互相保护的安全协议。包括两种情形：①对于经过协商搬迁的，要约定，今后不得在线下建设建筑物和构筑物，违者承担违约责任；②对于愿意搬迁，但没有落实，已经给予经济补偿没有搬迁的房屋所有人，要约定保护电力设施安全的事项，现有被跨越房屋的坐落位置和三维尺度，不得再行增加高度，加大宽度，超越房屋的物体高度或房屋周边延伸出的物体长度必须符合安全距离的要求，否则，应当承担违约责任。当然，由于线路故障给房屋产权人造成损失的，线路产权人应当给予赔偿。但对于自愿不搬迁的，已获得补偿费用的房屋产权所有人，除了签订线路跨越房屋安全协议，还应当约定，以后由于线路事故引发的房屋及人身损失由其自己承担责任。

3. 净空距离能否取代垂直距离和水平距离

净空距离不能取代垂直距离和水平距离对于 500kV 架空线路搬迁范围，有人说，达到净空距离就可以不予搬迁补偿。这纯粹是用几何意义（点到线的距离）来取代物理意义和安全运行意义的无知言论。净空距离是建筑物上距离线路最近的一点到线路的距离。如果把线路近似看作一条直线，或者说是建筑物上的点垂直于线路最短的距离。图 8-1 中，C 表示电线的横截面。图 8-1（a）与图 8-1（b）中，电线距离房屋的距离分别是垂直距离和水平距离，同时也是净空距离；但图 8-1（c）中，净空距离是垂直距离和水平距离构成的直角三角形的斜边 CD。图 8-1（a）中，垂直距离再大，也要搬迁。因为房屋正在线路下方；图 8-1（b）中，水平距离若大于等于 8.5m 可以不搬迁，也符合规定；图 8-1（c）中，在垂直距离大于等于 9m 的情况下，不管净空距离 CD 多大，只要水平距离不足 8.5m，就要搬迁。否则，故障线路断落会损毁建筑物，危及居住人的安全。净空距离规定仅仅是满足带电线路不对物体放电的，保证线路安全运行的安全距离，适用净空距离起不能保护居民住宅的安全。既要满足线路考虑最大风偏的垂直距离和水平距离，又要考虑线路故障断落杆塔倒伏的情况下不损毁住宅，危及人身安全。

前面介绍的跨越、搬迁补偿都是从保护居民安全角度出发的。跨越补偿是考虑到即使采取了安全措施仍然存在安全隐患。搬迁补偿是因为电压太高，为了安全必须包搬迁并给予补偿。如果不讲道理，硬性强调净空距离，不讲垂直和水平距离的话，那就没有符合搬迁条件的房屋了。道理很简单，因为线路正下方的房屋距离线路的垂直距离本身已经超过了净空距离规定。如 500kV 架空线路对建筑物的垂直距离就是 9.0m，已经超过了净空距离 8.5m。如此说来，线下的房屋都不需要搬迁了吗？答案显然是否定的。对于 500kV 架空线路搬迁范围只能适用水平距离 8.5m，不能适用净空距离。

4. 220kV 及以下架空线路

为了居民人身和住宅安全，500kV 架空线路电压等级太高，是不能跨越住

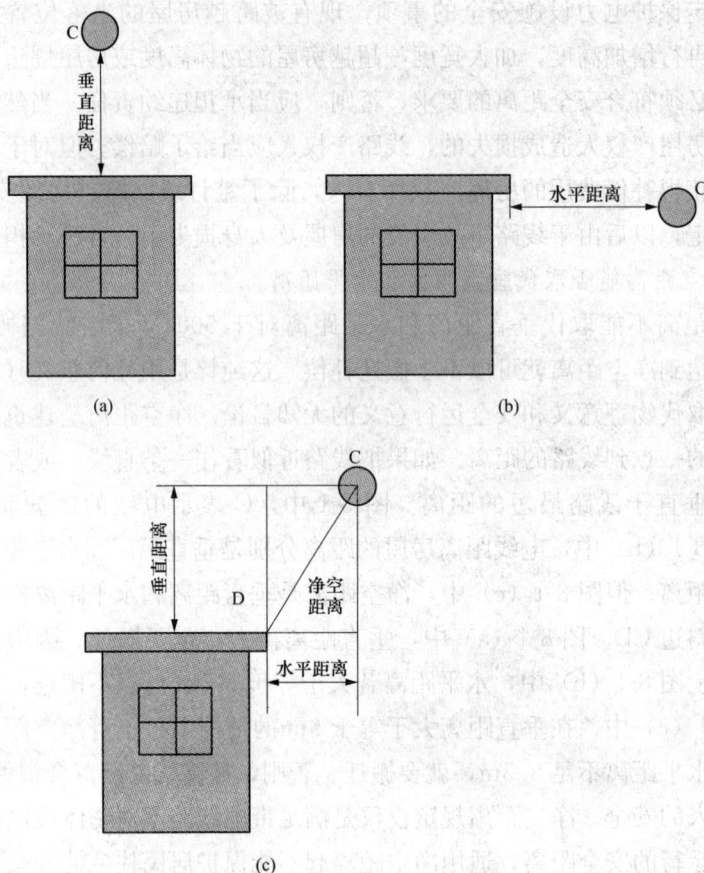

图 8-1 垂直距离、水平距离与净空距离

宅的，必须搬迁。但 220kV 及以下架空线路下面的住宅可以跨越，采取不搬迁但给予补偿的形式。下面就线、屋位置与距离情形进行分析。

（1）导线正上方跨越房屋，边导线与房屋的水平距离为负距离，也可以为0。但这种情况，只要垂直安全距离足够，可以不计水平距离的，见图8-1（a）。

（2）导线在房屋一侧，垂直距离为负值，也可以为0。但在这种情形，只要水平距离足够则不计垂直距离，见图 8-1（b）。

（3）导线在建筑物的斜上方。如果垂直安全距离足够，则相当于第 1 种情况，不再计较水平安全距离；如果水平安全距离足够，则相当于第 2 种情况，就不再计较垂直安全距离；当垂直和水平安全距离均不够的情况下，那就看垂直距离的平方和水平距离的平方之和再开方，即水平和垂直距离构成的三角形的斜边，能否满足最小安全净空距离，见图 8-1（c）。

>> 案例 8-2 　2016 年 8 月，某供电公司输变电工区，建设一条 110kV 线路，跨越某县某镇某村刘某等 5 户农民的房顶。刘某等人以输电线路给其造成安全威胁为由阻挡施工。经协商，输变电工区与五户农民达成补偿协议，每户 8000 元。9 个月后再次开工时，5 户农民以没有拿到协议书文本为由，再次阻挡施工。随后，当地政府有关部门研究决定收回补偿款。5 户农民将供电公司告上法庭，要求返还补偿款。经法庭审理查明，2016 年 8 月供电公司输变电工区与 5 户农民签订了补偿协议后，通过村委会将各户 8000 元补偿款交给农民，但未给付协议书。高压线对房顶的最小垂直距离为 15.86m，符合设计规范。

法院认为，5 原告要求返还补偿款没有证据（没拿到协议，不能提供协议），且输电工区不具备法人资格，协议无效。再者供电公司已将补偿款交给委托村委转交遂判决：①协议无效；②驳回五原告返还补偿金的诉求。

▨ 评　析 --------➤

本案以不能提供协议和协议无效判决驳回原告的诉求，是存在不妥之处，理由如下。

（1）5 农户有理由认为输变电工区签订协议的行为为表见代理，法院也查明供电公司将补偿款委托村委会转交 5 农户，这是对输变电工区签订协议的追认，即使输变电工区不具备签订协议的资格，经过追认的协议也已经生效。

（2）既然法规和规章都规定，线路跨越房屋要与房屋产权人协商，那么，协商的结果是给予原告补偿款，并且已经履行，后又收回补偿款，就是违反协议，应当承担违约责任。收回补偿款的行为，是对不"驯服"的农民施行的违法蛮横的强权行政。

第三节　线、树纠纷处理

线树纠纷从时间上分为"线前树后"和"树前线后"两种情况，还有第三种情况就是线路保护区外的树木与输配电线路的关系纠纷。

一、"线前树后"纠纷

"线前树后"情形，即线路在先，已经形成了电力设施保护区或线路走廊。

相邻关系人在走廊或保护区内种植树木，妨害、危及输电线路的安全运行或者已经造成了实际的损害。

1. 相关法律法规规定

关于上述情形，《电力法》第五十三条规定："任何单位和个人不得在依法划定的电力设施保护区内……不得种植可能危及电力设施安全的植物，不得堆放可能危及电力设施安全的物品。在依法划定电力设施保护区前已经种植的植物妨碍电力设施安全的，应当修剪或者砍伐。"第六十九条规定："违反本法第五十三条规定，在依法划定的电力设施保护区内种植植物、堆放物品，危及电力设施安全的，由当地人民政府责令强制拆除、砍伐或者清除。"《电力设施保护条例》第十五条规定："任何单位或个人在架空电力线路保护区内，必须遵守下列规定：……不得种植可能危及电力设施安全的植物。"第二十四条规定："……在依法划定的电力设施保护区内种植的或自然生长的可能危及电力设施安全的树木、竹子，电力企业应依法予以修剪或砍伐。"《电力设施保护条例实施细则》第十八条规定："在依法划定的电力设施保护区内，任何单位和个人不得种植危及电力设施安全的树木、竹子或高秆植物。电力企业对已划定的电力设施保护区域内新种植或自然生长的可能危及电力设施安全的树木、竹子，应当予以砍伐，并不予支付林木补偿费、林地补偿费、植被恢复费等任何费用。"

2. 清除违法种植的竹木

（1）砍伐树木的主体。砍伐主体首先是违法种植树木人，其次是人民政府。除非紧急避险的时刻，电力企业才可"先斩后奏"。

1）根据《电力法》五十三条，砍伐树木的主体首先是竹木种植者，他们是违法的始作俑者，理当消除违法行为对电力设施安全运行的影响。

2）根据《电力法》第六十九条，砍伐树木的主体是当地政府或电力管理部门。

3）根据《电力设施保护条例》和《电力设施保护条例实施细则》中规定说砍伐竹木的主体是电力企业。

（2）电力企业砍伐树木的困难。虽然说输电线路是电力企业所有的财产，法规和规章规定电力企业有砍伐竹木的义务，但是电力企业毕竟是企业，与违法种植树木者是平等的民事主体，要动真格的砍伐竹木，轻则遭到拒绝、阻挠，重者被围攻殴打或者吃官司。尽管从电力设施保护的角度上理解，电力企业砍伐违法种植的树木，是纠正违法行为，消除安全隐患。但是《中华人民共和国森林法》（以下简称《森林法》）的立法目的却是禁止破坏森林资源，保护森林资源和森林资源所有人和承包经营人的权益。如《森林法》第三十一条规定："采伐森林和林木必须遵守下列规定：成熟的用材林应当根据不同情况，分别采取择伐、皆伐和渐伐方式，皆伐应当严格控制，并在采伐的当年或者次年内完成更新造林。"第三十二条规定："……国有林业企业事业单位、机关、团体、部队、学校和其他国有企业事业单位采伐林木，由所在地县级以上林业主管部门依照有关规定审核发放采伐许可证。"第三十九条规定："……滥伐森林或者其他林木，由林业主管部门责令补种滥伐株数五倍的树木，并处滥伐林木价值二倍以上五倍以下的罚款。"

3. 如何保护电力建设和设施

老子说过，怀抱之木，生于毫末。就是说参天大树也是从细小的幼芽逐渐长成的。这就提示电力企业，危及电力设施安全运行的高秆竹木不是在一夜之间长成。只要电力企业按照安全运行规程认真做好定期和不定期的线路保护区的巡视和维护，这些细小的幼芽是可以发现的。这时候通过依法劝止违法种植者停止侵害，还是容易实现的，因为细小的幼芽树苗的价值不高。但是如果，电力企业不负责任，等到长成参天大树，多次因安全距离不够导致线路跳闸时再去解决问题就为时晚矣。违法种树者往往会在利益驱动下，希望他的林木继续茁壮成长，收获更大的利益。想让他杀树，就要付出很高的代价。

电力企业可以以民事主体身份，以相邻不动产受到安全威胁为由，请违法种植竹木人自行砍伐，若无果，可请求电力管理部门依法行使电力管理权强制砍伐或者请求人民政府强制清除。当情况非常危急时，电力企业就以不动产相邻关系人身份请求法院先于执行，令违法种树人停止侵害，排除妨害，消除危险。继而提起民事诉讼解决问题。当然，政府部门不作为，不履行行政管理职责，电力企业有权对其提起行政诉讼，请求其履行行政管理职责，责令或强制违法者停止侵害，消除危险，赔偿损失。

》》 案例8-3   2017年6～8月，某供电公司在全市范围内清理线路走廊。某村孙某等14户村民，于2011年在早已运行多年的35kV线路62～63号杆之间种植的速生杨危及已线路运行安全，但拒绝杀树。供电公司领导和法律顾问多次对违法种树者晓以法理无效，声称不给10万，决不杀树。后供电公司与经发局、公安局联合发布通告，仍无效。最后，供电公司向法院诉求：原告立即将493棵速生杨砍伐清障，排除妨害，消除危险，并请求先于执行。结果，村民在收到法院的诉状和先于执行裁定书后两天内全部杀掉树木。

评 析

本案是线前树后纠纷，《电力设施保护条例》第二十四条第二款规定："在依法划定的电力设施保护区内种植的或自然生长的可能危及电力设施安全的树木、竹子，电力企业应依法予以修剪或砍伐。"《电力设施保护条例实施细则》第十八条第二款明确规定："电力企业对已划定的电力设施保护区域内新种植或自然生长的可能危及电力设施安全的树木、竹子，应当予以砍伐，并不予支付林木补偿费、林地补偿费、植被恢复费等任何费用。"法规和规章规定了供电公司应当尽砍伐清障的义务，但是电力企业没有直接动手，而是做足了前置的救济措施，先礼后兵，劝告杀树，报告政府部门并联合发文，最后以侵犯相邻关系权，通过司法手段圆满解决。

启 示

电力部门尽可能不要亲劳大驾，挥刀砍树。一来要耗费人力物力，提高维权成本，二来可能成为滥砍滥伐林木的被告。因为砍伐林木也并非可以随意而为，要办理采伐许可证，否则可能会涉嫌违反与《电力法》平阶的《森林法》而招惹麻烦。借鉴本案，应当让政府行使行政管理权或让法院采取司法手段解决问题。

在线前树后关系中，还有一种无法回避的情况就是城市绿化与电力输电线路安全运行保护之间的矛盾。这也是一种线前树后的情形之一。如线路建设之初某段线路走廊可能还是郊区或野外，随着城市规模的急剧膨胀，今天就变成了市区，就要进行规划和绿化，矛盾随之而来。这种情况要依据《电力设施保护条例实施细则》第十六条第（三）、（四）项的规定处理，即根据城市绿化规划的要求，必须在已建架空电力线路保护区内种植树木时，园林部门需与电力管理部门协商，征得同意后，可种植低矮树种，并由园林部门负责修剪以保持树木自然生长最终高度和架空电力线路导线之间的距离符合安全距离的要求。架空电力线路导线在最大弧垂或最大风偏后与树木之间的安全距离见表8-5。

表8-5　　　　　　　架空电力线路导线与树木之间的安全距离

电压等级/kV	最大风偏距离/m	最大垂直距离/m
35~110	3.5	4.0
154~220	4.0	4.5

电压等级/kV	最大风偏距离/m	最大垂直距离/m
330	5.0	5.5
500	7.0	7.0
±660	8.0	8.0
750	8.5	8.5
±800	13.5	13.5
1000	14.0	14.0

对不符合表 8-5 中要求的树木应当依法进行修剪或砍伐，所需费用由树木所有者负担。

根据上述规定，电力部门与园林部门协商，达成一致意见后，要签订协议，种植低矮树种，并由园林部门负责修剪以保持树木自然生长最终高度和架空电力线路导线之间的距离符合安全距离的要求。违者要承担违约责任。

二、"树前线后"纠纷

"树前线后"情形是指，林木在先，新建架空线路需要穿越林区，通道内的林木需要砍伐或移植的情形。

1. 处理树前线后的相邻关系的相关法律法规规定

《电力法》第五十三条规定："……在依法划定电力设施保护区前已经种植的植物妨碍电力设施安全的，应当修剪或者砍伐。"第五十五条规定："电力设施与……绿化工程和其他工程在新建、改建或者扩建中相互妨碍时，有关单位应当按照国家有关规定协商，达成协议后方可施工。"《电力设施保护条例》第二十二条规定："……电力设施在新建、改建或扩建中妨碍公用工程、城市绿化和其他工程时，双方有关单位必须按照本条例和国家有关规定协商，就迁移、采取必要的防护措施和补偿等问题达成协议后方可施工。"第二十四条第一款规定："新建、改建或扩建电力设施，需要损害农作物，砍伐树木、竹子，或拆迁建筑物及其他设施的，电力建设企业应按照国家有关规定给予一次性补偿。"

根据《电力设施保护条例实施细则》第十六条，架空电力线路建设项目和公用工程、城市绿化及其他工程之间发生妨碍时，按下述原则处理：①新建架空电力线路建设工程、项目需穿过林区时，应当按国家有关电力设计的规程砍伐出通道，通道内不得再种植树木，对需砍伐的树木由架空电力线路建设单位按国家的规定办理手续和付给树木所有者一次性补偿费用，并与其签订不再在通道内种植树木的协议；②架空电力线路建设项目、计划已经当地城市建设规划主管部门批准的，园林部门对影响架空电力线路安全运行的树木，应当负责修剪，并保持今后树木自然生长最终高度和架空电力线路导线之间的距离符合安全距离的要求。

2. 纠纷处理

在输电线路路径勘探时，应尽量避开国家保护的珍贵林木地带、价值高的果林地带和具有高商业价值的林木或苗圃、风景区绿化地带等纠纷易发区域。这是避开纠纷源头的做法。实在无法避开时，依据以上电力法律法规，按下列方法步骤处理。

（1）双方协商。电力企业与林木所有者或管理者（如市区绿化带）协商砍伐、移栽或修剪维护林木。注意砍伐树木要办理《森林法》规定的相关手续。

（2）一次性赔偿。电力部门按照国家规定，给予林木所有权人一次性经济补偿。

（3）签订协议。所签的协议就是一次性赔偿后，不得再在电力线路通道内种植树木的协议。也有可以种植矮株植物，保证不妨害电力设施安全运行的协议。

》》案例8-4 2017年8月3日夜晚，一场暴风骤雨突袭某城，给供电线路带来严重损失，仅城区就有50多条供电线路跳闸停电，事故原因是因为剪伐费用过高，两年来线路走廊故障隐患未能得到彻底清除。暴风雨致使大量树木倾倒在线路上，以致损失严重。在事故勘查和抢修的过程中，令供电部门痛心不已的是，造成以上倒杆断线、跳闸停电的90%的原因，就是那一棵棵本该早就砍伐或者修剪的线下树。不给钱树木所有人就不准清障，可是，树障把电线压断了，把电杆拽倒了，谁应该承担责任？又应该向谁去要求补偿？

评 析 - - - - - - - - - ▶

该案电力线路破坏的形式主要是，被刮倒的树木压在线路上，拽到了电杆，以致大面积倒杆断线停电。这当中既有电力设施保护区内的树木，也可能有保护区外的树木。因此提醒供电公司线路运行维护人员，对超高的树木即使在保护区边缘上或之外，遇到暴风雨会危害到电力线路安全运行的，也应当与树木所有人和管理人协商砍树清障。

3. 线路保护区之处的树木

从案例8-4可以看出，在线路保护区之外的树木也会危害线路运行，尤其在山区林带区域。《66kV 及以下架空电力线路设计规范》（GB 50061—2010）2.0.4 第 2 款也指出了："调查中少数地区由于林木倾倒，砸断线路的事故时有发生，有的受树枝影响，危及安全供、用电，应该引起重视。"该规范规定"35kV 和 66kV 线路的通道宽度，不应小于线路两侧向外各延伸林区主要树种的生长高度"，就考虑了树木倒伏危害线路的情形，而不是教条地搬用35～110kV 线路保护区 10m 的规定。《(110～500)kV 架空送电线路设计技术规程》（DL/T 5092—1999）16.0.7 规定："送电线路通过林区，应砍伐出通道。通道净宽度不应小于线路宽度加林区主要树种高度的 2 倍。通道附近超过主要树种高度的个别树木应砍伐。"可以见出，在特殊情况下，电力设施保护区的实际宽度并不一定套用 500kV 对应的 20m，而是两边线外侧的主要树种高度。

三、输电线路与保护区外树木的纠纷

有的树木虽然在线路保护区之外，但由于超高，一旦倒伏就会砸断线路，有时还造成他人触电伤亡事故。

1. 发生树木倒伏的原因

(1) 风雨中，树木老朽、根部不固倒伏，超高，风摧之折断等不属于不可抗力。

(2) 第三人施工、挖掘等原因致树木倒伏。

(3) 不可抗力的台风将树木刮倒。

2. 责任承担

(1) 上述第一种情形，我国《民法通则》没有对树木造成他人损害的侵权情形作出规定，但如果树木倒伏砸线非不可抗力，树木所有人和管理人预见到树木会倒伏危害线路而不予防范，发生损害事实，树木的所有人和管理人应当特殊侵权责任承担责任。根据最高院《关于审理人身损害赔偿案件适用法律若干问题的解释》第十六条："对树木倾倒、折断或者果实坠落致人损害的，适用《民法通则》第一百二十六条的规定，由所有人或管理人承担赔偿责任，但能够证明自己没有过错的除外。"《侵权责任法》第九十条规定："因林木折断造成他人损害，林木的所有人或者管理人不能证明自己没有过错的，应当承担侵权责任。即林木所有权人和管理人负有管理林木的注意义务，如果因其管理存在瑕疵而造成树木折断致他人损害时，所有人或管理人应当承担责任。"具体的适用条件是：①有损害事实发生；②损害与树木折断、倒伏有因果关系；③无抗辩是由，所有人和管理人不能证明自己对树木折断没有过错，同时又没有其他抗辩是由。实际上这是一种推定过错责任，树木所有人和管理人违反了管理和注意义务，造成其所有之下或管理之下的树木折断的，法律推定所有人和管理人具有过错；在举证方式上实行举证责任倒置，发生树木折断、倒伏致人损害，所有人和管理人承担自己主观上没有过错的举证责任，否则，承担侵权责任。因此，输电线路保护区之外的林木毁损了电力设施，并造成了其他损害，应当承担赔偿责任。如果还造成了第三者触电伤亡，也应当承担赔偿责任。因此，输电线路保护区之外的林木毁损了电力设施，并造成了其他损害，应当承担赔偿责任。如果电力企业对于相邻树木未尽管理职责，也应当承担责任。

（2）上述第二种情形，线路损毁和触电损失第三者均应承担责任。如果电力企业对于相邻树木未尽管理职责，也应当承担责任。

（3）不可抗力免除责任。

3. 线路保护区外超高树木管理

供电公司不要囿于电力设施保护区规定数据来维护线路通道，因为有些树木超高，即使在保护区外倒伏也会危及线路运行。树干过高，倒伏会砸毁线路，或者在倒伏过程中对线路放电，导致线路跳闸。以图 8-2 所示的 10kV 线路为例分析，在非居民区 10kV 架空电力线路距地面最小垂直距离 5.5m。而保护区宽度为边线往两边延伸 5m。5.5m 和 5m 构成的直角三角形的斜边长度为 7.433m。就是说，假设在保护区边缘上的一株树木高度 7.433m（直角三角形斜边长度）左右，在被大风刮倒垂直倒向线路时，会发生如下情况：①树木高度接近或等于 7.433m 在，倒伏过程中树冠接近或接触 C 相电线时造成对树放电或对地短路；②树木高度大于 7.433m 时，其树冠顶端就会压在线路上，见图 8-2。

如图 8-3 所示，为了避免在倒伏过程中线路对树梢放电，保证线路安全运行，应该考虑两个数据：①树木本身的高度；②不同电压等级线路对树木的安全距离（GC）。这样，直角三角形斜边的长度为：树木高度＋树木对线路的安全距离＝EG＋GC＝CD＋GC。边导线外侧延伸的距离为 FD＋DE。就是说，如果树木超高，《电力设施保护条例》规定的线路保护区以外的树木也要砍伐，有

$$FD+DE=\sqrt{(CD+GC)^2-CF^2}$$

根据国网公司《电力安全工作规程（配电部分）（试行）》（2014）规定，

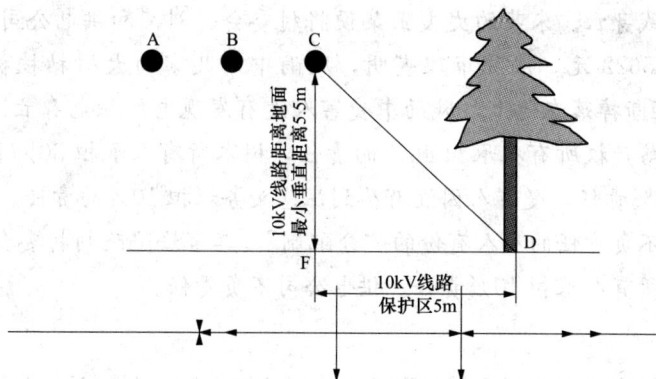

图 8-2　10kV 线路与树木

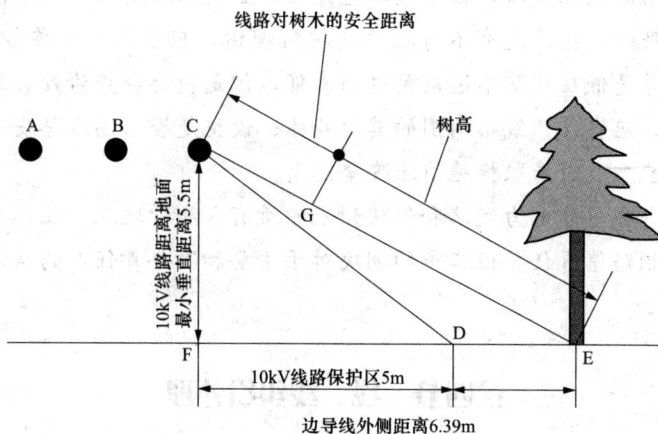

图 8-3　线路对树木的安全距离

10kV 线路对树木的安全距离为 1m，那么根据上述公式，FD + DE = $\sqrt{(7.433+1)^2 - 5.5^2} = 6.39$(m)

　　显而易见，比电力线路保护区规定大了 1.39m，就是说，5m 保护区外 1.39m 以内的树木，仍要砍伐或者进行削冠处理。使之在倒伏过程中，线路不会对线路放电。

≫ 案例 8-5　　某年 7 月 31 日中午，某镇初中民办教师朱某冒着大风雨赶往学校，行至某村的刘某家房屋后，前面一棵大树被刮断横在路上，恰巧这时朱某的自行车掉了链子，情急中朱某便下车折地上大树的树枝安装自行车链子，不幸触到电线身亡。朱某的丈夫王某便将村委会、刘某和供电公司告上法庭，要求赔偿 285622 元。法院审理查明，风雨中刘某家的大树枯枝被刮断，将 380V 电线砸断掉落在地上，风雨中受害人没有发现电线触电身亡。本案一审法院判决线路产权所有人承担 40％ 的责任，树木所有人承担 30％ 责任，供电公司承担 20％ 责任，受害人因没有尽到注意义务承担 10％ 的责任。可以看出，该判决属于不负责任的人人有份的"分配制"。二审法院改判村委会承担 60％ 责任，树木所有人承担 40％ 责任。供电公司不负责任。

评析

该案根据线路产权判决村委会承担主要责任是明显错误的。树木所有人疏于管理，对自家枯木的危险状态没有采取相应的防范措施，违反了管理和注意义务，以致砸断低压线路，致朱某触电死亡，且树木所有人刘某不能证明自己没有疏于管理的过错，没有不可抗力的抗辩理由，应当承担主要担侵权责任。村委会的线路是低压线路不适应无过错责任，但是村委会作为致害线路的所有人和管理人，应当注意线路周围的其他物体、设施是否影响线路安全运行或者存在隐患，应当及时采取措施消除安全隐患。

本案供电公司非电力线路和倒伏树木的所有人和管理人，故二审没有判决供电公司承担赔偿责任。但二审的判决对于主要和次要责任人的认定，是有不妥之处的。

第四节　线、线纠纷处理

强电线路与强电线路、强电线路与弱电线路以及电路与管路的交叉与并行、安全距离、运行过程中距离的变化、绝缘的老化和破坏都会危及线路的安全运行或者造成人身触电事故。一旦发生事故，所涉线路、管路的产权所有人或者使用管理人都难脱干系。

一、建设施工保护原有管线

电力企业施工时要保护相邻关系人的管线，相邻单位施工时电力企业也要注意保护自己的管线。如果因施工建设造成管线损失，应当给予赔偿。《物权法》颁布后，电力企业应当建立与相邻关系人产权平等保护理念，而不再是单方面电力设施保护的观念。《物权法》第四条规定："国家、集体、私人的物权和其他权利人的物权受法律保护，任何单位和个人不得侵犯。"第八十八条规定："不动产权利人因建造、修缮建筑物以及铺设电线、电缆、水管、暖气管线等必须利用相邻土地、建筑物的，该土地、建筑物的权利人应当提供必要的便利。"第九十一条规定："不动产权利人挖掘土地、建造建筑物、铺设管线以及安装设备等，不得危及相邻不动产。"第九十二条规定："不动产权利人因用水、排水、通行、铺设管线等利用相邻不动产的，应当尽量避免对相邻的不动产权利人造成损害；造成损害的应当予以赔偿。"

二、强电线路与弱电线路

禁止"多线合一"。有的电力线杆同杆并行电力线和通信线、广播线和网络线等，还安装广播喇叭。如果是双回电力线，一般是电力部门设计施工的，符合设计施工规程。如果是其他弱电线路未经电力部门同意，而为了节约成本借助于电力线杆架线，一般不符合设计技术要求，会造成事故隐患。如安全距离不够造成放电，绝缘老化或破坏引起强弱电路串电，从而引起人身触电事故。根据《电力设施保护条例》第十四条，任何单位或个人，不得擅自攀登杆塔或在杆塔上架设电力线、通信线、广播线，安装广播喇叭。《农村低压安全用电规程》（DL 493—2015）5.13 也规定了不准通信线、广播线与电力线同杆架设，通信线、广播线和电力线进户时要明显分开。鉴于此，电力企业首先要杜绝"多线合一"的情况存在，既不能出借电杆，也不能出租电杆，要电力线路干干净净、安安全全的运行；其次，在线路运行过程中，要按照要求巡视到位，发现"多线合一"的现象及时制止，请求排除妨害，消除隐患。如果弱电线路产权单位不予拆除，应当报告政府部门。由电力管理、公安、安监等部门采取行政管理手段强行拆除，或者由电力企业向人民法院起诉，诉请停止侵害，排除妨害，消除隐患。否则，一旦发生事故，所涉线路的产权人都要承担责任。

>> 案例8-6　某年 7 月 6 日，8 岁儿童杨某途径某市正阳路电信局电杆时，手触此杆拉线，触电倒地，经抢救无效死亡。死者父母以电信局、供电公司、有线广播电视台为被告向法院提起诉讼，请求连带赔偿 720499 元。审理查明，电信局违反线路架设的技术规程，错误地将通信电缆线和钢绞线直接压在低压线路上，没有与电力线路保持安全距离，也没有安全接地装置。因钢绞线长期与电力线磨损，致电力线绝缘损坏，使电信局线杆拉线带电，造成杨某触电死亡。

法院认为，电信局是致人损害的线路设施的产权人，又违规施工，承担

80%责任；供电公司没有尽对电力线路维护检查，及时排除隐患之责任承担20%责任；有线广播电视台不承担责任。

评 析 ------------▶

本案供电公司线路在前，事故原因由电信违规施工引起的。但供电公司却承担了没有对电力线路维护检查，及时排除隐患之责任。有鉴于此，提示如下。

(1) 禁止多线合一，电力线杆和电缆沟切勿外租。

(2) 无论相邻关系人行为是否合法、规范，只要本公司的供电设施受到危害，就应及时告知相邻人排除隐患。

(3) 及时巡线，认真巡线。本案的电力线路负责人，在巡线时应该发现隐患而没有发现，也是事故发生的原因之一。

三、电力电缆与地下管线

禁止同沟铺设管线。易燃易爆油气管道泄露遇到火花会发生火灾。如果电缆沟内泄露易燃气体的浓度达到爆炸比，还会发生破坏力极强的爆炸，损毁电力电缆和电力通信电缆。《电力设施保护条例实施细则》第八条规定："禁止在电力电缆沟内同时埋设其他管道。未经电力企业同意，不准在地下电力电缆沟内埋设输油、输气等易燃易爆管道。管道交叉（不是同沟架设）通过时，有关单位应当协商，并采取安全措施，达成协议后方可施工。"这条规定有三重意思：①禁止同沟铺设管线 ；②"未经电力企业同意，不准在地下电力电缆沟内埋设输油、输气等易燃易爆管道。"换言之，经过电力企业同意就可以同沟铺设油气管线吗？当然不可以！因为第一款是禁止性条款，电力企业不应同意；③指无法回避的管线交叉，（注意应当不是同沟铺设，不在地下同一层面）应经过有关单位协商，并采取安全措施后，才可以施工。

第五节　线、路纠纷处理

近年来，电力、铁路、公路建设飞速发展，铁路、公路等与各种高电压等级线路的相邻纠纷也日益增多。常常遇到建设电力线路跨越公路、铁路，在高速公路、铁路等控制区埋设管线施工等冲突和纠纷。这不仅给架线施工带来较大的难度，也影响以后线路安全运行。

一、线、路相邻原则

1. 互相保护原则

电力企业通常囿于本行业的设施建设和运行管理规程的规定,习惯于电力设施保护。实际上根据相邻关系,应该本着互相保护原则。这不仅体现在国有部门之间的财产,就是与私人财产之间也应该恪守这个原则。根据《中华人民共和国公路法》(以下简称《公路法》),违反《公路法》第四十五条规定,未经同意或者未按照公路工程技术标准的要求修建桥梁、渡槽或者架设、埋设管线、电缆等设施的,由交通主管部门责令停止违法行为,可以处三万元以下的罚款。违反本法第五十六条规定,在公路建筑控制区内修建建筑物、地面构筑物或者擅自埋设管线、电缆等设施的,由交通主管部门责令限期拆除,并可以处五万元以下的罚款。逾期不拆除的,由交通主管部门拆除,有关费用由建筑者、构筑者承担。

《中华人民共和国航道管理条例》(国务院令〔2008〕第545号)第十二条规定:"建设航道及其设施,不得危及水利水电工程、跨河建筑物和其他设施的安全。因建设航道及其设施损坏水利水电工程、跨河建筑物和其他设施的,建设单位应当给予赔偿或者修复。"

《中华人民共和国河道管理条例》第十四条规定:"堤防上已修建的涵闸、泵站和埋设的穿堤管道、缆线等建筑物及设施,河道主管机关应当定期检查,对不符合工程安全要求的,限期改建。在堤防上新建前款所指建筑物及设施,应当服从河道主管机关的安全管理。"

根据《中华人民共和国河道管理条例》第四十四条,未经批准或者不按照国家规定的防洪标准、工程安全标准整治河道或者修建水工程建筑物和其他设施的,县级以上地方人民政府河道主管机关除责令其纠正违法行为、采取补救措施外,可以并处警告、罚款、没收非法所得;对有关责任人员,由其所在单位或者上级主管机关给予行政处分;构成犯罪的,依法追究刑事责任。

2. 损害赔偿原则

按照相邻关系,互不影响对方的设施的安全运行。如果发生事故,铁路、公路运输中断,电力供应中断,严重的甚至可能危及人身安全,带来巨大的经济损失。任何一方因为建设工程不符合规定,给对方造成损失都应该承担赔偿责任。

《公路法》第三十一条规定:"因公路建设对有关设施造成损坏的,公路建设单位应当按照不低于该设施原有的技术标准予以修复,或者给予相应的经济补偿。"第四十五条规定："所修建、架设或者埋设的设施应当符合公路工程技术标准的要求。对公路造成损坏的，应当按照损坏程度给予补偿。"

《中华人民共和国铁路法》（以下简称《铁路法》）第四十六条规定："……在铁路线路上架设电力、通信线路，埋置电缆、管道设施，穿凿通过铁路路基的地下坑道，必须经铁路运输企业同意，并采取安全防护措施。违反规定给铁路运输企业造成损失的单位或者个人，应当赔偿损失。"

《中华人民共和国航道法》（以下简称《航道法》）第十二条规定："建设航道及其设施，不得危及水利水电工程、跨河建筑物和其他设施的安全。因建设航道及其设施损坏水利水电工程、跨河建筑物和其他设施的，建设单位应当给予赔偿或者修复。"

3. 专业部门参与规划原则

《中华人民共和国航道管理条例》（国务院令〔2008〕第545号）第九条规定："各级水利电力主管部门编制河流流域规划和与航运有关的水利、水电工程规划以及进行上述工程设计时，必须有同级交通主管部门参加。各级交通主管部门编制渠化河流和人工运河航道发展规划和进行与水利水电有关的工程设计时，必须有同级水利电力主管部门参加。各级水利电力主管部门、交通主管部门编制上述规划，涉及运送木材的河流和重要的渔业水域时，必须有同级林业、渔业主管部门参加。"

《中华人民共和国航道管理条例》（国务院令〔2008〕第545号）第八条规定："国家航道发展规划由交通部编制，报国务院审查批准后实施。地方航道发展规划由省、自治区、直辖市交通主管部门编制，报省、自治区、直辖市人民政府审查批准后实施，并抄报交通部备案。跨省、自治区、直辖市的地方航道的发展规划，由有关省、自治区、直辖市交通主管部门共同编制，报有关省、自治区、直辖市人民政府联合审查批准后实施，并抄报交通部备案；必要时报交通部审查批准后实施。专用航道发展规划由专用航道管理部门会同同级交通主管部门编制，报同级人民政府批准后实施。"

4. 协商审批原则

电力设施分布具有点多、面广、线长、裸露室外等特点。电力企业需要跨越公路、穿越高速公路建筑控制区，在铁路线路上架线、埋设电缆等电力设施建设，都要按照协商审批原则进行。《电力设施保护条例》第二十二条规定："公用工程、城市绿化和其他工程在新建、改建或扩建中妨碍电力设施时，或电力设施在新建、改建或扩建中妨碍公用工程、城市绿化和其他工程时，双方有关单位必须按照本条例和国家有关规定协商，就迁移、采取必要的防护措施和补偿等问题达成协议后方可施工。"

《公路法》第五十六条规定："除公路防护、养护需要的以外，禁止在公路两侧的建筑控制区内修建建筑物和地面构筑物；需要在建筑控制区内埋设管线、电缆等设施的，应当事先经县级以上地方人民政府交通主管部门批准。"由此可知，需要在建筑控制区内埋设管线、电缆等设施的，应当事先经县级以上地方人民政府交通主管部门批准，提供书面申请、现场方位图或方位照片、清样、有关单位审批资料、《公路路政审批表》等申报材料，并与交通管理部门签定内容含有遇国家公路建设拓宽改造及管理需要时，保证无条件无偿拆除或迁移电力设施的协议。电力部门在进行电力建设时，只有手续、材料完备了才能保证施工正常进行。同样，公路建设影响其他设施使用时，也需通过协商解决，如有损害应予经济赔偿。

《公路法》第三十一条规定："因建设公路影响铁路、水利、电力、邮电设施和其他设施正常使用时，公路建设单位应当事先征得有关部门的同意。"第四十五条规定："跨越、穿越公路修建桥梁、渡槽或者架设、埋设管线等设施的，以及在公路用地范围内架设、埋设管线、电缆等设施的，应当事先经有关交通主管部门同意，影响交通安全的，还须征得有关公安机关的同意。"《铁路法》第四十六条第二款规定："在铁路线路上架设电力、通讯线路，埋置电缆、管道设施，穿凿通过铁路路基的地下坑道，必须经铁路运输企业同意，并采取安全防护措施。"

国务院《中华人民共和国河道管理条例》（国务院令〔1988〕第3号，2018 修正版）第十一条规定："修建开发水利、防治水害、整治河道的各类工程和跨河、穿河、穿堤、临河的桥梁、码头、道路、渡口、管道、缆线等建筑物及设施，建设单位必须按照河道管理权限，将工程建设方案报送河道主管机关审查同意。未经河道主管机关审查同意的，建设单位不得开工建设。"

《中华人民共和国航道管理条例》（国务院令〔2008〕第545号）第三十条定义："'与通航有关的设施'是指对航道的通航条件有影响的闸坝、桥梁、码头、架空电线、水下电缆、管道等拦河、跨河、临河建筑物和其他工程设施"。第九条规定："各级水利电力主管部门编制河流流域规划和与航运有关的水利、水电工程规划以及进行上述工程设计时，必须有同级交通主管部门参加。各级交通主管部门编制渠化河流和人工运河航道发展规划和进行与水利水电有关的工程设计时，必须有同级水利电力主管部门参加。各级水利电力主管部门、交通主管部门编制上述规划，涉及运送木材的河流和重要的渔业水域时，必须有同级林业、渔业主管部门参加。"第十条规定："航道应当划分技术等级。航道技术等级的划分，由省、自治区、直辖市交通主管部门或交通部派驻水系的管理机构根据通航标准提出方案。1～4级航道由交通部会同水利电力部及其他有关部门研究批准，报国务院备案；4级以下的航道，由省、自治区、直辖市人民政府批准，报交通部备案。"

二、线、路相邻关系的技术规定

根据《(110～500)kV架空送电线路设计技术规程》(DL/T 5092—1999)，电力架空线路与以下相邻的"路"有如下技术规定。

1. 电力线路与公路

(1) 架空电力线路跨越高速公路、一级公路挡内不得有接头。

(2) 各电压等级线路至路面的最小垂直距离。110kV为7.0m，220kV为8.0m，330kV为9.0m，500kV为14.0m。

(3) 线路塔基外缘至路基边缘最小水平距离。路径受限制地区线路塔径外缘至路基边缘最小水平距离，110kV和220kV均为5.0m，330kV为6.0m，500kV为8.0m；开阔地区线路塔径外缘至路基边缘最小水平距离，位置交叉时均为8m；位置平行时均为最高杆塔高度。

2. 电力线路与铁路

(1) 架空电力线路跨越标准轨距铁路挡内不得有接头。

(2) 各电压等级线路至轨顶的最小垂直距离见表8-6。

表8-6　　　　　各电压等级线路至轨顶的最小垂直距离

标称电压 /kV	标准轨距/m	窄轨/m	电气轨/m	至承力索或接触线/m
110	7.5	7.5	11.5	3.0
220	8.5	8.5	12.5	4.0
330	9.5	9.5	13.5	5.0
500	14.0	13.0	16.0	6.0

(3) 架空线路杆塔外缘至轨道中心最小水平距离。相对位置交叉时，各电压等级线路均为30m；相对位置平行时，各电压等级线路均为最高杆塔高度加3m。

3. 电力线路与航道（河道）

(1) 架空电力线路跨越一、二级通航河流挡内不得有接头。

（2）各电压等级线路至水位、冰面最小垂直距离见表8-7。

表8-7 各电压等级线路至水位、水面最小垂直距离

标称电压 /kV	通航河流/m		不通航河流/m	
	至五年 一遇洪水位	至最高 航行水位的最 高船桅顶	至百年 一遇洪水位	冬季至冰面
110	6.0	2.0	3.0	6.0
220	7.0	3.0	4.0	6.5
330	8.0	4.0	5.0	7.5
500	9.5	6.0	6.5	11（水平） 10.5（三角）

（3）架空线路杆塔外缘至轨道中心最小水平距离。各电压等级的架空线路边导线斜坡上缘水平距离均为最高杆塔高度。

4. 线路与特殊管道、索道

特殊管道是指架设在地面上输送易燃易爆物品的管道。

（1）架空电力线路跨越特殊管道、索道挡内不得有接头。

（2）架空电力线路跨至特殊管道、索道任何部分（包括其上的附件）的最小垂直距离见表8-8。

表8-8 架空电力线路跨至特殊管道、索道任何部分的最小垂直距离

标称电压 /kV	110	220	330	500
至特殊管道/m	4.0	5.0	6.0	7.5
至索道/m	3.0	4.0	5.0	6.5

（3）相对位置规定。

1）线路与索道交叉，索道架在上方，索道的下方应设保护措施。

2）交叉点不应设在管道的检查井（孔）处。

3）与管道平行、交叉时，管道索道应接地。

三、电力线路保护标志

为了能够使相邻关系人明确保护目标，电力企业作为电力设施产权人，依据《电力设施保护条例》《电力设施保护条例实施细则》以及各省的地方性法规，设立保护标志，履行保护义务。电力线路穿越铁路、公路等更要设置好电

力线路保护标志。

1. 设立保护标志和安全标志的法律规定

根据《电力设施保护条例》第十一条，县以上地方各级电力管理部门应采取以下措施，保护电力设施：①在必要的架空电力线路保护区的区界上，应设立标志，并标明保护区的宽度和保护规定；②在架空电力线路导线跨越重要公路和航道的区段，应设立标志，并标明导线距穿越物体之间的安全距离；③地下电缆铺设后，应设立永久性标志，并将地下电缆所在位置书面通知有关部门；④水底电缆敷设后，应设立永久性标志，并将水底电缆所在位置书面通知有关部门。

根据《电力设施保护条例实施细则》第九条，电力管理部门应在下列地点设置安全标志：①架空电力线路穿越的人口密集地段；②架空电力线路穿越的人员活动频繁的地区；③车辆、机械频繁穿越架空电力线路的地段；④电力线路上的变压器平台。

2. 设立保护标志和安全标志的主体

《电力设施保护条例》和《电力设施保护条例实施细则》规定了电力管理部门是设置电力设施保护标志的主体。《山东省电力设施和电能保护条例》第十一条规定："产权人设立保护标志和安全标志，而产权人大多是电力企业。"《宁夏电力设施保护条例》第二十八条也规定："电力企业应当设立电力设施保护标志，明确保护区范围和保护规定。地下电缆和水底电缆敷设后，电力企业应当设立永久性标志，并将电缆所在位置书面报告有关部门和单位。"就是说电力企业是设立保护标志和安全标志的实际主体。电力企业主动履行好这个职责，对于保护自己的财产和避免承担触电人身赔偿责任，提高经济效益，颇有意义。因此，大可不必在事故发生后，强调这是电力管理部门的责任。此时强调为时已晚。

当然，也有的省份依据《电力设施保护条例》规定，电力管理部门为电力设施保护标志的设立主体。电力企业只是电力设施安全运行警示标志的设立主体。如《内蒙古电力设施保护条例》第十二条规定："电力管理部门应当在架空线路……的地段，设置国务院电力、公安部门统一规定的标志牌。"《湖南省电力建设与保护条例》第二十五条第一款也规定："县级以上人民政府电力管理行政部门应当按照国家有关规定对电力设施保护范围和电力设施保护区设立标志。"

3. 在设立安全标志上存在的问题

目前，有的触电受害人苛求电力企业到处设立安全标志。在电力线路上设立安全标志根据电力的物理特性缺乏可操作性，而且电力线路是裸线，如在上面悬挂标志，对线路产生磨损和扰动，将增加更大的危险性。安全标志的作用就是为了提示人们注意可能存在的危及人身、财产安全的客观情况。实际上高大矗立的电杆和凌驾于头顶上空的电力线本身就是醒目的安全标志。完全民事行为能力人，甚至初中生以上的不完全民事行为能力人也应当知道电力是危险的。接近它，触及它轻则受伤，重则丧命。尤其可笑的是，有些受害人对电力人员的多次当面提醒置若罔闻，触电后就强调没有安全警示标志。声情并茂晓谕法理的劝告难道不比静默的警示牌更加生动感人吗？

第九章

名言警句

在民法慈母般的眼神中，每个人就是整个国家。

——法国启蒙思想家　孟德斯鸠

电力建设与其他相邻关系

本章将详细解析其他相邻关系，如电磁环境，噪声污染、安全、采光、通行和生态自然保护等纠纷原因和处理措施。将从电力建设单位获取的他项权利角度，解读相邻关系。随着国民的法律意识增强，大众依法维护自己合法权益的举动频次越来越多。这是可喜可贺的。作为电力企业，在依法治企，依法建设方面是否应当高瞻远瞩，先行一步，在具体的操作上，法理俱到，有备无患。

第一节　电磁环境和电磁噪声纠纷

近年来，高压输电设施、线路建设不断增加。而公民对生活环境和质量的要求越来越高，以电磁辐射污染为由向法院起诉的案件也越来越多。高压电力是通过电力线输送的，不是辐射传播的。所以准确地说，高压电力设施周围叫作电磁环境。

一、电磁环境纠纷

首先，是否属于电磁辐射，如何判断？首先从功率上看。环保部办公厅关于界定《电磁辐射环境保护管理办法》中"大型电磁辐射发射设施"的复函（环函办〔2008〕664号）明示："集中使用大型电磁辐射发射设施"是指在同一用地范围内建设使用的以下发射设施：①总功率在200kW以上的电视发射塔；②总功率在1000kW以上的广播台、站。再看是否以电磁波的形式来传递能量。众所周知，电能是通过高低压架空线路和电力电缆传递的，而不是通过电磁波。最后，电磁辐射是指高频率的射频，9000Hz以上才是射频。国家环保局规定的电磁辐射防护限值最小频率为100000Hz，而高压输电的频率仅为

50Hz，不属于电磁辐射范畴，只产生微弱的电磁感应。如 220kV 的高压线路下，一般电场强度只有 0.11～0.5kV/m，磁感应强度只有 0.01mT 左右，都远小于原国家环保总局的规定限制，几乎可以忽略，不会对人体健康产生不良影响。WHO《电磁场暴露限值导则》规定："输电线路的感应电场"（简称工频电场）的限值标准是 5kV/m；"输电线路的感应磁场"（简称工频磁场）的限值标准是 100μT。而我国在工频领域（频率 50～60Hz）原国家环保总局颁布的《500kV 超高压送变电工程电磁辐射环境影响评价技术规范》规定的更严格：居民区工频电场限值 4kV/m，工频磁场 0.1mT（100μT），500kV 以下输电线路和变电站参照执行。因此，"高压线附近有辐射会导致儿童白血病、癌症、孕妇流产、胎儿畸形、儿童智残等怪病。"这些危言耸听的言论都是谣言。

1. 电磁环境

（1）电磁场。这里的电磁场是指电流的磁场，而非永久磁铁的磁场。衡量磁场的强弱用电磁感应 B 这个物理量。B 的单位是特（特斯拉）T，这个单位很大。如，变压器铁芯中的 B 为 0.9～1T；一般永久磁铁的 B 为 0.2～0.7T；地球的 B 为 0.00005T。

（2）电磁波。电磁场会向空间传播电磁波，电磁波的频率越高，波长就越短，越容易产生电磁辐射。常见电磁辐射的频率如下：①高压电力设备为工频50Hz；②GSM 移动通信基站为 900～1800MHz；③调频广播为 88～108MHz；④电视为 50～958MHz；⑤家用微波炉为 2450MHz。理论上 50Hz 交流电产生的电磁波波长大约是 6000km，人体长度最大为 2m 左右，电磁波传播时穿过一个人几乎都是同相位的，50Hz 电磁波感生电磁场的磁感应强度远小于100μT。因此，它对人体健康不构成威胁。电磁波的用途十分广泛，可应用于医学（如微波理疗、治疗肿瘤等）、信息传递（如通信、广播、电视等）、目标探测（如雷达、导航、遥感等）、感应加热（如电磁炉、高频淬火、高频切割等）、介质加热（如微波炉、微波干燥机等）等。

（3）电磁辐射污染。随着近年来许多媒体对输变电工程的舆论误导以及公众"维权"意识的加强，加之有关电磁"污染"引发的各类纠纷时常见诸报端，电磁辐射破坏人类机体云云，电磁辐射污染被炒得沸沸扬扬：高压输电线路附近的居民出现失眠、焦虑情况，电磁辐射导致癌症、白血病、神经病、孕妇流产……实际上有那么可怕吗？也许对于很多居民来说，因误解而产生的"心病"远大于"电磁场"带来的影响。

WHO 极低频场环境健康准则（EHC）科学专家工作组正式评定：公众通

常可遇到的 0～300Hz 的极低频电场不存在实际影响健康的问题；不能证实长期的低频磁场对人体存在健康风险；执行低频电场与磁场的国际标准，足可保证包括儿童和孕妇在内的公众健康与安全。

输变电工程不会对人造成危害。专家们检测数据显示，输电线 5～10m 以外的磁场强度不超过 10μT，远低于国内参照标准 100μT。这只有一个开着的电吹风机产生磁场的 1/7；电热毯的 1/5。

2. 我国电磁环境限值规定

如前所述，我国对输变电电磁场的环境标准限定比国际标准更为严格。并且在实际施工中，更是往往远低于这些标准。这说明，人们生活在几十微特斯拉的电磁场里几乎是没有任何感觉的，即使是在变电站内 24 小时值班的工作人员，其健康也不会受到影响。由此看来，居民对输变电设施电磁环境担忧无异于杞人忧天。

2007 年 11 月 28 日国家环境保护总局办公厅函环办函〔2007〕881 号《关于高压输变电建设项目环评适用标准等有关问题的复函》进一步明确了我国有关电磁环境的限值规定。关于输电线下非居民区性质的养殖场、工厂或短期驻留活动的建筑物（工作场所）应执行的环评标准。目前仅规定了 4kV/m 和 0.1mT 作为居民区工频电场和工频磁场的评价限值，即对处于输电边导线垂直投影线外侧水平间距 5m 以内、边导线最大风偏时空间距离小于 8.5m 及离地 1.5m 高度处的电场强度超过 4kV/m 或磁感应强度超过 0.1mT 的居民住宅必须全部拆迁。线路经过农田时，适当增加导线对地距离，以保证农田等环境中工频电场强度小于 10kV/m。上述限值是针对人制定的，对饲养的家禽、家畜尚无相关规定。

3. 电磁环境纠纷处理

《物权法》第九十条规定："不动产权利人不得违反国家规定弃置固体废物，排放大气污染物、水污染物、噪声、光、电磁波辐射等有害物质。"《民法通则》第一百二十四条规定："违反国家保护环境防止污染的规定，污染环境造成他人损害的，应当依法承担民事责任。"《中华人民共和国侵权责任法》（以下简称《侵权责任法》）第六十五条规定："因污染环境造成损害的，污染者应当承担侵权责任。"根据如上规定，环境污染致人身损害侵权责任的构成要件有三：①须存在环境污染的行为；②须造成损害；③污染行为与损害之间须存在因果关系。

《中华人民共和国环境保护法》（以下简称《环境保护法》）第二十六条规

定："建设项目中防治污染的设施，必须与主体工程同时设计、同时施工、同时投产使用。防治污染的设施必须经原审批环境影响报告书的环境保护行政主管部门验收合格后，该建设项目方可投入生产或者使用。"《中华人民共和国环境影响评价法》（以下简称《环境影响评价法》）规定："建设项目的环境评价文件，未经法律规定的审批部门审查或者审查后未予批准的，该项目的审批部门不得批准其建设，建设单位不得开工建设。"《城市规划法》第三十二条规定："在城市规划区内新建、扩建和改建建筑物、构筑物、道路和其他工程设施，必须持有关批准文件向城市规划行政主管部门提出申请，由城市规划行政主管部门根据城市规划提出的规划设计要求，核发建设工程规划许可证件。"

电力建设之前首先做好环评报告，以免承担违法施工的法律责任。环评报告提交的时间、内容、依据的标准和规范、评审通过的程序等都很严格，不仅要通过环保、规划等部门的行政审批，还要通过专家组和电力建设工程的相邻利害关系人的质疑和答辩。

4. 降低电磁污染的技术对策

电网系统各级领导要重视环保工作，在电网规划、设计、建设和运行各个阶段认真遵守法律法规和履行环保程序。重视输变电工程的环境影响评价和环境监测，并且在人力、经费上加以保障，使环保工作落实到实处，保证电网建设与运行满足现行各项环保标准。加强科普宣传，全面完整地介绍 WHO 关于电磁污染的看法和观点，让公众了解输变电工程产生的电磁场的特性和客观真实情况，消除对电磁污染的偏见。除上述应注意的方面之外，还有技术上的措施。

（1）电场强度和磁场强度的测量。如果电场是均匀场或近似均匀场的，测量的电场强度是比较准确的。但是工频电场很容易受邻近物体的影响而产生畸变，如在凸出地面的物体的顶部或尖角附近，场强会很强、且集中。因此要注意测量环境和测量方法，获取客观的数据。给电力企业提供可靠的运行管理数据，也给纠纷解决提供客观准确的证据。

（2）采取低场强的技术措施。目前，输电线路下实际的工频磁场强度比环保指标低得多，就是说工频磁场不是输变电工程环保问题所在。因此降低输电线路下方的工频电场则是必要的。具体方法有，采用同杆多回架设，逆相序导线排列既可降低工程成本又能是降低工频电场。还有同杆架设不同电压线路也是一项可行的技术措施，如在 500kV 输电线路下方同杆架设 110kV 线路，两种逆向序排列，会明显降低线下距离地面 0～2m 空间的场强。

二、电力设施噪声

广义上讲，判断一个声音是否属于噪声，仅从物理学角度判断是不够的，主观上的因素往往起着决定性的作用。从生理学观点来看，凡是干扰人们休息、学习和工作的声音，即人不需要的声音，统称为噪声。当噪声对人及周围环境造成不良影响时，就形成噪声污染。当噪声的受害者不堪忍受侵害时，纠纷产生就产生了。社会发展，文明进步。提高生活质量、防治环境污染，已成为国家经济发展和建设中不可忽视的重大问题。建设工程噪声污染，已成为相邻关系的多发性纠纷。电力企业产生的噪声主要是高压或超高压设备、线路正常运行时产生的噪声和送电线路电晕噪声或电力设备产生的低频噪声（包括"嗡嗡"的交流声）。

1. 噪声防治的法律规定

《中华人民共和国噪声污染防治法》（以下简称《噪声污染防治法》）第七条规定："任何单位和个人都有保护声环境的义务，并有权对造成环境噪声污染的单位和个人进行检举和控告。"第十三条规定："新建、改建、扩建的建设项目，必须遵守国家有关建设项目环境保护管理的规定。建设项目可能产生环境噪声污染的，建设单位必须提出环境影响报告书，制定环境噪声污染的防治措施，并按照国家规定的程序报环境保护行政主管部门批准。环境影响报告书中，应当有该建设项目所在地单位和居民的意见。"第十四条规定："建设项目的环境噪声污染防治设施必须与主体工程同时设计、同时施工、同时投产使用。建设项目在投入生产或者使用之前，其环境噪声污染防治设施必须经原审批环境影响报告书的环境保护行政主管部门验收；达不到国家规定要求的，该建设项目不得投入生产或者使用。"第十五条规定："产生环境噪声污染的企业、事业单位，必须保持防治环境噪声污染的设施的正常使用；拆除或者闲置环境噪声污染防治设施的，必须事先报经所在地的县级以上地方人民政府环境保护行政主管部门批准。"《环境保护法》第二十四条规定："产生环境污染和其他公害的单位，必须把环境保护工作纳入计划，建立环境保护责任制度；采取有效措施，防治在生产建设或者其他活动中产生的废气、废水、废渣、粉尘、恶臭气体、放射性物质以及噪声、振动、电磁波辐射等对环境的污染和危害。"第二十六条规定："建设项目中防治污染的设施，必须与主体工程同时设计、同时施工、同时投产使用。防治污染的设施必须经原审批环境影响报告书的环境保护行政主管部门验收合格后，该建设项目方可投入生产或者使用。防治污染的设施不得擅自拆除或者闲置，确有必要拆除或者闲置的，必须征得所在地的环境保护行政主管部门的同意。"第三十一条规定："因发生事故或者其他突然性事件，造成或者可能造成污染事故的单位，必须立即采取措施处理，及时通报可能受到污染危害的单位和居民，并向当地环境保护行政主管部门和有关部门报告，接受调查处理。可能发生重大污染事故的企业、事业单位，应当采取措施，加强防范。"第四十一条规定："造成环境污染危害的，有责任排除危害，并对直接受到损害的单位或者个人赔偿损失。赔偿责任和赔偿金额的纠纷，可以根据当事人的请求，由环境保护行政主管部门或者其他依照本法律规定行使环境监督管理权的部门处理；当事人对处理决定不服的，可以向人民法院起诉。当事人也可以直接向人民法院起诉。"

2. 噪声的限值规定

对于噪声环境管理，国家有较系统的法规与标准，这是国家实施辐射环境管理的法律依据和评价伴有噪声建设项目的科学标准。主要是《工业企业厂界环境噪声排放标准》（GB 12348—2008）和《声环境质量标准》（GB 3096—2008）。其规定举例见表9-1。

表9-1　　　　　　　　　噪　声　标　准

类别	适用范围	昼间/dB	夜间/dB
0	该类标准适用于疗养区、高级别墅区、高级宾馆区等特别需要安静的区域	50	40
1	该类标准适用于以居住、文教机关为主的区域，乡村居住环境可参照执行该类标准	55	45
2	该类标准适用于居住、商业、工业混杂区	60	50

3. 噪声对人的危害

（1）噪声对人体最直接的危害是听力损伤。人们在进入强噪声环境时，暴露一段时间，会感到双耳难受，甚至会出现头痛等感觉。如果人们长期在强噪声环境下工作，听觉疲劳不能得到及时恢复，且内耳器官会发生器质性病变，即形成永久性听阈偏移，又称噪声性耳聋。

（2）噪声能诱发多种疾病由于噪声的作用，会产生头痛、脑涨、耳鸣、失全身疲乏无力以及记忆力减退等神经衰弱症状。噪声也可导致消化系统功□，引起消化不良、食欲不振、恶心呕吐，使肠胃病和溃疡病发病率升高

（3）□对正常生活和工作的干扰。噪声对人的睡眠影响极大，人即使在睡眠中，听□要承受噪声的刺激。噪声会导致多梦、易惊醒、睡眠质量下降

等，突然的噪声对睡眠的影响更为突出。由此可见，噪声会分散人的注意力，导致反应迟钝，容易疲劳，工作效率下降，差错率上升。

案例9-1 2004年1月，何某夫妇花了50多万元购买了某楼盘102房，购房时，售楼小姐称下层是地下车库。但在收房时，竟发现是小区高压配电房。去年，何某夫妇遂以配电房噪声污染影响他们的正常居住为由将开发商告上法庭。

法院认为，高压配电房严重影响了诉争房屋的正常居住和使用，且开发商在宣传时将地下层平面图与地上层平面图进行分开宣传，以至何某夫妇无法清楚了解其购买房屋的正下方系高压配电房，有违诚信原则。因此于今年初判决解除购房合同及退还购房款本息。

评 析

按照以往有关噪声污染案件的审理情况，法官一般根据鉴定机构作出的噪声是否超过限值来作为判断噪声污染是否存在的标准，本案法官没有以法律法规未对低频噪声标准做出规定而回避房屋是否适合居住的问题，而是以普通人的日常生活实践经验来判断，明确判决房屋受地下高压配电房的影响，不适宜居住。体现了以人为本的理念。

4. 噪声污染案件处理注意事项

上述案例虽非电力企业所涉案例，但是电力企业也不可掉以轻心。毕竟输变电设备的噪声存在是客观的。根据上述噪声侵害案例可以见出，法院并没有根据是否超过噪声限值来判案，而是根据噪声与居住存在实际的因果关系来裁判的。高压输变电设备噪声将使附近居民及在邻近设备的工作人们感到烦躁和不安，严重时可使人们难以忍受。所以即使符合标准，也可能出现投诉或者起诉的情况。因此要站在明确噪声对人体有害的基点上考虑问题，并且应尽量减小噪声或者让输变电设备远离居住区，无法远离居住区的，电力建设工程必须符合本行业的技术规程，并符合《噪声污染防治法》《环境保护法》等法律法规。这样，即使遇到噪声纠纷，也可以以电力建设项目审批合法、施工合规、污染不超标为由，避免不必要的麻烦。

三、电力设施对无线电干扰评价

根据国办发〔2007〕64号文，电力建设开工许可证的取得要符合以下8个方面的条件：①产业、发展、土地；②审批、核准、备案；③选址、规划；

④用地批准手续；⑤环评；⑥项目节能评估和审查；⑦开工许可证；⑧其他法律法规规定。

国家发改委、国家能源局贯彻落实国务院《清理规范投资项目报建审批事项实施方案》（国发〔2016〕29号）于2016年8月通知："未取齐开工必要的支持性文件前，严禁开工建设；已开工建设的，要立即停止建设。"

其中的环评一项，属于一票否决的。环评范围是指，以送电线路走廊两侧30m的带状区域和以变电站选址为中心500m半径区域为工频电场和磁场评价范围以及以送电线路走廊两侧2000m的带状区域和以变电所围墙外2000m半径区域或者距离最近带电架构投影2000m内区域为无线电干扰评价范围。

工频电场和磁场评价已经述及。无线电干扰评价参考下列标准：①《对海远程无线电导航台和监测站电磁环境要求》（GB 13613—2011）；②《短波无线电收信台（站）及测向台（站）电磁环境要求》（GB 13614—2012）；③《地球站电磁保护要求》（GB 13615—2009）；④《数学微波接力站电磁环境保护要求》（GB 13616—2009）；⑤《对空情报雷达站电磁环境防护要求》（GB 13618—2009）；⑥《航空无线电导航台（站）电磁环境要求》（GB 6364—2013）；⑦《架空电力线路与调幅广播收音台的防护间距》（GB 7495—1987）；⑧《高压交流架空输电线路无线电干扰限值》（GB 15707—2017）。

第二节　景观、生态保护与自然保护区

本节所称的景观保护指自然景观和人文景观，生态自然保护论述了森林、植被、作物和水资源保护等方面和自然保护区的保护。随着国民法治意识的不断加强，看上去这些问题不涉及个人利益，但仍然会遭遇诉讼。这些诉讼往往是以行政部门不作为、错误作为为由通过行政诉讼启动，电力建设单位作为第三人进入诉讼程序。一旦败诉，工程就会被迫中断。

一、景观保护

景观包括自然景观和人文景观。自然景观是天地造化，鬼斧神工，历经亿万年沧桑的大自然的杰作。青山绿水、岩层地貌无不引人入胜。如九寨、黄龙、武陵、三江、五岳；人文景观乃人类智慧的凝聚留存至今，皇宫帝陵、古城园林、寺庙楼阁，如三大名楼、四大名窟、七大古都等。保护这些全社会乃至全世界的宝贵遗产，不仅是建设单位的责任，也是每一个公民的责任。

《中华人民共和国文物保护法实施条例》第十四条规定："全国重点文物保护单位的建设控制地带，经省、自治区、直辖市人民政府批准，由省、自治区、直辖市人民政府的文物行政主管部门会同城乡规划行政主管部门划定并公布。省级、设区的市、自治州级和县级文物保护单位的建设控制地带，经省、自治区、直辖市人民政府批准，由核定公布该文物保护单位的人民政府的文物行政主管部门会同城乡规划行政主管部门划定并公布。"

《中华人民共和国文物保护法实施细则》第十二条规定："根据保护文物的实际需要，可以在文物保护单位的周围划定并公布建设控制地带。全国重点文物保护单位和省、自治区、直辖市级文物保护单位周围的建设控制地带，由省、自治区、直辖市人民政府文物行政管理部门会同城乡规划部门划定，报省、自治区、直辖市人民政府批准。县、自治县、市级文物保护单位周围的建设控制地带，由县、自治县、市人民政府文物行政管理部门会同城乡规划部门划定，报省、自治区、直辖市人民政府批准，或者由省、自治区、直辖市人民政府授权县、自治县、市人民政府批准。"

《中华人民共和国文物保护法实施细则》第十三条规定："在建设控制地带内，不得建设危及文物安全的设施，不得修建其形式、高度、体量、色调等与文物保护单位的环境风貌不相协调的建筑物或者构筑物。在建设控制地带内新建建筑物、构筑物，其设计方案应当根据文物保护单位的级别，经同级文物行政管理部门同意后，报同级城乡规划部门批准。"

《城乡规划法》第三十一条规定："旧城区的改建，应当保护历史文化遗产和传统风貌，合理确定拆迁和建设规模，有计划地对危房集中、基础设施落后等地段进行改建。历史文化名城、名镇、名村的保护以及受保护建筑物的维护和使用，应当遵守有关法律、行政法规和国务院的规定。"

《中华人民共和国城乡规划法》第三十二条规定："城乡建设和发展，应当依法保护和合理利用风景名胜资源，统筹安排风景名胜区及周边乡、镇、村庄的建设。风景名胜区的规划、建设和管理，应当遵守有关法律、行政法规和国务院的规定。"

《城市电力规划规范》（GB/T 50293—2014）中规定："规划新建的 66kV 及以上高压架空电力线路，不应穿越市中心地区或重要风景旅游区。"

输变电工程的大型构架矗立在风景区域或居民习惯生活环境中，的确让人产生戳眼球的感觉，这就是景观影响。虽然这不属于电磁的范畴，但是这种"碍眼"影响的是所有观光者的情绪。目前，国内外都无相应的标准，所以无法制定量化标定。但在名胜古迹、自然胜景附近搞建设发生的纠纷，在相当大的成分上属于这类的问题。电力建设单位不得不倍加关注。

>> 案例 9-2　　2004 年 8、9 月北京电力公司的某工程在颐和园附近的高压线塔在客观上对颐和园整体景观产生了影响，各方利害关系人代表建议将高压线塔拆除，将电缆改为地下铺设。1998 年 12 月，颐和园被联合国教科文组织列为世界文化遗产名录。我国在 1998 年送达联合国教科文组织的政府文书中，郑重承诺对颐和园周围的风景设计、植被、文物景观予以保护，对于构成颐和园景观环境影响的临时建筑物逐步拆除，对建设区的建设高度实施一定的控制。此外，按照北京市文物保护单位、保护范围及建筑控制地带管理规定，二类地区控制高度为 3.3m，三类地区控高 9m 以上。电力公司提供的高压线塔架高度是 34m。从电力公司竖起的 5 座线塔的效果来看，在颐和园能看出线塔，这在客观上对颐和园整体景观产生了影响。颐和园管理处与文物部门的意见一致，认为从保护颐和园景观环境为主的出发点，建议将线塔拆除。

评　析

根据《环境影响评价法》第四条，环境影响评价必须综合考虑建设项目实施后对各种环境因素及其所构成的生态系统可能造成的影响；根据《环境影响评价技术导则》，建设项目的环境影响评价通常可进一步分解成对不同环境要素的评价，即大气、地面水、地下水、噪声、土壤与生态、人群健康状况、文物与珍贵景观以及日照、热、放射性、电磁波、振动等；根据《500kV 超高压送变电工程电磁辐射环境影响评价技术规范》第 2.5.5 条，应对自然环境、生态环境、社会环境、生活质量环境（包括风景名胜和景观）的影响进行评价。

在本案中，最后原国家环保总局根据审批合乎程序，施工符合规程裁决北京电力公司胜诉。但镜鉴此案，不可不将景观保护作为今后电力工程立项应该前瞻考虑的重要因素。

二、生态保护

这里所说的生态保护，主要是指实践中的森林、植被、水土、农作物保护和水资源保护等。《城市电力网规划设计导则》（Q/GDW 156—2006）的 9.5 条规定了城网建设应开展哪些方面的环评。

（1）按照《环境保护法》的有关规定，城市重要电网建设项目在必要时应开展环境影响评价工作。

(2) 城网供电设施的建设应与城市的建设特点相适应，与市容环境相协调，并注意水土保持。

1) 市区内的电力设施的设计应尽量考虑采用节约空间和用地，采用紧凑型设备以及节约空间的户外型和半户外型布置。市中心区的变电站可考虑采用占空间较小的全户内型，并考虑与其他周围建设物混合建设，或建设地下变电站。

2) 在保护地区、重点景观环境周围，所建变电站和线路应与周围环境相协调。

3) 在新建供电设施时，应注意采用新技术，以减少对自然保护区、绿化带、植被以及周围生态环境的破坏。

4) 应对电力设施在运行过程中产生的废油、废气等排放物进行有效的处理。

1. 森林保护

电力建设单位在工程项目中要尽量少占或不占林地，非要占用林地的应经相关林业行政部门批准。要亲自砍伐森林的，应办理森林砍伐证。在建设中因采石、采砂、采土致使森林、林木受到毁坏的，依法赔偿损失。相关法律法规规定如下。

《森林法》第十八条第一款规定："进行勘查、开采矿藏和各项建设工程，应当不占或者少占林地；必须占用或者征收、征用林地的，经县级以上人民政府林业主管部门审核同意后，依照有关土地管理的法律、行政法规办理建设用地审批手续，并由用地单位依照国务院有关规定缴纳森林植被恢复费。"

《森林法》第三十二条第一、二、六款规定："采伐林木必须申请采伐许可证，按许可证的规定进行采伐；农村居民采伐自留地和房前屋后个人所有的零星林木除外。国有林业企业事业单位、机关、团体、部队、学校和其他国有企业事业单位采伐林木，由所在地县级以上林业主管部门依照有关规定审核发放采伐许可证。采伐以生产竹材为主要目的的竹林，适用以上各款规定。"

《森林法》第四十四条规定："违反本法规定，进行开垦、采石、采砂、采土、采种、采脂和其他活动，致使森林、林木受到毁坏的，依法赔偿损失；由林业主管部门责令停止违法行为，补种毁坏株数一倍以上三倍以下的树木，可以处毁坏林木价值一倍以上五倍以下的罚款。"第四十五条规定："采伐林木的单位或者个人没有按照规定完成更新造林任务的，发放采伐许可证的部门有权不再发给采伐许可证，直到完成更新造林任务为止；情节严重的，可以由林业主管部门处以罚款，对直接责任人员由所在单位或者上级主管机关给予行政处分。"

《中华人民共和国森林法实施条例》第十六条规定："勘查、开采矿藏和修建道路、水利、电力、通信等工程，需要占用或者征收、征用林地的，必须遵守下列规定：

（1）用地单位应当向县级以上人民政府林业主管部门提出用地申请，经审核同意后，按照国家规定的标准预交森林植被恢复费，领取使用林地审核同意书。用地单位凭使用林地审核同意书依法办理建设用地审批手续。占用或者征收、征用林地未经林业主管部门审核同意的，土地行政主管部门不得受理建设用地申请。

（2）占用或者征收、征用防护林林地或者特种用途林林地面积 10 公顷以上的，用材林、经济林、薪炭林林地及其采伐迹地面积 35 公顷以上的，其他林地面积 70 公顷以上的，由国务院林业主管部门审核；占用或者征收、征用林地面积低于上述规定数量的，由省、自治区、直辖市人民政府林业主管部门审核。占用或者征收、征用重点林区的林地的，由国务院林业主管部门审核。

（3）用地单位需要采伐已经批准占用或者征收、征用的林地上的林木时，应当向林地所在地的县级以上地方人民政府林业主管部门或者国务院林业主管部门申请林木采伐许可证。

（4）占用或者征收、征用林地未被批准的，有关林业主管部门应当自接到不予批准通知之日起 7 日内将收取的森林植被恢复费如数退还。"

《中华人民共和国森林法实施条例》第十八条规定："森林经营单位在所经营的林地范围内修筑直接为林业生产服务的工程设施，需要占用林地的，由县级以上人民政府林业主管部门批准；修筑其他工程设施，需要将林地转为非林业建设用地的，必须依法办理建设用地审批手续。"

前款所称直接为林业生产服务的工程设施是指：供水、供电、供热、供气、通信基础设施。

2. 对农作物的保护

对于农作物保护归根结底还是电磁污染纠纷。在处理该类纠纷时，主攻方向仍然是环保总局规定的电磁污染指标，即："线路经过农田时，适当增加导线对地距离，以保证农田等环境中工频电场强度小于 10kV/m（对磁场强度没有规定）。上述限值是针对人制定的，对饲养的家禽、家畜尚无相关规定。"农田是农民劳作稼穑场所或竹木生长之地，不须经常施以人力耕耘收获培育修剪。其标准明显低于居住环境的 4kV/m。

如果高压输变电设备的电磁污染不超标，就可以击断电磁污染与竹木和农作物损害之间的因果关系。当然，还可以通过同环境中的植物生长情况做比对的方法，摆脱因果关系。

3. 水土保持

电力建设项目的水土保持方案必须经水行政主管部门审查同意，水土保持设施经验收不合格的建设工程项目不得投入使用。输电线路建设项目采伐林木，开拓线路通道必须采取水土保持措施。建设单位造成水土流失的应负责处理或者缴费。

《中华人民共和国水土保持法实施条例》第十四条规定：在山区、丘陵区、风沙区修建铁路、公路、水工程，开办矿山企业、电力企业和其他大中型工业企业，其环境影响报告书中的水土保持方案，必须先经水行政主管部门审查同意。

在山区、丘陵区、风沙区依法开办乡镇集体矿山企业和个体申请采矿，必须填写"水土保持方案报告表"，经县级以上地方人民政府水行政主管部门批准后，方可申请办理采矿批准手续。

建设工程中的水土保持设施竣工验收，应当有水行政主管部门参加并签署意见。水土保持设施经验收不合格的，建设工程不得投产使用。

水土保持方案的具体报批办法，由国务院水行政主管部门会同国务院有关主管部门制定。

《中华人民共和国水土保持法实施条例》第十三条规定："在林区采伐林木的，采伐方案中必须有采伐区水土保持措施。林业行政主管部门批准采伐方案后，应当将采伐方案抄送水行政主管部门，共同监督实施采伐区水土保持措施。"

《中华人民共和国水土保持法实施条例》第十九条规定："企业事业单位在建设和生产过程中造成水土流失的，应当负责治理。因技术等原因无力自行治理的，可以交纳防治费，由水行政主管部门组织治理。防治费的收取标准和使用管理办法由省级以上人民政府财政部门、主管物价的部门会同水行政主管部门制定。"

4. 水资源保护

(1) 在保护饮用水水源方面，法律规定了各级水源的保护区的禁止建设项目和活动，并规定已建项目应关闭并拆除。《中华人民共和国水污染防治法》（以下简称《水污染防治法》）第五十八条规定："禁止在饮用水水源一级保护区内新建、改建、扩建与供水设施和保护水源无关的建设项目；已建成的与供水设施和保护水源无关的建设项目，由县级以上人民政府责令拆除或者关闭。禁止在饮用水水源一级保护区内从事网箱养殖、旅游、游泳、垂钓或者其他可能污染饮用水水体的活动。"第五十九条规定："禁止在饮用水水源二级保护区内新建、改建、扩建排放污染物的建设项目；已建成的排放污染物的建设项目，由县级以上人民政府责令拆除或者关闭。在饮用水水源二级保护区内从事网箱养殖、旅游等活动的，应当按照规定采取措施，防止污染饮用水水体。"

（2）对于污染水源的行为，法律规定给予责令停止违法行为、罚款，并报经有批准权的政府批准，责令拆除或者关闭的处罚。《水污染防治法》第七十一条规定："违反本法规定，建设项目的水污染防治设施未建成、未经验收或者验收不合格，主体工程即投入生产或者使用的，由县级以上人民政府环境保护主管部门责令停止生产或者使用，直至验收合格，处五万元以上五十万元以下的罚款。"第八十一条规定，有下列行为之一的，由县级以上地方人民政府环境保护主管部门责令停止违法行为，处十万元以上五十万元以下的罚款，并报经有批准权的人民政府批准，责令拆除或者关闭：①在饮用水水源一级保护区内新建、改建、扩建与供水设施和保护水源无关的建设项目的；②在饮用水水源二级保护区内新建、改建、扩建排放污染物的建设项目的；③在饮用水水源准保护区内新建、扩建对水体污染严重的建设项目，或者改建建设项目增加排污量的。

>> 案例9-3 2006年4月27日原告胡某将被告某供电公司以环境污染损害为由诉至法院。诉称，原告家世代居住在某区某镇某村43号。2002年初，被告某供电公司要在原告房上架设220kV高压线，虽经村、镇等有关单位协调，在未获原告同意的情况下，被告仍强行架设220kV高压线，违反《电力设施保护条例》第十条的规定：架空电力线路保护区导线边线向外侧水平延伸并垂直于地面所形成的两平行面内的区域，在一般地区220kV导线的安全距离为15m。被告架设导线直接从房顶经过，存在安全隐患。为此，原告多方反映，都未得到解决，至今对我家人人身及附近种植的植物产生严重侵害，导致我家房前屋后近2亩的竹林、茶、果树等经济作物干黄、枯死，身体健康的父亲也罹患癌症去世。为维护自身合法权益，依照《电力设施保护条例》第十条、第

二十四条,《民法通则》第一百二十三条、第一百三十四条的规定,向法院起诉,要求判令被告停止侵害,消除高压电磁辐射造成的损害,并赔偿由于高压电磁辐射造成的经济损失 10000 元。

被告江西九江供电公司辩称,220kV 高压线架设符合国家标准,电磁环境实际测试值低于国家规定限值,原告房前屋后植物生长正常,父亲去世时八十高龄,原告的诉请无事实与法律依据,请求人民法院驳回原告的诉讼请求。

经审理,法院认为,220kV 高压线与原告土房屋脊的垂直距离 21.623m,最边高压线与土房最近檐廊角的水平距离达 3.63m,这两项数据均符合《(110~500)kV 架空送电线路设计技术规程》(DL/T 15092—1999) 的规定,虽然水平距离未达到《电力设施保护条例实施细则》第五条规定的"220kV 电压导线边线在计算导线最大风偏情况下,距建筑物的水平安全距离 5 米"的要求。但是,依据《(110~500)kV 架空送电线路设计技术规程》,220kV 边导线与建筑物之间的最小水平距离为 5m,系指导线与城市多层建筑物之间的水平距离,原告的房屋不在城市规划范围内,系一层土木结构瓦房,与高压线不在同一水平面上,二者的水平距离在 2.5m 以上。并且,被告已采取增加杆塔高度的措施,使垂直距离达到 21.623m,远远高于最小垂直 6m 的国家标准,这一措施已足以保证原告房屋安全。同时,经实地检测,原告胡某某家生活场所电场强度为 0.011~0.913kV/m。磁感应强度为 0.383~1.182μT,均低于《500kV 超高压送变电工程电磁辐射环境影响评价技术规范》推荐的工频电场、磁场强度限值(居民区工频电场评价标准为 4kV/m,磁感应强度评价标准为 0.1mT),符合国家环境保护行业标准。现有的证据证明被告的高压电线没有给原告的房屋带来损害及安全隐患。原、被告提供的照片以及实地所见,原告房前屋后的植物绝大部分长势良好,原告以经济作物干黄、枯死为由要求赔偿 10000 元经济损失的请求证据不足,不予支持。

综上,法院依据《民法通则》第一百二十三条、第一百二十四条之规定,判决如下:驳回原告胡某的诉讼请求。

评 析

《(110~500)kV 架空送电线路设计技术规程》中规定,导线与建筑物之间的最小垂直距离为 6m。本案线路对房顶的垂直距离为 21.623m,3 倍之多。其次,在电力线路周围确实存在工频电场和工频磁场,而不是"电磁辐射"。本案电场强度远远低于国家规定限值。

本案边相高压线与原告房屋最近檐廊角的水平距离为 3.63m 存在争议，因为在运行线路安全距离问题上是适用《电力设施保护条例实施细则》还是 DL/T 5092—1999 问题，国家法律法规没有明确规定。但笔者认为，运行线路应该适用 5m 之规定。且 220kV 线路跨越人居房屋，不管架空得多高都应该适当给予补偿。

三、自然保护区保护

自然保护区，是指对有代表性的自然生态系统、珍稀濒危野生动植物物种的天然集中分布区、有特殊意义的自然遗迹等保护对象所在的陆地、陆地水体或者海域，依法划出一定面积予以特殊保护和管理的区域。《中华人民共和国自然保护区条例》第二十八条、三十二条做出了在自然保护区建设项目的限制性规定如下。

（1）禁止在自然保护区的缓冲区开展旅游和生产经营活动。

（2）在自然保护区的核心区和缓冲区内，不得建设任何生产设施。在自然保护区的实验区内，不得建设污染环境、破坏资源或者景观的生产设施；建设其他项目，其污染物排放不得超过国家和地方规定的污染物排放标准。在自然保护区的实验区内已经建成的设施，其污染物排放超过国家和地方规定的排放标准的，应当限期治理；造成损害的，必须采取补救措施。

在自然保护区的外围保护地带建设的项目，不得损害自然保护区内的环境质量；已造成损害的，应当限期治理。

第三节　通风、采光、通行、安全纠纷

电力线路的杆塔一般不会影响相邻人通风、采光、通行，但是有时因为距离建筑物太近，也会被以挡光、影响通行等为由起诉。安全纠纷，包括防盗、火灾等，有的电杆的位置可能会给盗贼借作登堂入室的阶梯，造成受害人失窃而引起纠纷。还有的相邻人在线下堆积易燃物料等，构成火灾隐患或者造成火灾损失。因此，提醒电力建设单位，在选择电力线路的路径时一定要兼顾各方面的相邻关系。

一、通风与采光

《民法通则》第八十三条规定："不动产的相邻各方，应当按照有利生产、方便生活、团结互助、公平合理的精神，正确处理截水、排水、通行、通风、

采光等方面的相邻关系。给相邻方造成妨碍或者损失的，应当停止侵害，排除妨碍，赔偿损失。"

《物权法》第八十四条规定："不动产的相邻权利人应当按照有利生产、方便生活、团结互助、公平合理的原则，正确处理相邻关系。第八十九条，建造建筑物，不得违反国家有关工程建设标准，妨碍相邻建筑物的通风、采光和日照。"

▷▷ 案例9-4 原告李某和张某诉称：原告家住在第一被告某电业公司后侧，2003年第一被告经第二被告批准在其办公大楼后侧即原告家房屋前建筑一栋二层商服大楼，第一被告的整日不分白天黑夜施工，机器巨大的嘈杂声严重干扰原告的正常生活，而令人更气愤的是被告施工过程中时常有大块的水泥渣、木块、工具等杂物掉入原告家院中。2004年8月被告盖第二层楼的时候，原告便发现该楼遮挡了原告家房屋的采光，即找到被告工程的负责人交涉此问题，但第一被告推诿不管，至被告的大楼全部竣工后该大楼严重遮挡了原告家房屋的采光，整日屋内照射不进来阳光，阴暗无比。尤其在冬季，原告要靠电暖气采暖。

原告认为阳光是万物生长的根源，与人类的生命、健康更是息息相关，而原告却整日生活在暗无天日的环境下。为此原告提起诉讼，请求法院依法判令第一被告停止侵害，排除妨碍并赔偿因遮挡房屋采光而给原告造成的经济损失每户30000元，由第二被告承担连带赔偿责任。

第一被告某电业公司辩称：原告要求停止侵害、排除妨碍的诉讼请求不能成立。建设该生产调度楼时，已依法取得了建设用地规划许可证、建设工程许可证。发证机关均为建设局，通过了建设项目环境影响报告，手续齐备、合法，不属违章建筑。原告的要求缺乏基本的事实依据和法律根据，请求人民法院驳回其诉讼请求。至于因遮挡房屋采光造成的经济损失问题，原告并未提出具体的赔偿数额，更无相关的计算依据。

建设局则辩称：建设局并未侵犯原告的权利，不应对本案承担责任。2003年7月，某电业公司向建设局递交了建设工程规划许可证申请，建设局也严格按照法律规定给其办理了建筑设计审批手续。请求人民法院驳回原告的诉讼请求。

经法院审理查明：二原告人的房屋，系砖木结构平房。原告李某的房屋建筑面积125.36m²，原告张某的房屋建筑面积125.36m²。2003年，被告某电业公司的生产调度楼在经建设局的审批后动工建设，在大楼的主体工程完工后，构成了对二原告房屋采光的影响，后原告与被告方多次协商，原、被告双方对构成采光影响均无异议，但就赔偿款的标准一直未能达成一致意见。

2007年1月6日，二原告诉至法院要求被告某电业公司赔偿相应损失60000元及公证费，并由被告某建设局承担连带赔偿责任。二原告在诉讼过程中，向法院提出申请，申请本院委托相关机构对原告房屋的采光情况进行鉴定。法院于2007年1月15日委托阿左旗公证处对二原告房屋在大寒日的采光情况进行现场公证，阿左旗公证处做出〔2007〕阿证字第0408号公证书、〔2007〕阿证字第0409号公证书，现场公证原告李世荣的住宅在2007年1月20日（大寒日）上午8：00至下午16：00的采光情况为：西卧室在下午13：05至14：16分能达到半窗日照，中间卧室与东边卧室只有一束阳光照入，均未达到半窗日照。现场公证原告张世韬的住宅在2007年1月20日（大寒日）上午8：00至下午16：00的采光情况为：东边、西边、中间三个卧室最好的光照只能达到半窗日照。

原告李某、张某房屋的采光情况因被告方某电业公司生产调度楼的遮挡，均未达到我国城市居民住宅建筑日照标准，被告某电业公司对二原告房屋的住宅采光构成侵权。对以上公证情况原、被告双方均无异议。

由于目前我国对采光侵权的赔偿标准没有明确的规定，法院综和考虑二原告受到采光侵权的严重程度和实际损失，依据《中华人民共和国民法通则》第八十三条之规定，判决如下。

（1）由被告方某电业公司因采光侵权给付原告李世荣一次性经济赔偿17000元，于本判决生效后十日内付清。

（2）由被告方某电业公司因采光侵权给付原告张世韬一次性经济赔偿15000元，于本判决生效后十日内付清。

（3）公证费2000元，由被告方某电业公司负担。案件受理费1290元，其他诉讼费387元，共计1677元，由被告方某电业公司负担。如不服本判决，可在判决书送达之日起十五日内向本院递交上诉状，并按对方当事人的人数提出副本，上诉于阿拉善盟中级人民法院。

（4）建设局对原告因遮光而造成的损失不承担责任。

评析

本案中在被告某电业公司的生产调度楼未建成时，原告方住宅采光并未受到影响，因被告建设生产调度楼的行为侵权了原告的采光权，被告方对此存在过错。因为被告方某电业公司的侵权行为给原告造成的损失有：房屋因不能正常采光，屋内温度受到影响，原告因此在每年冬季要多支出取暖费用及电费；屋内居住人的身体健康受到影响，精神也会受到相应的损失，影响屋内居住人的生存质量及生活水平；房屋因不能正常采光而贬值，房屋市场价值变低。被告方某电业公司应就其侵权行为而给二原告造成的相应损失承担责任。因没有证据证明建设局在审批手续上有过错，因此建设局对原告因遮光而造成的损失不承担责任。从社会资源的有效利用出发，如拆除影响遮光的建筑，将造成社会资源的浪费，且采光受到影响的房屋并非完全不能使用，因此对采光纠纷，通常采取侵权一方给予采光受到影响的一方一次性经济补偿作为承担责任的方式。

二、通行与安全

《物权法》第八十七条规定："不动产权利人对相邻权利人因通行等必须利用其土地的，应当提供必要的便利。"第八十八条规定："不动产权利人因建造、修缮建筑物以及铺设电线、电缆、水管、暖气和燃气管线等必须利用相邻土地、建筑物的，该土地、建筑物的权利人应当提供必要的便利。"第九十一条规定："不动产权利人挖掘土地、建造建筑物、铺设管线以及安装设备等，不得危及相邻不动产的安全。"第九十二条规定："不动产权利人因用水、排水、通行、铺设管线等利用相邻不动产的，应当尽量避免对相邻的不动产权利人造成损害；造成损害的，应当给予赔偿。"

>> **案例9-5** 2012年8月的一天夜里，吴某家被盗。公安人员勘察确认盗贼是沿着供电公司挂电缆的钢绞线进入吴某家行窃的。吴某便要求供电公司迁移线路，消除安全隐患并赔偿失窃损失。供电公司无法满足吴某的要求，建议通过司法途径解决。2013年5月，吴某以供电公司侵权为由诉至某市城区法院，要求供电公司迁移线路，消除安全隐患并赔偿失窃损失7594元。吴某称，经公安部门勘察，失窃是由于供电公司架设的钢绞线不合理，致使盗贼沿着钢绞线进入家中所致。失盗现金2361元手机一部，戒指一枚，项链一条，共计人民币7594元。供电公司辩称，吴某是完全民事行为能力人，看护自己的财产是其自己的责任；其次，吴某居住园区有门卫，门卫旁边还有派出所的治安巡防队，保护该园区居民人身和财产安全是他们的职责。供电公司的职责就是把电能送到千家万户，为达到这个目的，架设线路是必须的。该线路的架设严

格按照国家标准和电力行业标准设计施工和运行维护的。

庭审后法院组织双方勘察现场，结果是，供电公司的绝缘导线架设符合技术规范要求，原告遂提出撤诉。法院根据《民事诉讼法》第一百三十一条第1款之规定，裁定准许吴某撤诉。

▰▰▰ **评 析** ┈┈┈┈┈┈▶

本案原告失窃后报告公安部门是正确的，应该立案查处。对民事赔偿方面，应向负有安全保卫责任的单位主张权利。本案以侵权为由起诉供电公司，显然是于法无据的。《侵权责任法》第六条规定："行为人因过错侵害他人民事权益，应当承担侵权责任。"侵权行为的构成要件有4个方面：①侵权人行为违法，本案系农网改造工程，乃国家的利民工程；②有损害事实，本案有损害事实，但非被告所为；③因果关系，本案经法院勘查没有因果关系；④主观过错，被告没有过错，其工程的设计、施工合法合规。因此，原告败诉，当属无疑。

第四节 房屋所有权、土地使用权与土地他项权利的纠纷

对于房屋所有权人和土地承包人而言，他们对房屋所有权和土地的使用权，都不应当受到任何干涉甚至侵犯。但是，当遇到土地他项权利的时候，上述两项权利就得不到保障，就会引发冲突和纠纷。电力建设单位在私有房屋上空、在承包土地上空架设高压线路，不仅分文不给房屋所有人和土地使用权人，还给他们设置了种种限制，影响甚至侵害了他们的房屋所有权和土地使用权。这是一种什么权利，从何而来？这种权利与所有权和使用权到底是什么关系？

一、土地他项权利

在本节之前论及电力建设行为人和电力设施所有权人与相邻固定设施和房屋、树木等所有人关系时，均以民法相邻关系论述。本节开始，从他项权利的角度讨论两者之间的关系。

1. 土地他项权利与种类

（1）土地他项权利。《土地登记规则》（1995年12月28日修正）第二条第二款，本规则所称土地他项权利，是指土地使用权和土地所有权以外的土地权利，包括抵押权、承租权以及法律、行政法规规定需要登记的其他土地权利。土地他项权利是在已经确定了土地所有权和土地使用权的土地上享有的权

利，以土地所有权和土地使用权的存在为前提，通常以土地所有权和土地使用权的客体为客体。

（2）土地他项权利与所有权和使用权的关系。土地他项权利是一种发展和变化中的土地权利，需要进行确认和登记。一方面，可以区别土地所有权和使用权与他项权利的地位关系，保障土地所有权和使用权的正常行使不受干扰；另一方面，对土地的所有权和使用权进行了明确的限制，保护了土地所有权和使用权以外的有关土地的合法权益不被忽视和损害。此外，设定他项权利，还有利于土地所有权和使用权各项权能的分离和实现，对完善土地的权属管理和适应土地使用制度的改革有重要的作用。

（3）他项权利的确定。我国法律法规明确规定的他项权利有如下两类情形。

1）1995年3月11日原国家土地管理局发布的《确定土地所有权和使用权的若干规定》（国土籍字〔1995〕第26号）第九条规定："国有电力、通信设施用地属于国家所有。但国有电力通信杆塔占用农民集体所有的土地，未办理征用手续的，土地仍属于农民集体所有，对电力通信经营单位可确定为他项权利。"

2）《确定土地所有权和使用权的若干规定》第五十四条规定了存在他项权利的情况下，土地使用权和他项权利的确定原则：①地面与空中、地面与地下立体交叉使用土地的（楼房除外），土地使用权确定给地面使用者，空中和地下可确定为他项权利；②平面交叉使用土地的，可以确定为共有土地使用权；也可以将土地使用权确定给主要用途或优先使用单位，次要和服从使用单位可确定为他项权利。上述两款中的交叉用地，如属合法批准征用、划拨的，可按批准文件确定使用权，其他用地单位确定为他项权利。

（4）土地他项权利包括权利内容。《土地登记规则》第二条第2款规定了土地他项权利的内容："本规则所称土地他项权利，是指土地使用权和土地所有权以外的权利，包括抵押权、承租权以及法律、行政法规规定需要登记的其他土地权利。"这里所说的"其他土地权利"，从我国目前的情况看，主要包括以下权利。

1）地役权，是指为自己使用土地的需要，而使用他人土地的权利。

2）地表权，是指在他人的土地上建筑、种植的权利，如建造厂房、住宅、种树、种竹等。

3）地上权，是指在他人土地上空建造设施的权利，如桥梁、渡漕、高架线等。

4）地下权，是指在他人土地之下埋设管线、电缆、建设地下设施的权利，如地铁、隧道、人防工程等。

5）土地租赁权，是指出租人将土地提供给承租人使用，土地承租人按合同规定支付租金并对土地占有、使用的权利。

6）土地借用权，是指无偿占有、使用他人土地的权利，如历史形成的土地借用权。

7）耕作权，是指在他人土地上进行种植并获取收获物的权利。

8）土地抵押权，是指土地使用人依照法律规定，不转移抵押土地的占有，向债权人提供一定的土地作为清偿债务的担保所产生的担保物权。

2. 他项权利的取得

土地他项权利可以通过以下方式取得。

（1）基于法律、行政法规的直接规定取得，如《确定土地所有权和使用权的若干规定》第九条（电力通信经营单位享有的他项权利）、第五十四条（立体交叉和平面交叉使用土地时享有的他项权利）。

（2）根据与土地所有权人或者土地使用权人订立的协议取得。

（3）基于其他合法行为取得。根据法理和实践，取得土地他项权利的依据还可以是行政行为（政府决定）、司法行为（法院判决）等，如市政部门关于建设地下铁路的决定，政府批准电信公司利用某企业使用的国有土地敷设地下电缆，法院在处理土地相邻纠纷时依法作出的确权判决。

3. 他项权利与相邻权

（1）我国法律没有明确界定相邻权和他项权利。如《民法通则》第八十三条的列举包含正确处理截水、排水、通行、通风、采光等方面的相邻关系。

（2）电力工程建设中的电力设施占地，属于依法确定的他项权利之第一类；空中权属于第二类。《确定土地所有权和使用权的若干规定》第五十四条规定："地面与空中、地面与地下立体交叉使用土地的（楼房除外），土地使用权确定给地面使用者，空中和地下可确定为他项权利。"对这两大类相邻关系，法律法规没有规定具体的相处原则。只能依据《物权法》和《民法通则》的相关规定，如《民法通则》第八十三条："不动产的相邻各方，应当按照有利生产、方便生活、团结互助、公平合理的精神，正确处理截水、排水、通行、通风、采光等方面的相邻关系。给相邻方造成妨碍或者损失的，应当停止侵害，排除妨碍，赔偿损失。"

4. 他项权利与所有权和使用权的关系

我国现有的空中权和地下权即属于工作物维持权。行为权包括两类：①在他人土地上实施通行、取水、引水、排水等利用行为的权利；②在他人土地上维持工作物的权利，如在土地承包人土地上的电力设施维持安全连续运行的权利。

积极他项权利产生相对人的不妨碍义务。也就是说，为保护他项权利人在他人土地上的合理利用需求，实现土地资源的充分有效利用，土地所有权人、土地使用权人及第三人不得妨碍他项权利人利用土地、侵害工作物或者实施有损土地他项权利人合法利益的其他行为。当电力企业实施积极他项权利，在土地承包人的土地上安装架设电力设施，他项权利的相对人即土地承包人有不予阻碍，提供方便，保护电力设施的义务。

对于先于存在的消极他项权利（如相对于后来的土地承租人），产生土地所有权人、土地使用权人的容忍义务，即消极的，不作为的义务。就是不为一定的土地利用行为，以保障土地他项权利人在该土地上的合法权益。如高压架空线路在先，土地使用权人就要恪守不在高压线路下种植高秆植物的义务，否则，电力设施就不能安全连续运行，合法权益就得不到保护。

另外，他项权利人也必须尊重土地所有权人、土地使用权人的合法权益。如他项权利人在第一种电力设施保护区保护土地使用权人的青苗、庄稼和灌溉设施等，在第二种电力设施保护区，保护房屋所有权人的房屋和安全等。

为了平衡各方利益，实现权利的公平保护，土地他项权利人行使权利不得违反强行法的禁止性规定和双方设定权利时约定的义务。如电力设施产权人不得使得高压线路距离房屋的距离小于法规规章规定的安全距离，给房屋产权人造成人身触电的潜在危险。即使安全距离合规，也应当在法规规章规定场所采取安全措施、设置安全警示标志等。否则，对超出合理限度的使用或者本来应当且能够避免而未予避免所造成的损害承担赔偿责任。如因安全距离不足发生人身触电、火灾的，电力设施产权人应承担损害赔偿责任。

5. 他项权利的证书

实践中，除去发电厂、变电站等定点建设项目外，如塔基占地、地下电缆占用的地下空间、架空输电线路占用的空中走廊等都没有如同土地所有权、使用权一样的方式取得证书，也就是土地他项权利人的权利没有土地使用权的登记证书加以确认，只是电力建设工程核准或备案加以确认。

二、电力架空线路与房屋的纠纷

1. 房屋所有权及其空间权

（1）房屋所有权。房屋所有权，指房屋所有权人在房权证的有效期内（民居 70 年，商用房 50 年）对其房产的占有、使用、收益、处分权。

（2）房屋四周的空间权。房屋是居住的，需要进出通道，通风透光，安全防护，维护修缮，如果周边都是楼房的话，还可以加高加盖，当然其地底下也可以建设作为储藏室等。总之，房屋这个 6 面体的每一个面的外侧都有一个与其平行的面与之构成房屋外的空间。这就是传统所说的房前屋后。如"房前屋后栽的树木所有权归房屋产权人。"《森林法》第二十七条第三款规定："农村居民在房前屋后、自留地、自留山种植的林木，归个人所有。城镇居民和职工在自有房屋的庭院内种植的林木，归个人所有。"当然，房屋 6 个方向上空间的利用价值多种多样。

《物权法》第一百三十六条规定："建设用地使用权可以在土地的地表、地上或者地下分别设立。新设立的建设用地使用权，不得损害已设立的用益物权。"空间权的设立初衷就是对土地空间充分的利用。但是后者不得损害前者的权利。

对于电力建设单位而言，在第二种电力设施保护区，新设立的对于先于架空线路存在的房屋四周空间的使用权就是一种针对房屋的他项权利（线路对承包土地上空的利用也是他项权利）。如后建的电力架空高压线路跨越或侧临房屋。

2. 电力建设单位的他项权利侵犯房屋所有权的种类

（1）潜在危险类。高压架空线路跨越、侧邻房屋存在倒塔断线、雷电火灾、人身触电等潜在危险。2008 年南方冰灾中，从 10～500kV 均发生了倒塔断线的灾祸。线路跨越房屋，真的冰灾来临，即使加高加固缩小挡距也不敢断言可以幸免。

（2）财产损失类。高压架空线路跨越、侧邻房屋，首先，因为房屋置于电磁环境中，即使大众接受没有电磁辐射的危害的科学理论，也必将导致房屋市场价值跌落；其次，商业行为受到限制，如在自家屋顶架设一个商业广告牌年入 5 万元，高压线路跨越后，如果安全距离不足，该行为则不得已停止，每年减少了 5 万元收入；最后，房前屋后种植树木获得收入，或者营造绿色居住环境，这是受到森林法保护的。一旦高压线路侧邻房屋，这些树木就要遭遇砍伐的命运，房屋产权人的经济收入自然受损，如此等等，不一而足。

（3）限制房屋房屋维护修缮、改建类。不管高压线路跨越还是侧邻房屋，对于修缮、维护都存在人身触电的潜在危险。其次，如果房屋周围都是楼房，房屋产权人的采光、通风权就受到侵害，改善困境的唯一途径加高加盖房屋权利又受到高压线路安全距离的限制和制约。

（4）妨碍居住类。不管高压线路跨越还是侧邻房屋，房屋产权人的正常生活都会受到限制和妨碍，甚至有触电的潜在危险。如打开窗户晾晒衣服，到平顶房屋顶上存放东西或者纳凉、观光、喝茶，时时处处都要担心触电问题。很多生活的自由和乐趣就不得已而忍痛放弃。

（5）精神损害类。撇开风水迷信，不计有碍观瞻，高压线路跨越或侧邻居住的房屋，都会使主人心理受到压抑，精神受到损伤，每每看到头顶上的线路，心里都会不爽。

▶▶ **案例9-6** 2016年，某省供电公司架设的一条220kV线路临近原告王某的房屋。经测量，边导线距离其房屋水平距离为2.8m。根据《（110～500）kV架空送电线路设计技术规程》（DL/T 5092—1999），220kV边导线与不在规划范围内城市建筑物之间的水平距离为不低于2.5m。根据此规定，王某不须搬迁。线路建成后，王某要加盖二层，被供电公司制止。王某则以220kV线路边导线与建筑物的水平安全距离应不低于5.0m为由，起诉供电公司，要求排除妨害，赔偿由于架设线路侧邻其房屋造成的所有损失，包括加盖三层受到限制、房屋市场价值明显降低和居住中的潜在危险。

■ **评 析** ----------▶

从上述案例可以见出，如果没有被告省供电公司架设的220kV的电力线路，原告王某的确不存在上述"损失"。线路一旦架设竣工投运了，上述"损失"是客观存在的。

《确定土地所有权和使用权的若干规定》第五十四条规定："地面与空中、地面与地下立体交叉使用土地的（楼房除外），土地使用权确定给地面使用者，空中和地下可确定为他项权利。"

这里实际上被告依法取得了原告房屋侧邻上空的他项权利。我国对于他项权利相处原则，借鉴相邻关系的规定。王某作为先于存在的消极的他项权利，对后来者积极他项权利人省供电公司负有容忍义务，即消极的、不作为的义务。也就是说，为保护他项权利人的合理利用需求，土地所有权人、土地使用权人及第三人不得妨碍他项权利人利用土地，不得侵害工作物或者实施有损土地他项权利人合法利益的其他行为。当然，省供电公司实施积极的他项权利，也应当对他项权利的相对人的房屋、土地和其他地上物，保护其合法权益。

但是，如果按照如上规定相处，本案原告显然遭受了各个方面的"损失"却没人承担责任给予补偿。这违背了民法公平合理原则。《中华人民共和国物权法》第一百三十六条规定："建设用地使用权可以在土地的地表、地上或者地下分别设立。新设立的建设用地使用权，不得损害已设立的用益物权。"本案被告属于新设立的土地他项权利。不得损害原告在先设立的用地使用权。一旦损害了，就应当给予赔偿。因此，对本案原告的诉求，法院应该在合理的范围内给予支持。

三、架空线路与承包土地的纠纷

1. 土地承包经营权

在土地承包经营的法律关系中，承包人对土地享有占有、使用、受益权、转包、使用集体组织农林设施权利，如灌溉设施等。承包人手中有人民政府颁发的土地承包经营权证书，有效期进入了第二个 30 年。如果是后续的设立建设用地使用权的，应当向登记机构申请建设用地使用权登记。建设用地使用权自登记时设立。登记机构应当向建设用地使用权人发放建设用地使用权证书。这是《物权法》第一百三十九条的规定。但对于土地他项权利却不然。《土地登记规则》第二条规定："土地他项权利，是指土地所有权和使用权以外的土地权利，包括抵押权、承租权以及行政法规规定需要登记的其他土地权利。"目前，电力建设单位的架空输电线路土地他项权利不需要办理证书确认，只需登记备案（线路走廊占用空间没有登记）的操作就导致如下问题。

（1）杆塔基础给予补偿，但未办征地手续的土地仍属农民集体所有。电力建设单位的权利是法律法规规定登记的其他权利。

（2）因为线路走廊不征地，不办证，所以没有补偿。如果线路投运之前，没有和相邻关系人签订地役权协议，有时候会产生电力设施维护维修的通行通道受阻问题。

2. 电力建设单位的他项权利侵犯承包人土地使用权的种类

（1）潜在危险类。在高压架空线路下耕种劳作，特别是使用农业机械的时候，是存在触电危险的。

（2）财产损失类。高压架空线路下禁止种植高秆植物，这无疑干预了经营自主权，也会影响到土地的产值。

（3）限制耕种土地设施建设类。如果有地下电力电缆在土地下。正好在水脉带上，为了保护电缆也不可以打井，安装灌溉设施，影响作物生长，降低了土地收入。如果种植需要看管的瓜果之类，也不能在高压线路线建设建筑物和构筑物。

案例9-7 某市供电公司一条220kV线路于2009年建成投运。该线路穿越了位于城郊区域贾某的承包经营土地，但在其土地上没有杆塔。2014年贾某在线下建立了一个木材批发中心。致使其承包土地上，原木堆积如山，木屑漫野遍地，烟头到处乱扔，火灾隐患极大。这条线路是该地区主要送电通道之一，一旦发生停电事故，将会造成大面积停电，后果不堪设想。供电公司发现后，找到贾某，说明其违法行为和一旦失火的严重后果，并劝其拆除或迁移该中心。贾某就此索要50万元的损失补偿费。供电公司予以拒绝。

评 析

撇开本案供电方怠于巡视，致使木材中心在线下落成的情况，贾某已经投资既成事实。就贾某的行为而言，在自己承包经营的土地上，只要不违背土地承包协议，贾某有自主经营权。贾某经营土地的原则当然是利益最大化，无可厚非。但是当贾某认定经营木材有利可图投资木材批发却遭到供电方的劝止。换句话说，其自主经营权受到了干涉。如果贾某满足了供电方输电线路的安全运行，迁移其中心，其自己预期的受益也就化为泡影了。

显而易见，贾某履行容忍的消极义务，保护供电方的土地他项权利，使得线路长久安全运行，贾某在先的用益物权就受到了侵犯。没有后来的土地他项权利，贾某的行为就不违法，有了后来的土地他项权利，贾某行为就违法了，而且要遭受巨大的损失。显然是不公平，违背民法原则的。

尽管土地他项权利没有相关的赔偿规定，但就相邻相处的公平合理原则而言，供电方应当补偿贾某合理的迁移费。

四、土地他项权利的影响和侵害如何补偿和赔偿

前已述及，土地的他项权利对房屋所有权和土地使用权产生种种影响、限制和侵害。如限制了房屋的翻建加高、修缮和房顶的利用：包括休闲、储藏、设置附属架构，还有盈利性利用房顶如设立有偿广告牌等。限制了土地使用权和经营自主权，如不能在线下种植高杆植物、不能堆积砖石草木、不能建设建筑物和构筑物、不能在电缆保护区打井等。这些冲突如何解决？

尽管法律没有明确规定他项权利与所有权和使用权之间的损害赔偿和补偿如何进行，但是对于现实存在他项权利与所有权和使用权之间的损害、限制和影响还是应当给予赔偿和补偿的。这是毋庸置疑的。

1. 赔偿和补偿的法律法规依据

我国《民法通则》第八十三条仅在相邻关系部分，对相邻土地使用权人之间有关通行、截水、排水、采光等权利做了原则性的规定："不动产的相邻各方，应当按照有利生产、方便生活、团结互助、公平合理的精神，正确处理截水、排水、通行、通风、采光等方面的相邻关系。给相邻方造成妨碍或者损失的，应当停止侵害，排除妨碍，赔偿损失。"但囿于时代法律生态现状，对于空间权和地下权的妨碍和侵害没有规定。只能比照处理。对此《物权法》也有所提及。

《物权法》第一百三十六条规定："建设用地使用权可以在土地的地表、地上或者地下分别设立。新设立的建设用地使用权，不得损害已设立的用益物权。"第九十一条规定："不动产权利人挖掘土地、建造建筑物、铺设管线以及安装设备等，不得危及相邻不动产的安全。"第九十二条规定："不动产权利人因用水、排水、通行、铺设管线等利用相邻不动产的，应当尽量避免对相邻的不动产权利人造成损害；造成损害的应当予以赔偿。"

地方性法规规定如《山东省电力设施和电能保护条例》第二十七条规定："任何单位和个人不得妨碍电力设施产权人巡视、维护、抢修电力设施。需要利用相邻不动产的，该不动产权利人应当提供必要的便利。电力设施产权人应当避免对相邻的不动产权利人造成损害；造成损害的，应当依法给予赔偿。"

2. 损害赔偿

土地的他项权利对房屋所有权和土地使用权造成损害的，易于判断和操作。比照上述《民法通则》《物权法》规定赔偿即可。如电力线路因雷电给线下房屋引燃火灾、倒杆断线给损坏房屋和土地上的作物的和其他设施的等。

3. 土地和土地上的竹木、农作物补偿

（1）土地使用人的权利。土地承包经营权；承包地使用、收益和土地承包经营权流转的权利；土地被征用、占用的，有依法获得相应的补偿权；转让、出租、入股、抵押权等。以上这些权利由土地使用人的证书确认。

1）《中华人民共和国农村土地承包法》第九条规定："国家保护集体土地所有者的合法权益，保护承包方的土地承包经营权，任何组织和个人不得侵犯。"第十四条规定发包方承担下列义务："尊重承包方的生产经营自主权，不得干涉承包方依法进行正常的生产经营活动。"第十六条规定承包方享有下列权利：①依法享有承包地使用、收益和土地承包经营权流转的权利，有权自主组织生产经营和处置产品；②承包地被依法征用、占用的，有权依法获得相应的补偿；③法律、行政法规规定的其他权。第二十三条规定："县级以上地方人民政府应当向承包方颁发土地承包经营权证或者林权证等证书，并登记造册，确认土地承包经营权。颁发土地承包经营权证或者林权证等证书，除按规定收取证书工本费外，不得收取其他费用。"第四十九条规定："通过招标、拍卖、公开协商等方式承包农村土地，经依法登记取得土地承包经营权证或者林权证等证书的，其土地承包经营权可以依法采取转让、出租、入股、抵押或者其他方式流转。"

2)《土地承包法实施细则》第三条规定："赋予农民更加充分而有保障的土地承包经营权，让其真正享有占有、使用、收益和流转四权统一的权利。"第四十二条规定："允许工商企业租赁农民承包地，采取公司加农户和订单农业方式，带动农户发展产业化经营，向农户提供社会化服务。"

（2）关于土地和竹木、农作物补偿的规定。

1)《电力设施保护条例》第二十四条第一款规定："新建、改建或扩建电力设施，需要损害农作物，砍伐树木、竹子，或拆迁建筑物及其他设施的，电力建设企业应按照国家有关规定给予一次性补偿。"

2)《山东省电力设施和电能保护条例》第二十二条规定："新建、改建、扩建电力设施需损毁农作物、修剪或者砍伐树木等植物的，电力设施建设单位应当与所有人或者管理人达成协议，并按照国家和省有关规定给予补偿。"

3)《海南省电力建设与保护条例》第十一条规定："根据电力建设规划新建、改建、扩建输电线路，确需穿越土地并影响土地使用的，电力设施建设单位应当与土地所有权人或者使用权人协商解决，并依照有关规定对土地所有权人或者使用权人给予一次性经济补偿。根据电力建设规划新建、改建、扩建架空电力线路通过林地时，应当依法办理占用林地手续；需要砍伐、清除林木的，应当依法办理林木采伐手续。电力设施建设单位应当依法给予林地、林木所有权人或者使用权人一次性经济补偿。电力设施建设单位未能与植物、建筑物、构筑物的所有权人就一次性经济补偿达成协议的，可向所在地市、县级人民政府申请依法征收。"

（3）补偿。下列情况均无法精准的评估损失，但是这些限制、妨碍和潜在危险无疑干涉了土地使用人的经营自主权，会降低土地的产值和收入。应当遵循公平合理的原则，通过友好协商给予合理补偿。以慰藉土地使用人。

1）潜在危险类。在高压架空线路下劳作受限，使用农业机械的受限。

2）限制经营自主权类。高压架空线路下禁止种植高秆植物，只能种植低矮的植物。这无疑干预了经营自主权，也会影响到土地的产值。

3）耕种土地上限制设施建设类。如果有地下电力电缆在土地下，为了保护电缆不能打井也就无法安装灌溉设施，影响作物生长，降低了土地收入。也不能在高压线路下建设建筑物和构筑物用于居住看管的经济作物，如瓜果之类。

4. 房屋补偿

(1) 受到补偿的权利。因电力建设，房屋所有人的房屋需要搬迁有搬迁补偿权；如果房屋被高电压架空电力线路跨越，有跨越补偿权。其他如房屋起居使用和盈利性使用受到限制等也应该给予补偿。具体补偿数额由双方参照各省相关规定协商而定。

1）《山东省电力设施和电能保护条例》第二十六条规定："新建、改建、扩建架空电力线路不得跨越储存易燃易爆物品仓库的区域。新建、改建、扩建架空电力线路一般不得跨越房屋；确需跨越的，电力设施建设单位应当与房屋所有人达成补偿协议，并采取安全措施。被架空电力线路跨越的房屋不得再行增加高度。超越房屋的物体高度或者房屋周边延伸出的物体长度应当符合安全距离的要求。"

2）《海南省电力建设与保护条例》第十二条规定："新建架空电力线路不得跨越储存易燃、易爆物品仓库的区域。新建架空电力线路一般不得跨越房屋。因地理条件和出线限制等特殊情况，确需跨越房屋的，电力设施建设单位应当与被跨越房屋所有者签订迁移或者防护补偿协议，制定科学、安全、合理的处置方案，按照国家有关技术规程采取增加杆塔高度、缩短挡距等安全措施后方可施工。电力设施建设单位与被跨越房屋所有者未能就房屋迁移、补偿达成一致的，可向所在地市、县级人民政府申请依法征收。任何单位和个人不得擅自增加被跨越房屋的原有高度。被跨越房屋的物体高度或者房屋周边延伸出的物体长度，应当保持符合法律法规和国家技术规范强制性要求的安全间距。"

(2) 补偿。

1）潜在危险类。高压架空线路跨越、侧邻房屋存在倒塔断线、雷电火灾、人身触电等潜在危险。这类补偿应参照出台地方性法规的省份的规定给予适当的安慰性的补偿。

2）财产损失类。高压架空线路跨越、侧邻房屋必将导致房屋市场价值跌落。商业行为受到限制，如在自家屋顶建造盈利性构筑物或设立装置：加盖一间简易屋仓库出租年入数千元、设立一个商业广告牌年入数万元等。房前屋后的种植树木也可以获得收入，如此等等。凡是可以估价的损失应当给予相应补偿。

3）限制房屋维护修缮、改建类。高压线路跨越、侧邻房屋，危及修缮、维护、改建行为。

4）妨碍居住类。高压线路跨越还是侧邻房屋，房屋产权人的正常生活都会受到限制和妨碍，甚至有触电的潜在危险。3）、4）两种情形也无法评估具体损失，但是这是在远期必然发生的。从安全防护方面讲，既要给予经济补偿也要在房屋所有人修缮施工时给予安全指导和服务。

5）精神损害类。高压线路跨越或侧邻居住的房屋，除了房屋价值降低之外，精神也受到压抑和损伤，给予一定的精神补偿，也是合情合理的。

本书结语

建设自己的家园，保护邻居的权益。

附　　录

附录 A　关于××××压覆重要
矿产资源的申请函

自然资源部：

　　单独选址建设项目概述：简述立项背景、审批（备案）状况、项目基本情况（位置，拟用地范围、拐点坐标、面积，压覆区范围、拐点坐标、标高、面积）。压覆重要矿产资源不可避免性简要说明。压覆区矿产资源概况：矿种、资源储量类型、埋深、质量，并分矿区、矿业权人列出压覆的资源储量。

　　现按国土资源部《关于进一步规范建设项目压覆重要矿产资源管理的通知》的规定，将材料报上，请批准压覆建设用地压覆区范围内矿产资源。

附录 B　关于××××压覆重要矿产资源的评估报告

1.《关于××××压覆重要矿产资源的评估报告》及其附件、附图、附表；

2. 建设用地压覆重要矿产资源不可避免性详细论证材料；

3. 建设项目压覆矿业权的，应附与矿业权人签订的含矿业权人同意压覆并不动用已批准压覆的矿产资源的协议原件及矿业权许可证复印件（加盖矿业权人公章）。

联系人及联系电话：××××年××月××日

关于××××压覆重要矿产资源的评估报告（编写提纲）

第一章　概　　况

一、建设项目概况简要说明项目由来、主管机关、建设单位、设计单位，建设项目批准（备案）机关及文号，拟建地点，拟用地范围、面积、坐标，拟投资规模。

二、目的任务

三、建设项目所在地概况

位置、交通，自然地理、社会经济概况。

四、建设项目用地及周边地区以往地质工作

简述以往地质勘查工作单位名称、工作时限、提交的地质成果、评审备案（审批、认定）情况及储量类型与数量；建设用地压覆区内矿区（产地）情况。

五、建设项目用地及周边地区矿业权设置情况

勘查、开采单位名称、矿种、范围及拐点坐标、法人、生产规模、探矿权、采矿权证号、有效期等情况；建设用地压覆区内探矿权、采矿权设置情况。

六、本次调查情况简述

（1）调查工作起止时间、工作范围及投入的主要工作量。

（2）调查依据（法律法规、标准、规范、储量报告）。

（3）调查工作方法及质量评述（主要包括地质测量工作方法、精度；地质编录、取样方法、化验及其质量等）。

（4）调查工作取得的主要成果。

第二章 建设项目压覆重要矿产资源必然性论证

一、建设项目必要性论证

二、建设项目压覆重要矿资源不可避免性论证

（1）项目选址方案对比分析及现选址方案最优化论证。

（2）项目设计方案对比分析及现设计方案最优化论证。

三、项目社会经济效益评价。

第三章 建设项目压覆重要资源储量估算

一、资源储量估算工业指标及其依据

二、资源储量估算方法的选择及依据

三、资源储量估算范围确定的依据、方法，计算公式，压覆区边界拐点坐标、标高及面积

四、矿体圈定及块段划分原则

五、资源储量估算参数的确定

六、资源储量估算结果按矿体（层）、矿区、探矿权、采矿权人估算被压覆的资源储量（含表格）

七、资源储量变化情况评述

（1）本次结果与所依据的储量报告估算结果对比分析（储量类型、数量变化及其原因）。

（2）本次估算结果与对应储量表中资源储量数据对比分析（储量类型、数量变化及其原因）。

第四章 经济社会效益对比分析

详细论述建设项目与被压覆资源的经济社会效益对比分析。

第五章 结论及建议

附件：

（1）项目批准（备案）等文件（复印件，加盖项目单位公章）。

（2）编制压覆重要矿产资源评估报告单位资质证明文件（复印件，加盖本单位公章）。

（3）编制压覆重要矿产资源评估报告委托函或者合同（原件）。

（4）建设单位确定压覆区范围论证材料。

附图：

（1）地形地质图（1/10000或1/5000，标明项目的拟用地范围、压覆区范围）。

（2）原储量报告在压覆区的资源储量计算图（或组图）。

（3）资源储量计算图（或组图）。

（4）压覆区（地段）地质（代表性）剖面图。

（5）资源储量计算所利用工程的钻孔柱状图。

（6）本次资源储量估算范围与所依据储量报告资源储量估算范围叠合图。

（7）项目拟用地范围、压覆区范围、压覆区内探矿权、采矿权范围和矿区（产地）资源储量估算范围叠合图。

（8）建筑物平面分布图（含拐点坐标）。

附表：

（1）储量估算表。

（2）测量成果表。

（3）本次估算的资源储量与对应储量表资源储量对比变化表（储量类型、数量变化）。

附录C 关于对××××压覆重要矿产资源的初审意见（编写提纲）

一、基本情况

1. 建设项目概况

简要说明建设项目由来、主管单位、建设单位，设计单位、批准（核准、备案）机关及文号，拟建地点，拟用地范围、面积、坐标、标高，拟投资规模。

2. 建设项目压覆区概况

建设项目压覆区内矿产资源、探矿权与采矿权设置及协议签订情况，按矿区（产地）说明矿产资源分布情况。

二、建设项目选址及设计方案科学合理性审查意见

建设项目选址及设计方案是否符合实际情况、是否已经尽量避免或减少压覆重要矿产资源。

三、压覆资源储量估算

（1）资源储量估算工业指标、估算方法、范围（建设项目压覆区边界拐点坐标、标高及面积）和参数确定的依据、方法的审查意见。

（2）资源储量估算结果：按矿体（层）、矿区、矿业权人分列。

（3）《压覆重要矿产资源评估报告》的评审备案情况。

四、结论及建议

压覆与否的建议，负责协调处理压覆重要矿产资源涉及矿业权人权益的有关事宜等。

参 考 文 献

[1] 姜力维.电力设施保护与纠纷处理.北京：中国电力出版社，2011.

[2] 国网经法部.电网建设案件处理实务问答.北京：中国电力出版社，2016.

[3] 李卫东.电网规划典型案例与风险防范.北京：中国电力出版社，2012.

[4] 李卫东.电网建设典型案例与风险防范.北京：中国电力出版社，2012.

[5] 华北电大电力立法研究中心.地方电力法规规章选编.北京：中国电力出版社，2013.

[6] 华北电大电力立法研究中心.电力常用法律法规选编.北京：中国电力出版社，2016.